儿童学与教育学丛书
| 丛书主编 刘晓东 |

儿童的自然教育之路

焦荣华 著

南京师范大学出版社

图书在版编目(CIP)数据

儿童的自然教育之路 / 焦荣华著. — 南京：南京师范大学出版社，2023.12
（儿童学与教育学丛书 / 刘晓东主编）
ISBN 978-7-5651-5346-4

Ⅰ. ①儿… Ⅱ. ①焦… Ⅲ. ①儿童教育-自然教育 Ⅳ. ①G610

中国版本图书馆 CIP 数据核字（2022）第 108359 号

丛 书 名	儿童学与教育学丛书
书　　名	儿童的自然教育之路
丛书主编	刘晓东
作　　者	焦荣华
丛书策划	张　莉
本书策划	官军燕
责任编辑	彭艳梅
出版发行	南京师范大学出版社
地　　址	江苏省南京市玄武区后宰门西村 9 号（邮编:210016）
电　　话	（025）83598919（总编办）　83598412（营销部）　83598312（邮购部）
网　　址	http://press.njnu.edu.cn
电子信箱	nspzbb@njnu.edu.cn
照　　排	南京凯建文化发展有限公司
印　　刷	镇江文苑制版印刷有限责任公司
开　　本	850 毫米×1168 毫米　1/32
印　　张	9.375
字　　数	230 千
版　　次	2023 年 12 月第 1 版
印　　次	2023 年 12 月第 1 次印刷
书　　号	ISBN 978-7-5651-5346-4
定　　价	38.00 元
出版人	张　鹏

南京师大版图书若有印装问题请与销售商调换
版权所有　侵犯必究

总 序

刘晓东

辩证地看，教育学即儿童学。何以见得？

卢梭认为"人的教育""事物的教育"应当与"自然的教育"保持一致，而"自然的教育"其实就是指：儿童自身所体现的统领儿童成长的自然倾向、自然目的、自然意志、自然规律，是儿童的自性，是赤子、童心。教育应当与"自然的教育"保持一致，其实质就是教育应当"跟从儿童"。大致说来，这是整本《爱弥儿》洋洋洒洒所讲论的核心思想。

也正因为如此，卢梭《爱弥儿》所实现的"对儿童的发现"，才会具有如此伟大的历史意义。也正因为卢梭有了"对儿童的发现"，他的教育学才成为名副其实的"跟从儿童"的教育学。

我们研究儿童，探索儿童成长的规律，探索教育规律，这本身就是为了"跟从儿童"，并且这本身就是"跟从儿童"。无论是自在地合目的、合规律地展开教育自身，还是自觉地按照儿童内在发展的规律而开展教育工作，教育的现实形态都必然体现为"跟从儿童"。

其实，西方现代教育学在中国的儒道释各家中均可找到可以相互对接的理论根基，例如：《中庸》开篇"天命之谓性，率性之谓道，修道之谓教"这三句话，就可视为现代教育学的内容提要，而这三句话的核心在于"率性"二字。率性，即遵循天性。尊/遵天命、寻/循天性，其实就是现代教育学的基本纲领。怎么把握人所承载的天命和天性，则依赖于儿童研究。有对儿童的发现，必然导致对现代教育的发现。

我个人多次讲，儿童研究至少是教育研究的一半。我的说法偏于保守。之所以保守，是因为我自己从事大量儿童研究，我担心别人说我出于私人利益而过分强调儿童研究的重要意义。（尽管我投入大量时间从事儿童研究，但儿童研究却是学术公器，是公共资源，是公共事业。）后来，我看到杭州师范大学张华教授断言"教育学即儿童学"[1]，我是完全赞同的。

从夸美纽斯的"师法自然"的教育学，到卢梭的自然教育论，再到裴斯泰洛齐的"教育心理学化"，再到杜威的学科知识的逻辑应当符合儿童心理的逻辑，等等，这类教育哲学和课程哲学的实质是"教育应当儿童化""课程应当儿童化"。现代教育（学）所追求的，就是让儿童成为教育的"红太阳"。"儿童"这颗教育（学）的红太阳冉冉升起的过程，即是现代教育学持续推进的过程。

虽然教育学也要研究知识、道德、审美、技能等文化世界的东西，但是这些文化世界的东西一旦进入课程，就必须建立在儿童研究之上，必须转换为儿童身心世界的东西，才能保证教育的成功——既符合儿童的自然成长和内在发展、儿童的兴趣与需要，又能在教育过程中实现外部文化的生动地复活乃至提升。也就是说，全盘考虑之下，教育学是一刻也离不开儿童研究的，也就是说，"教育学即儿童学"的说法是正确的。

"教育学即儿童学"，体现着教育学与儿童学的辩证关系。

2022 年 10 月 9 日

---

[1] 张华. 迈向"儿童学"[J]. 教育发展研究，2016（22）：卷首语.

目 录

总序 …………………………………………………… (1)

绪言 …………………………………………………… (1)

第一章 贫困时代，教育何为 ………………………… (7)

  一、教育处于"贫困时代" ……………………………… (8)

  二、教育"贫困"的症状 ………………………………… (10)

    （一）"知识中心"生产了教育的"贫困" ……… (10)

    （二）"拔苗助长"加剧了教育的"贫困" ……… (18)

  三、教育"贫困"的原因 ………………………………… (22)

    （一）教育失却神圣的价值尺度 ………………… (22)

    （二）教育缺失美好的理想原型 ………………… (24)

  四、教育"贫困"中的出路 ……………………………… (26)

第二章 走向丰盛：自然教育的召唤 ………………… (31)

  一、概念的厘清 ………………………………………… (31)

    （一）自然 …………………………………………… (31)

（二）自然教育 …………………………………………（38）

二、自然教育历史的追溯 ……………………………………（40）
　　（一）夸美纽斯 …………………………………………（41）
　　（二）卢梭 ………………………………………………（43）
　　（三）裴斯泰洛齐 ………………………………………（46）
　　（四）福禄贝尔 …………………………………………（49）
　　（五）杜威 ………………………………………………（52）
　　（六）蒙台梭利 …………………………………………（54）

三、自然教育特征分析 ………………………………………（58）
　　（一）儿童成为教育的中心 ……………………………（58）
　　（二）从自然角度审视教育 ……………………………（60）
　　（三）自然物对教育的启示 ……………………………（63）
　　（四）儿童与自然间的融合 ……………………………（64）

四、自然教育与中国思想"结缘" ……………………………（65）
　　（一）自然教育与"无为" ………………………………（66）
　　（二）自然教育与"天人合一" …………………………（69）

第三章　自然教育中的儿童 …………………………………（73）

一、认识儿童方式的"突破" …………………………………（74）
　　（一）突破"常识"看儿童 ………………………………（74）
　　（二）突破"常情"看儿童 ………………………………（81）

二、儿童是自然存在者 ………………………………………（86）
　　（一）儿童身体的自然性 ………………………………（87）
　　（二）儿童精神的自然性 ………………………………（96）

三、儿童是自然生长者 …………………………（106）

第四章　自然教育中的教师 …………………………（109）

一、认识教师方式的更新 ………………………（109）
 （一）突破"常识"看教师 …………………（109）
 （二）突破"常情"看教师 …………………（113）

二、教师是自然存在者 …………………………（116）
 （一）"儿童中心"与教师的自然存在 ………（116）
 （二）"儿童是成人之师"与教师的自然存在 …（122）

三、教师是自然生长者 …………………………（128）
 （一）教师处于成长中 ……………………（128）
 （二）教师在与儿童相遇中创造新的生活 ………（130）
 （三）教师与儿童共同获得自我实现 ………（133）

第五章　自然教育的自然之维 …………………………（137）

一、儿童与自然的契合 …………………………（138）
 （一）自然是儿童的无机身体 ………………（138）
 （二）自然是儿童的精神之源 ………………（145）

二、自然教育重建儿童与自然的融合 ……………（151）
 （一）人性与自然本源上的"合一" …………（151）
 （二）儿童的天性在自然中涌现 ……………（153）
 （三）儿童与自然间建立"在家感" …………（154）

三、自然在自然教育中的路向 …………………（156）
 （一）在种植中建立儿童与自然的联结 ………（156）
 （二）在自然中养护儿童的诗性 ……………（158）
 （三）在荒野中唤醒儿童的"原始力" ………（163）

（四）儿童是成人重返自然的桥梁……………………（165）

第六章　自然教育的文化之维……………………………（168）
　一、文化的重新阐释………………………………………（168）
　二、儿童与文化双向建构…………………………………（173）
　　（一）文化是儿童的"母体"……………………………（173）
　　（二）儿童是文化的创造者………………………………（177）
　三、自然教育与文化………………………………………（184）
　　（一）文化是"第二性"…………………………………（186）
　　（二）教育以儿童自然天性为基…………………………（188）
　　（三）教育为儿童创造新的文化…………………………（193）
　四、文化在自然教育中的路向……………………………（195）
　　（一）文化"复活"化……………………………………（195）
　　（二）文化环境化…………………………………………（199）
　　（三）文化"活动"化……………………………………（203）

第七章　自然教育：通向理想社会之路…………………（205）
　一、儿童是理想社会生成的动力源泉……………………（206）
　　（一）儿童是衡量理想社会的标准………………………（206）
　　（二）儿童使社会的更新成为可能………………………（207）
　　（三）儿童召唤着社会进一步更新………………………（210）
　二、自然教育与社会………………………………………（212）
　　（一）儿童本位与社会之善………………………………（212）
　　（二）儿童与社会内在一致………………………………（215）
　三、自然教育革新社会……………………………………（221）
　四、自然教育与理想社会的生成…………………………（226）
　　（一）新人…………………………………………………（226）

（二）共同体 …………………………………………（228）
　　（三）爱和自由的精神品质…………………………（230）

结语 ……………………………………………………（239）

附录 ……………………………………………………（246）

参考文献 ………………………………………………（278）

后记 ……………………………………………………（286）

绪　言

我一直对教育理论问题很感兴趣，读博期间，更是欣然"委身"于儿童教育哲学方向。在教育哲学的诸多理论探索中，我对自然教育更是"情有独钟"。

硕士毕业论文算是我对自然教育探索的开始。在最初的思考中，我将自然教育"锁定"在儿童教育与大自然方面，力图明了两者之间的关系。显而易见的是，随着工业化、城市化的进程，人与自然越来越疏离。曾与"天、地"并列为"三才"的人越来越"禁闭"在人工的环境中，远离了生命的源始存在。在这种生存处境下，如斯普瑞特奈克所指出的："渊源于人类境遇的传统关怀大多都被征服、控制和取代了：现代生活允诺人们可以脱离变幻莫测的身体（body）、脱离自然（nature）的限制以及脱离对地方（place）的乡土联系。"① 人沉沦于世，却与世界无法"真正切身"，人的存在"更加平板化和计量化"②。人与自然融合越来越被对自然占有的欲望所遮蔽。在此境域中，儿童只能生活在"人造的环境"与"虚拟的时空"的夹缝中，儿童的

---

① ［美］斯普瑞特奈克. 真实之复兴：极度现代的世界中的身体、自然和地方［M］. 张妮妮，译. 北京：中央编译出版社，2001：2.

② 张祥龙. 海德格尔思想与中国天道：终极视域的开启与交融（修订版）［M］. 北京：生活·读书·新知三联书店，2007：180.

生命无法真正展开。因此，教育应该关注儿童与自然的"联结"以及儿童与自然之间关系的重建，教育应该"回归自然"。

读博以来，随着刘晓东老师的不断"点拨"，我越来越发现"自然"有着更为丰盈的意蕴。若是把"自然"的意蕴仅仅窄化为大自然，不仅忽视了儿童身上的自然，也忽视了自然与文化之间的关联，自然教育更为宽广的意涵被遮蔽了。尤其是关注文化时，我更感受到文化与人身上的自然有着深层的联结。也就是说，文化与自然、自然与教育之间应该存在着更为复杂、更具动态、更显立体的关系。甚至说在源始的意义上，自然是一切存在之"根"，也是万有之"源"。或者说，一切源于自然。在探究自然教育时，从更深处更为超越地理解自然的源初意蕴，显得尤为必要。那么，自然教育的实质究竟是什么？儿童身上的自然与大自然有什么关系？自然与文化之间又有着怎样的联系？这一系列的问题都吸引我进一步去探究。于我而言，自然教育是一个需要再次思考、重新认识的问题。

对自然教育的关注也隐含着我对教育本质的理解和深思：什么是真正的教育？教育与规训之间的区别是什么？教育的起点是什么？教育有"法"可依、有"律"可循吗？教育有自己的学科"密码"吗？20世纪40年代，钱钟书先生曾在小说《围城》中如此描述："在大学里，理科学生瞧不起文科学生，外国语文系学生瞧不起中国文学系学生，中国文学系学生瞧不起哲学系学生，哲学系学生瞧不起社会学系学生，社会学系学生瞧不起教育系学生，教育系学生没有谁可以给他们瞧不起了，只能瞧不起本系的先生。"[1]

---

[1] 转引自：刘晓东. 教育学是学科之林里的中心学科［J］. 教育科学研究，2010（5）.

这一戏谑固然不必太过当真,但却也多少道出了教育学的尴尬与无奈。自教育学"独立门户"以来,关于教育学学科本身的争论与探讨从未止息,甚至有人认为教育学的根基也尚未坚实树立。在阅读近现代教育经典的过程中,我慢慢发现,近现代教育由于发现了"新的元素"——儿童,教育便发生了全新的转向。转向自然,转向儿童,教育找到了自身发生的秘密。可以说,"儿童的发现"是人类教育思想史上的深刻"洞见",这一发现本身成为教育学科的"基石";教育由此而找到了永恒的根基与支撑。由此可见,发现儿童的自然教育应该是教育的"原型",是教育的真理之维。这样说来,自然教育是一种"理念",一种"道"。如同《道德经》所谓的"有物混成,先天地生"。沿着这一思路,我渴望在学理上更深入地去反思与探究自然教育。

"发现儿童"即是"发现儿童身上的自然"。师法自然,教育由此步入了崭新的历程。然而,在学理的探究中,自然教育依旧存在许多认识的"障碍"。甚至不少学者认为若是以自然为主,以儿童为先,教育必然会陷入听任的混乱,必然……这种反驳颇像有趣的"滑坡理论":如果你允许做法A,那么,将不可避免Z(令人讨厌和非常不想要的)。我想在这种"滑坡理论"中所谓的"儿童"与自然教育所说的"儿童"必然有着不同的理解。那么,在自然教育中如何理解"儿童"?自然教育中的"儿童中心"是何意涵?再者,"儿童中心"与教师有什么关系?遵循自然与文化是对峙的吗?从这一系列的追问可以看出,自然教育虽然不是一个"新颖"的"现代问题",却是教育中"古而常青"的"核心问题",是需要不断回归、反复澄清的"永恒问题"。

从教育实践的处境来看,由于缺乏自然维度的烛照,教育堕化为对儿童的"塑造"与"训练"。教育远离了"自然"的根基,以预定的"模具"来"塑造"儿童。幼儿从出生就开始了"不要输在起跑线上"的奔跑,到幼儿园再接受"小学化"的教育,小学和中学时代又不得不承受应试"指挥棒"的重负……在这种种"伪"教育中潜伏着人的"妄为"与"僭越"。华兹华斯(Willian Wordsworth,1770-1850)在《序曲·五章》中对比了两种儿童:一种是遵循传统的"科学"方法培养出来的"神童",他们看似聪明伶俐,但却是"不自然的成长",是"可怜的人类虚荣心"的牺牲品;另一种则是"任性而动、生气勃勃"的儿童。我们的教育实践造就了无数"神童",却独少了"生气勃勃"的儿童。究其原因便在于教育忽视了儿童身上的自然。远离了自然之境,处在教育场域的教师也成了"脱离自己"的人,在职业的"倦怠"中感受到来自教育的"压迫"。造成的结果是:儿童与教师作为自然中崇高而神圣的存在,在教育的现实困境中被湮没甚至被奴役。教育到底该何去又何从?

自然教育应该是教育变革的"圣经"。然而就目前的教育理论研究而言,对自然教育的认识还远远无法与它的地位相及。教育界的争论可谓"众声喧哗",然而学界关注更多的是"人的教育",自然教育仍处于较为边缘的"旮旯"。这样说来,自然教育又是一个需要不断关注、再次守望的问题。因此,我尝试着就相关问题进行理论方面的勘探,以期更为全面、较为深入地揭示自然教育的意涵及其重要意义。本书一共分为七章。

第一章是思考的起点。借用海德格尔"贫困时代"的思想术语来审视教育中的问题,进而对教育问题的原因挖掘,从而阐明教育的"贫困"是由于远离了自然,因此走向自然是儿童教育应然的选择与必然的结果。

第二章是思想奠基部分。这部分研究接续历史中自然教育的思想资源，在追溯与分析近现代西方教育家教育思想的基础上，阐明自然教育的意蕴与特征，并提出中国思想中的"无为"与"天人合一"与自然教育存在深层的相通。

第三章主要阐明自然教育的起点——儿童。本章首先从对儿童的认识方式的突破入手，认为唯有认识方式的更新才能带来儿童观的更新。自然教育的儿童观是从崭新的逻辑起点开始重新认识儿童。进而，本章对儿童作为自然存在者以及自然生长者进行多维度的论证，以阐明儿童自身有着自然赐予的丰富财富，教育必须以此为基。这一章的论证也为第四、五、六章奠定基础。

第四章接应第三章的论述，自然教育不仅是以儿童为出发点，更是以崭新的方式看到了教师存在的自然性与生长性。因此，自然教育不仅是解放儿童的教育，同时也是教师自身解放的教育，是教师与儿童共同成长的教育。这一章与第三章构成一种呼应关系。

自然与文化都为儿童身上自然的展开提供帮助，因此自然教育离不开自然与文化。第五、六章便从自然与文化的视角对自然教育进行论述。第五章主要论述自然对儿童的养护与召唤的力量。由于儿童与自然的契合，儿童也能召唤作为成人的教师一起在教育中重建与自然的联结。

第六章与第五章构成呼应关系。本章从文化的维度阐明自然教育。自然教育不是否定文化的作用，而是从一种崭新的视野来重新阐释文化的意涵，从而看到文化与儿童是一种双向建构的关系。儿童身上的自然是根基，是第一性的，而文化则是第二性的。教育不是拒斥文化，而是通过"为儿童"对文化进行更新，并且通过文化的复活化、环境化、活动化等方式让文化与儿童

"相遇",从而生成了新的文化。

自第三章起,本书围绕儿童对自然教育进行论述,无论是教师(第四章)、自然(第五章)还是文化(第六章)都是围绕着儿童身上的自然而展开。也就是说,自然教育是以儿童为出发点的。那么,以儿童为出发点,自然教育与社会有什么样的关系呢?本书的第七章便针对这个问题而加以论述。自然教育虽然是以遵从儿童为基,但是儿童与社会具有内在一致性。儿童获得充分发展,社会才能走向完善。自然教育不仅培养绽放天性的新人,也生成生命的共同体,还具有爱与自由的精神品质,因此自然教育是通向理想社会的路径。这一章论述既凸显了自然教育的价值与意义,作为对第三、四、五、六章的补充;同时又与第一章所谓的"贫困时代,教育何为"构成呼应。自然教育不仅使儿童获得真正的发展,也生成了理想的社会;从而教育不仅走出自身的"贫困",甚至也能引领时代走出"贫困"。

我对自然教育可谓是情真意切,却也囿于学识有限,思考还尚过浅薄。我试着像一个孩子那样,大胆无畏地交出自己的"浅见",祈愿能够抛砖引玉。

自然教育之路,路漫漫其修远兮,吾将上下而求索……

第一章 贫困时代，教育何为

世界喜欢使辉煌黯然失色，把崇高拖入泥潭。

——席勒

教育不仅仅是一门学科，更是对人的哲学探讨与哲学实践，是造就人的艺术。李泽厚先生曾这样谈论教育和教育学：教育学——研究人的全面生长和发展、形成和塑造的科学，可能成为未来社会的最主要的中心学科[1]；教育（不只是培养专业人才，而是注重人性建设）将是未来社会和哲学的中心[2]。因此，教育学必须超越界限的拘囿、打破学科的壁垒；必须怀着超越的情怀在更宽广的视野、从更高的视角重新去审视自身的使命。

---

[1] 李泽厚. 教育学是未来社会最主要的中心学科[J]. 教师月刊，2011（1）.

[2] 李泽厚. 实用理性与乐感文化[M]. 北京：生活·读书·新知三联书店，2008：281.

一、教育处于"贫困时代"

海德格尔在《诗人何为》一文的开篇便引用荷尔德林的哀歌《面包和酒》中的诗句:"……在贫困时代里诗人何为?"① 这里的"贫困"一词指的并非日常意义上物质的"贫困",而是形而上意义上的精神"贫困"。相对而言,由于神圣者的缺席,世界便失去了它赖以建立的基础。本真在贫困时代被遮蔽,人也因此失去了"家园"。在这样的"时代",当人作为"自身的贯彻者"而从四重整体卓立而出之际,天、地、神、人那种既平等又统一的主体间性关系便被打破了,而且由于这种打破,人便成了一切存在者的存在根据,人便成了世界上唯一的、基本的主体。从此,人类唯按照自己的"意愿"来生存。② 海德格尔所谓的"贫困时代"道出了对时代的忧思与哀感。僭越神圣、漠视自然,使人成了无家可归的"流浪者"。

早在 200 多年前,德国哲学家谢林也在《艺术哲学》一书中先知般地指出:"现代世界开始于人把自身从自然中分裂出来的时候。因为他不再拥有一个家园,无论如何他摆脱不了被遗弃的感觉。"③ 现代人没有居住在"应当"居住的"世界"中,即没有"在家",而是处于"深渊"(海德格尔)、"兽栏"(尼采)、

---

① [德]海德格尔. 海德格尔选集(上)[M]. 上海:生活·读书·新知上海三联书店,1996:407.

② 彭锋. 回归:当代美学的 11 个问题[M]. 北京:北京大学出版社,2009:250.

③ Shelling. The Philosophy of Art [M]. Minneapolis: University of Minnesota Press, 1989: 59.

"监狱"(福柯),因此,突破现代性的处境,寻求"回家"之路,就成为最根本的哲学使命。① 我们甚至可以进一步说,每个时代都是"贫困"的时代。纵观人类文化史,古往今来,无数的哲人正是把"时代的贫困"作为其理论的基点,进而去思考理想形态的人以及社会:诗人艾略特认为他所处的时代是"荒野",人堕化成了"空心人""稻草人";尼采曾用"西罗科热风"一词来形容人渐渐走向了衰落和普遍的平庸(尼采所谓的"末人");马克思提出人的异化;马尔库塞提出所谓的"单向度的人"……我们所处的时代呢?科学技术的时代,机械复制的时代,物欲膨胀的时代,生活日益平面化和狭隘化的时代,精神荒芜的时代……总之,人被层层叠叠的"枷锁"包裹与幽囚,失去了自然源始最为本真的存在,人沉沦在非本真的、贫瘠的、机械的"扁平的世界",时代呈现出"贫困"之境。时代的"贫困"不仅在于外在的制度、技术等对人的奴役,更在于人遗失了通往自我内在精神的路径,反而"逐万物而不反"(《庄子·天下》),迷失在"傲慢与偏见"的丛林中。

时代是"贫困"的,那么"贫困时代"的教育呢?若是"借来"海德格尔的"眼镜",以"贫困"的终极之维来审视教育,就会发现在教育场域中存在着隐匿的"贫困"。教育应该立足于"贫困"的哀感,并进一步去寻找出路。也许唯有看到教育沉陷于"贫困"的"困境",才能真正开始去寻找新的路径。借用狄更斯的小说《双城记》中的名句:这是一个最好的时代,这也是一个最坏的时代。教育从来没有像如今这样受到应有的重

---

① 肖鹰. 艺术如何归家?——解读余虹《艺术与归家》[J]. 天津社会科学, 2007(4).

视，但同时教育也面临着前所未有的挑战。尤其对幼儿教育来说，幼儿教育受到了前所未有的"热捧"，上至整个国家，下至每个家庭，无一不开始重视幼儿教育。教育表面繁荣的背后却掩盖着深层的"贫困"。教育研究不是对现有的教育唱赞歌，而是在"贫困"的追问中，在"看起来很美"的教育现状中去发现被遮蔽的"症状"。或许，现在恰是重新审视教育根基的最好时候。

二、教育"贫困"的症状

教育"贫困"归结在一点就是教育只局限于"人"的视角，失去了超越的自然视角，使得被看作是成人的附属存在，是单向度的、工具性的存在；教育也因此走向了沉沦与窄化的轨道。具体来说，教育迷失在了"知识"（儿童占有得越多越好）与"速度"（儿童成长得越快越好）的泥淖中。

（一）"知识中心"生产了教育的"贫困"

在现在的幼儿教育中，知识教育以压倒性的力量或显或隐地笼罩在教育的上空，教育堕化为"输入—接受"模式下机械的刺激。弗洛姆在《占有还是存在》一书中提及两种不同的方式：生存性与占有性。教育也成了一种占有：让幼儿尽可能多地占有东西的教育才是好教育。于是，幼儿成了知识的"储存器"。教育跟随着时代的"风向标"，幼儿园也成了"科学"的"试验田"：从最初的识字，到现在的计算机、艺术、珠心算、读经，无不是如此。表面看来，教育似乎发生了翻天覆地的变化，究其实质，教育却依旧停留在"换汤不换药"或是将"药"裹上"糖衣"的尴尬境地。这种困境使教育远离了"丰盛"而生产了"贫困"。

1. 儿童感受性被遮蔽

有着丰富感受性的儿童，需要生活在充满意象、原型的意义境域中。然而教育却将儿童封闭在知识体系中，知识符号不仅掩盖了意义向心灵的呈现，也束缚了儿童诗性与灵性的翅膀。儿童在"鹦鹉学舌"般的知识学习中失去了自我内在的财富，失却了对事物直接的肉身感受。教育沿着"知识占有—符号习得"这一逐渐窄化、狭隘化的路径，"锁住"了儿童通向广阔世界的门径。教育的结果反而使儿童遗失了存在的深度，丧失对世界积极的、充满活力的感受，世界成了被动的、接受的"信息"。这种窄化的"文本"学习远离了知识发生的境域，使儿童遗失了探索与表达的可能性与敞开性。儿童与丰盛世界的相遇被遮蔽，教育与儿童并行在两个不同的轨道上，致使教育陷入一种"贫困状态"。

以知识为主的教育无形中遮蔽了儿童对语言的原初感受，也遮蔽了儿童与世界的原初相遇。就此，雅斯贝尔斯曾批判道："起初人们苦心积虑地创造出来的语言，却在后人口中变成了惯用语而不知其意，那些深邃的表达方式也变成了实用性语言。结果一大堆空洞无物、歪曲原意的语言控制住人类：人就让这种语言操纵着，而忘记真正的自我和周围实在的世界。因此他们的教育只是为了语言能力的获得而非对事物认识能力的提高；只是习得一堆习惯用语，而没有去探究事物的本质。实存的、粗糙的、未被照亮的种种现实性就遮蔽在习惯用语之下，而没有自我构造。语言的欺骗功能使非现实的情况存在，却让现存的现实性粉碎在绝望的深渊里。"[①] 存在是"原初"的，语言是对存在的把

---

① [德]雅斯贝尔斯. 什么是教育[M]. 邹进, 译. 北京：生活·读书·新知三联书店, 1991：87.

握。在符号的阻隔下，儿童失去与源始的世界相遇的可能性，失去了建构自我与世界的自发性。就像《纸牌的秘密》中说，孩子丧失对世界的这种积极的、充满活力的感受时，正巧是他开始学说话的时候。所以，孩子们需要神话和童话。大人们也需要神话和童话，因为它能帮助我们紧紧抓住儿时的经验，不让它流失。① 也许正是在这个意义上，马拉古奇认为儿童有"一百种语言"，"他们"偷走了九十九种。儿童的每个感官都会发现一个相应的世界，但学校和文明只鼓励使用语言官能，从而只给儿童留下一个世界而"偷走了九十九个"；在儿童的梦想里有无数的可能事件发生，有无数的可能世界存在，但学校与文明只鼓励儿童"去发现早已存在的世界"，"他们偷走了九十九个"。② 固定化的知识压制了儿童灵动的世界，使儿童的语言只剩下单调而机械的"一种"。

在这种教育中，"远"的世界成为教育中最重要的部分，儿童包括教师都堕化为单向的"认知者"。"当师生被连根拔起，放置于教学的时空中，一个社会历史情境中的具体人变成了一个单纯、表浅的认知者。"③ 教育"遗忘"了儿童的生活世界，因此，儿童的成长和生活将无情地被"殖民化"。④ 在一个世界里，

---

① [挪]乔斯坦·贾德. 纸牌的秘密 [M]. 李永平，译. 北京：昆仑出版社，1997：5.

② 刘晓东. 儿童文化与儿童教育 [M]. 北京：教育科学出版社，2006：205.

③ 转引自：陈桂生，赵志伟. 现代教师读本教育卷 [M]. 桂林：广西教育出版社，2006：205.

④ 郭元祥. 生活与教育——回归生活世界的基础教育论纲 [M]. 武汉：华中师范大学出版社，2002：21.

儿童像一个脱离现实的傀儡一样，从事学习；而在另一个世界里，他通过某种违背教育的活动来获得自我满足。① 这造成了教育与儿童自身的分裂甚至异化，儿童本能在教育中被"屏蔽"。如同杜威早年所批判的："我为什么再三申明天然本能的重要？因为有许多教育学者把这个不学而知的本能看得太轻了……他们总想把儿童期缩短，将成人的知识经验硬装进去。他们以为儿童期是完全白费了的，哪里知道这是真正的教育基础！"②

2. 儿童自我的丧失

知识占有性"学习"不仅遮蔽儿童的感受性，而且压制儿童的个性。每个儿童都是独特的生命个体，有着自身发展的"密码"。教育以固定知识为中心，以知识的"同"削减儿童生命的"异"。知识的"同"必然造成教育的模式化，而教育的模式化又必然"生产"出模式化的儿童。这构成了教育中可悲的循环。一个个独特的生命被"塞进"同样的"模子"，生命的丰富与独特失去了彰显的可能。鲁迅所谓的"吃人"警示对教育而言也意味深长，儿童鲜活的生命在教育中也"静悄悄"地"被吃"。"如果人仅仅是同一个模子无休止的重复和复制，其本性或本质像任何其他东西的本性或本质一样，对所有人来说都是相同的和可预见的，那么行动就是一场不必要的奢侈，一次对普遍行为规律的任意干预。"③ 雅斯贝尔斯也早就批判过："教育只能是强迫

---

① 联合国教科文组织国际教育发展委员会. 学会生存：教育世界的今天和明天［M］. 华东师范大学比较教育研究所，译. 北京：教育科学出版社，1996：12.

② 沈益洪. 杜威谈中国［M］. 杭州：浙江文艺出版社，2001：92.

③ ［美］阿伦特. 人的境况［M］. 王寅丽，译. 上海：上海人民出版社，2009：2.

学习这种观点,常常占据统治地位……但这种对强迫的盲目信任是一种自欺欺人的说法。只有导向教育的自我强迫,才会对教育产生效用,而其它所有外在强迫都不具有教育作用,相反,对学生精神害处极大,最终会将学生引向对有用性世俗的追求。"①"谁要是把自己单纯地局限于学习和认知上,即便他的学习能力非常强,那他的灵魂也是匮乏而不健全的。"② 再者,由于知识是外在的,教育必须通过奖励或惩罚才能"诱使"儿童走在知识的轨道上。而奖励或惩罚却又进一步使儿童偏离内在成长的动力,致使儿童丧失了真实的自我。如蒙台梭利所说:"这种奖励和惩罚,请允许我如此措词,简直是灵魂的'板凳',是奴役精神的工具;它们不是用来减少畸形,而是用来制造畸形。"③

3. 儿童生命力被压抑

儿童,处于生命的开端,具有饱满的生命力。而知识化的教育却使儿童幽闭在室内,禁锢在固定的座位上,儿童的生命无法得到真正地舒展与绽放。久而久之,便造成儿童生命力的衰微。如同有学者所提醒的,压制儿童生命力的教育"泯灭人的良好天性,破坏人的原创力,导人往僵硬、往死板、往毫无生机和雅趣、往庸常、往毫无境界可言的地方去的……一个孩子接受这样的教育长大了。他本来可以凭借他的天性很好地感受天上的太阳、地上的江河、朝翔的白鹭、暮归的鸦群以及兽语鸟言、花态

---

① [德] 雅斯贝尔斯. 什么是教育 [M]. 邹进,译. 北京:生活·读书·新知三联书店,1991:5.

② [德] 雅斯贝尔斯. 什么是教育 [M]. 邹进,译. 北京:生活·读书·新知三联书店,1991:4.

③ [意] 蒙台梭利. 蒙台梭利幼儿教育科学方法 [M]. 任代文,译. 北京:人民教育出版社,2001:66.

柳情的，他本可以用他的纯朴描述，道出一番真相的。然而，现在他对这一切，却显出了目光呆滞、口齿阻塞的样子……世界在他眼里只是一片苍白和索然无味。"① 苏霍姆林斯基曾记录了一件引人深思的事："不久前，到我们这里来参观的一位基洛夫格勒州的女教师抱怨说'我真不懂，孩子们上学以后，在他们身上发生着什么变化。孩子来的时候，既聪明伶俐，又勤思好问。可是你瞧，到了五年级，他已经是个平平常常的学生，而到了六年级，他就不想学习并且掉进不及格学生的行列里去了……怎样来解释这种现象呢？'"② 每个儿童都是"地球上的星星"，从独一无二到平庸，教育充当了什么角色？古有伤仲永，后泯然众人矣。现在依旧有无数的"仲永"被"伤"。究其实质，教育成了一种工具，儿童成了一种手段式的存在。

　　蒋梦麟早也就"旧教育"对儿童的压制进行控诉，他说："学级进一年，生气也减一年。这是我们中国教育出的产品。"不仅"旧教育"如此，所谓的"新教育"也并无本质差别。"一个小孩子，本来是活活泼泼的。他会笑，会跳，会跑，会玩耍。近山就会上山去采花捕蝶；近水就会去捞水草，拾蚌壳，捕小鱼；近田就会捕蝗虫，青蛙。他对于环境，有很多兴会。他的手耐不住的要摸这个、玩那个；脚耐不住的要跑到这里、奔到那里，眼耐不住的瞧这个、那个；口关不住的说这样、那样，你看如何活泼。我们办学校的，偏要把他捉将起来，关在无山、无水、无虫、无花、无鸟的学校；把他的手脚绑起来，使他坐在椅

---

① 曹文轩. 追随永恒［M］. 北京：北京大学出版社，1998：67.
② ［苏］В. А. 苏霍姆林斯基. 给教师的建议［M］. 杜殿坤，编译. 北京：教育科学出版社，1984：178－179.

上不能动;把他的眼遮起来,使他看不出四面关住的一个课堂以外;要他的口来念'天地玄黄,宇宙洪荒''人之初,性本善',种种没有意义的句子。现在改了'一只狗''一只猫''哥哥读书,妹妹写字',这些话,就算是新式教科书了。"① 几十年后的今天呢?以知识为中心的教育甚至变成"人之初,性本善"与"一只狗""一只猫"双管齐下了!

4. 儿童与世界的相遇被阻隔

儿童在固定的知识学习与在单一的知识刺激中,失去了与丰富世界相遇的机会与空间,生活被固定化、狭窄化、殖民化了。正如有学者所言:"我们教孩子如此看世界的'过程'是对他们移情宇宙的正当压制,是一种心理麻痹,对此我们已贴上了'正常'的标签。"② 儿童学会了"符号",却遮蔽了符号背后事物的源头、事物丰盈的意蕴。

人不是单向的知识器皿,而是丰盈的存在者。"人只有作为在的牧者,等待着在的真理,他才能指望达于在的天命,而不至于落到一味求知的水平。"③ 人之所"在"不能窄化为"求知"。知识在离开原创者温热的生命之后,便成了单独的碎片化的"漫游者"。知识必须经过另一个生命个体的"接待"才能真正"安"居下来。如此,个体的生命与知识世界才能真正成为根系与土壤的关系。传统的教育反而关闭了通向"在"的门,这不

---

① 蒋梦麟. 教育的本质,首先是培养活活泼泼的人 [J]. 中国教育科学,2018 (1).

② [美] 斯普瑞特奈克. 真实之复兴:极度现代的世界中的身体、自然和地方 [M]. 张妮妮,译. 北京:中央编译出版社,2001:91.

③ [德] 海德格尔. 人,诗意地安居:海德格尔语要 [M]. 郜元宝,译. 桂林:广西师范大学出版社,2000:11.

仅使得一切知识索然无味，而且在知识划定的眼界里锁住了生命的丰富与世界的奥秘。教育陷入封闭的循环逻辑。世界披着迷人的面纱，召唤着我们。正是世界的神秘性召唤着人去思考、探索、寻找打开世界之谜的"密码"，而教育者却理直气壮地认为"知识的"世界便是世界的全部。知识碎片叠加的世界不再是一个奇妙的世界。因此，教育要做的是恢复成人被遮蔽了地对世界的好奇，而不是将巧妙的世界肢解成碎片般无意义的"零件"，抛给儿童一个无趣味也无秘密可言却被冠以文化雅名的世界。也就是说，教育不能用知识的帷幕遮挡世界的美妙。儿童需要自己去发现、体验、拥抱世界。儿童与世界相遇产生的好奇与惊讶不仅是知识发生的起点，也是儿童一生求索的支点。

在知识性的学习中，教育者却要求作为学生的"你"跟"我"要有一样的"眼镜"。于是，教育便成了一场"手术"，"拆卸"和"剥落"儿童的"眼睛"，戴上教育者的"眼镜"。如此以来，对儿童来说，这个世界便成了一个"抽身"的世界；剥脱与世界的爱的联结，儿童自身的兴趣、情感、激情、梦想也被过滤了（或者本来就没有发生与世界的情感联系）。世界变成了固定的、僵化的、机械的、被分割的"二手的世界"；"世界"在如此"转手"中失去了风采与神韵，只剩下概念与符号的"渣滓"。世界的丰沛才是精神的源头。作为知识的旁观者，儿童沦陷于知识碎片叠加的世界，失去了一个丰富无比的"源始的生活世界"（the original life-world）。儿童被幽闭在单一、僵死、刻板、静止、机械化的空间，失去了存在的丰富性与宽广性，成为单面的人。教育的贫乏也源于此。或者说，这是"人为"地造成了贫乏，失去了丰富的天赐的祝福，遮蔽了儿童丰富性的开显。

总之，对知识的追逐破坏了儿童自身的精神生态，从而使儿童失去自身的生长动力。"儿童生态感官的功能就像是一个结构紧密的网络，在这里，部分和整体总是共同工作并相互为前提。如果这个最基本的缪斯世界破碎了，儿童的学习能力就遭到严重破坏，当复杂的过程被割裂为许多互不相关的片段时，压抑的童年就会导致学习的窒息。如果这种压抑成为一种永久性力量，学习将不再是一种统一、真实和生动活泼的过程，虽然它实际上应该是这样一个过程。通常，这种生命网络的联系被那些不乏善良教学意图的人们无知地割断了，由此导致了悲剧性结果那条联系情感、思维和身体的小路被封住了，经验丧失了它的深度。"①在这种境域中，儿童的生命与生长受到了"压迫"，童年在"压迫"中渐行渐远，甚至面临"消逝"的危机。

（二）"拔苗助长"加剧了教育的"贫困"

除了对知识的追逐，教育中还涌动着对速度的信仰，"奔跑"似乎从生命起点便被迫开始了。通常所言的"不要让孩子输在起跑线上"便道出了教育的隐在之疾。在速度的裹挟中，儿童自身的"生命潜能"还没得到绽放，"生命讯息"还没得到展开，"生命密码"还没得到显现，便在匆忙间被"拉进"了成人的世界。教育成了"儿童应该在尽可能短的时间里获得一张社会通行证"②。另外，在教育场域中，儿童的生活也往往被机械的

---

① ［挪］让-罗尔·布约克沃尔德. 本能的缪斯——激活潜在的艺术灵性［M］. 王毅，等译. 上海：上海人民出版社，1997：127.

② ［意］玛丽亚·蒙台梭利. 童年的秘密［M］. 马荣根，译. 北京：人民教育出版社，2005：205.

时间所"切割",从一个时间点到另一个时间点,在被安排好的时间表中机械地转动着。于是,儿童自身的"时间表"与教育的"时钟"之间开始了不倦的较量。

儿童的内在自然禀赋在悠然与缓慢中才能绽放。当然,在这里"慢"并不仅仅是指速度上的"放慢",还包括教师意识到儿童成长的规律与法则而不再急于做传递知识的"主角"。"我们可悲的一种错误,就是急于得到生长的结果,以致忽视了生长的过程。"① 儿童内在成长的时间——自然的时间才应该是教育的最终"导航"。因此,"我们应该尊重成熟的时间,发展的时间,制作和了解工具的时间,幼儿能力完全地、缓慢地、过度地、清楚地、时时改变地显现的时间,这时间是对文化智慧与生理智慧的衡量。"② 从这个意义而言,契合儿童天性的教育不是在急急忙忙的奔跑中改变儿童成长速度的教育,而是宁静缓慢地跟随儿童成长节奏的教育。卢梭甚至说过,童年是一段"白白浪费"的时期,因此"不要爱惜时间,而要失去时间。假如一个婴儿能从母亲的怀里一跃就跳到理性的时期,那么现在的教育就是很适当的了;但是儿童自然的生长,要求一种完全不同的训练"③。儿童是自然生长的,教育需要等待儿童生长的"时间"而不是"加速"儿童的生长。

自然万物,宁静而在,缓慢而生。一切不因人的意志而改

---

① [美]杜威. 学校与社会·明日之学校 [M]. 赵祥麟,任钟印,吴志宏,译. 北京:人民教育出版社,2005:218.

② [美]爱德华兹,等. 儿童的一百种语言 [M]. 罗雅芬,等译. 南京:南京师范大学出版社,2006:77.

③ [美]杜威. 学校与社会·明日之学校 [M]. 赵祥麟,任钟印,吴志宏,译. 北京:人民教育出版社,2005:217.

变。现代技术的"威力"固然可以人为地控制动植物成长的速率,然而以蔬菜为例,自然成熟的西红柿与加速催熟的西红柿,不仅味道不同,营养也是有差异的。另外,自然界有个有趣的现象,在植物界,越是名贵树种,其生长周期越长,生长也越缓慢,正是这种慢节奏使它浸润了日月的精华;在动物界,越是长寿的动物,其爬行也越慢,也许正是这种悠然才更好地储存了生命的能量。就此而言,漫长的儿童期正是自然进化恩赐人类的"礼物",唯有"漫长"才能真正地实现生命的"饱满"。童年期的漫长有着终极的人类学上的价值。

"真正的教育最禁忌的是速成法。"① 美国哈佛大学教授费歇尔等人也曾提出:"在某种行为上的不当刺激所导致的短期变化,会对人的整体成长系统产生弥散性的影响,使整体发展脱离平衡状态,并且在接受不当的催熟刺激的那个领域,产生较为低下的发展水平。"② 瑞吉欧教育的创始人马拉古齐也曾说过:"在所有的动物中,人类有着最漫长的婴儿期,这是大自然的安排。如托尔斯泰所说的,人类的婴儿期之所以看上去是那么的长,是因为大自然知道人类在成熟之前需要跨越多少河流,需要重新走过多少曲折的路。大自然给幼儿(成人也一样)提供了足够的时间去更正错误、克服偏见,让幼儿可以调整自己的节奏,逐步形成关于自己、同伴、家长、教师和这个世界的形象。"③ 儿童期有

---

① [日]小原国芳. 小原国芳教育论著选(上卷)[M]. 由其民,等译. 北京:人民教育出版社,1993:294.
② 转引自:刘晓东. 解放儿童[M]. 北京:新华出版社,2002:84.
③ [美]卡洛琳·爱德华兹,等. 儿童的一百种语言(第3版):转型时期的瑞吉欧·艾米利亚经验[M]. 尹坚勤,等译. 南京:南京师范大学出版社,2014:57.

着终极的、神圣的"目的"——"让幼儿可以调整自己的节奏"。这是自然赋予人类的使命。正如陈鹤琴曾指出的那样:"儿童的身体脑筋都要渐渐地发展;儿童的道德要逐渐涵养;儿童的谋生能力也要渐渐地储蓄……"①

教育若是过早、过快、过多地干扰儿童,必然破坏儿童内在的、深层的精神生态。"过早的正规教育,过于匆忙地催促儿童成长,实际上将儿童置于短期和长期的危险之中,短期的危险包括对学习的焦虑与恐惧、疲劳、缺乏爱好、效率降低,最后导致心理特别是情感失调,长期的危险包括厌学、学习动机降低、无法有效地集中注意力、干扰自我指导的学习、习得性绝望等等。"② 急功近利的快速储蓄与占有的教育,将遮蔽儿童的自然之律,造成难以挽回的后果。在急速的教育"竞争"中,儿童携带的自然资源在无形中被遮蔽了。儿童内在精神被遗忘,深层生活被遮蔽,儿童的生命也失去了自然的韵致,教育因此陷入贫瘠化与平庸化的样态。皮亚杰曾指出,人为地推动儿童超越其自然水平,无异于训练动物在马戏团中表演杂技,这种做法对儿童的正常成长并无益处,反而可能导致长期发展中的阻滞。③ 主体的发展程序存在一种"必经途径","每一必经路径各有其自身的日程表"④。蒙台梭利也指出,"内部的老师"帮助儿童慢慢建

---

① 北京市教育科学研究所. 陈鹤琴全集(第一卷)[M]. 南京:江苏教育出版社,1987:58.
② 杨宁. 跨学科视野下的早期教育——一种人类学、进化生物学和发展心理学的观点[J]. 学前教育研究,2002(6).
③ 刘晓东. 儿童教育新论[M]. 南京:江苏教育出版社,1998:82.
④ 左任侠,李其维. 皮亚杰发生认识论文选[M]. 上海:华东师范大学出版社,1991:14.

构自我以及对世界的认识。加速发展会使儿童自身失去平衡,并造成不可弥补的损失。对此,有学者总结道:"急功近利地提前灌输知识和训练技能,至少问题有三:一是违背孩子发展规律的训练,孩子被迫付出的努力太大,使孩子牺牲了个性多方面发展的机会……二是过于超前的训练所获得的即时效应意义不大,有些知识和技能在孩子以后成熟到一定的程度时再给予是轻而易举的事……三是训练者急于求成的浮躁心态,和所运用的强制性方法对孩子的影响,孩子被压抑的兴趣和紧张焦虑的心情,久而久之将不利于孩子的个性健康……"①

童年期本就是一段需要"白白浪费"的"黄金时代",这段时间需要做"无用之用"的事情。童年是人生的根;根深,生命才会更为充盈与饱满。生命的饱满需要时间之手的塑造。教育需要从农夫那里获得启示。农夫了解庄稼苗的习性,提供适合其生长的环境而不是"拔苗助长";他知道自己的限度与力量,懂得静静地等待,等待生命的时机与收获的讯息。教育"加速"无异于拔苗助长,破坏了根系,哀莫大焉。

三、教育"贫困"的原因

(一)教育失却神圣的价值尺度

无论是知识中心,还是"拔苗助长",儿童都成了被"随心所欲"改造的"对象"。究其原因,便是教育失去了神圣的价值

---

① 教育部基础教育司.《幼儿园教育指导纲要(试行)》解读 [M]. 南京:江苏教育出版社,2002:58-59.

尺度。没有了神圣的价值之光的引领，教育便堕化成一种规训，儿童的丰盛在规训中被遮蔽。教育潜在地将外在的"文化之履"作为永恒的标准，并以此"削"儿童的"自然之足"。在千百次"削足适履"的过程中，教育成了师生双方共同的血泪史。教师也好，儿童也罢，作为丰盛存在的人的自然之性被遮蔽与淹没在教育场域之中，教育成了危险的增补甚至是隐匿的规训。杜威曾批判"教育中的浪费"，并认为"主要的浪费是人的生命的浪费，儿童在校时的生命的浪费和以后由于在校时不恰当的和反常的准备工作所造成的浪费"①。无独有偶，蒙台梭利也曾呼吁"遭到浪费的财富"②。她认为："就像人类一直在地球上生息耕作却没有注意到在地球深处埋藏着巨大的宝藏一样，我们今天的人们在文明生活中取得了一个又一个成就却没有注意到埋藏在幼儿精神世界中的宝藏。"③ 无论是"加速"还是看重知识占有的现象都说明教育充满了功利性。教育变成了充斥着"傲慢与偏见"的"喧哗与骚动"，而不再是天地人神的宇宙合唱。儿童在"二手"知识的充塞下，在人为的催促中匆忙"告别"了童年。

教育缺乏神圣的价值尺度，缺乏提供价值尺度的哲学根基。没有深厚的哲学基础与坚定的信念，缺乏了超越的、先验

---

① 杜威的标题便是《教育中的浪费》。参见：[美] 杜威. 学校与社会·明日之学校 [M]. 赵祥麟，任钟印，吴志宏，译. 人民教育出版社，2005：53.

② 蒙台梭利也以《遭到浪费的财富》为标题。参见：[意] 蒙台梭利. 蒙台梭利幼儿教育科学方法 [M]. 任代文，译. 人民教育出版社，2001：336.

③ [意] 蒙台梭利. 蒙台梭利幼儿教育科学方法 [M]. 任代文，译. 北京：人民教育出版社，2001：337.

的价值，教育必然会走向"平庸的恶"。失去了神圣之约，教育便成了所谓的"巴别塔"，成了与社会生活"同质"之所，更甚者以密集的知识与精湛的技能成为人的重负。如此，儿童的发展被重重枷锁所囚禁，教育不再是儿童天性的圣诗而是哀歌。教育本应是呵护人性生长的乐园、花园、伊甸园，却成了荒原、监狱甚至是地狱。正如有的学者所言："在现代技术文明的社会中，不能不令人感到教育已成了实利的下贱侍女，成了追逐欲望的工具。"① 教育本应指向人的自由与解放，但是人的僭越却使教育滑向了新的奴役，造成了人的异化。教育甚至成了对教师和学生的共同的"压迫"，在制作教育的神话里，处在教育场域中的双方都成了"脱离自己"的人。这种"离身"造成的后果是，对于教师，教育只是工作的场所、谋生的手段，不得不为之；对于学生，教育是成人的指示与命令，不能不为之。在无可奈何的"屈从"与"投降"中，"惯性"似乎成了另一种"教育定律"。教育越以细致、精美的方式包装自己，就越远离了本真。教育成了浓妆艳抹的"时尚女郎"，远走他乡，却遗忘了自己最为朴质的家园。

（二）教育缺失美好的理想原型

教育实践若是没有美好的理想原型作为信念，教育就必然会"迷失方向"。正如有的学者所说："如果将目光仅仅投注在实际事务上，就会迷失方向，哪怕是最微小的行动也应和终极目标联

---

① [英] A. J. 汤因比，[日] 池田大作. 展望二十一世纪——汤因比与池田大作对话录 [M]. 朱继征，等译. 北京：国际文化出版公司，1985：60.

系起来。只有不让遥远的地平线从视界中消失，我们的脚才能迈出有意义的一步。"① 也就是说，教育必须有哲学理念的烛照，"哲学是面向真理的致思，教育是面向哲学的实践。因此，失却了哲学致思作为基础的教育是一种无根的教育，也是一种无向的教育，从而在存在的本质意义上，也就不成其为真正的教育。"② 若失去超越维度的教育哲学，失去美好的理想原型，教育便只能在贫困的链接中"循环"。

作为一种哲学形态，教育的理想原型必然与现实教育有着不同的逻辑起点。也就是说，教育理念若要照亮教育现实，就必须超越现实，并与现实有着一定的"距离感"，或者说教育理念必须与实践之间存有一种陌生性、"他者"性的张力。哲学形态存在的教育，作为一种价值应然的探索，不仅仅超越现实，甚至完全解构现实。对此，有学者提出："教育行动是人的给予性实践，这就意味着教育实践存在着永远无法根除的恶。我们需要不断地通过价值判断和选择才能做出正确的教育决策和行动……如果我们放弃这种价值应然的努力，那无疑是为恶的横行打开了闸门。为什么在我们的教育现实中存在那么多的'恶'和'坏'？为什么它们都不能得到最大限度的遏止？其根本原因在于我们已经放弃了对它们进行价值应然的认识，在于我们拒绝了进行价值评判的必要。"③ 也就是说，教育不能缺失对于本质性问题的思考与

---

① [德]雅斯贝尔斯. 什么是教育[M]. 邹进, 译. 北京：生活·读书·新知三联书店, 1991：177.
② 吕丽艳. 心灵、本质与教育：古典与现代之间教育之爱的变迁[M]. 北京：教育科学出版社, 2013：1.
③ 金生鈜. 为什么需要教育哲学——为教育的应然研究做一个哲学辩护[J]. 教育理论与实践, 2004（1）.

追寻，如同雅斯贝尔斯所言："教育一再出现的特有的现象：放弃本质的教育，却去从事没完没了的教学试验、做一些不关痛痒的调查分析，把不可言说之事用不真实的话直接表述出来，并不断地更换内容和方法做种种实验。"[①] 教育理论必须以追求应然的价值为使命。

理想形态教育理论是推动现实形态的教育革新的"路标"与"方向"，"应该是什么"的信念将推动着人去创造"是什么"的现实。理想的教育原型不是对已有现实的简单"修补"，而是着力于对未有现实的创造，是从"无"到"有"的巨大生成。逻辑假设决定了目光的聚焦，不同的聚焦便会产生不同的路向。一种崭新的理念，是从一种完全崭新的逻辑假设开始的，它不是旧有的现实性存在的简单演绎或推理，而是完全从"另一个世界"借来"光源"重新照亮现实存在，从而开辟一条新的"路径"。

倘若没有应然的追求，就不会有真正美好的教育；没有希望之光的烛照，教育便只能在幽暗中徘徊。教育应持守对教育真谛的深切追寻与深情守望，否则教育只能陷于"充满劳绩"却无法"诗意栖居"的困境中。

四、教育"贫困"中的出路

缺失了价值尺度与理想追寻，教育便会陷入"贫困"中。那么，教育该往何处去？教育真正的价值尺度与理想原型在

---

① [德]雅斯贝尔斯. 什么是教育[M]. 邹进，译. 北京：生活·读书·新知三联书店，1991：46.

哪里？

让我们再一次回到海德格尔的"贫困时代，诗人何为"的追问，来寻求时代与教育的"出路"。在海德格尔的观念中，"贫困时代"不是消极的批判而是慎重的审视，是在哀感中看到新的希望。辩证地说，贫困时代也是"世界从深渊而来发生转向"的时代。只有发现"贫困"，才有走向丰盈与富饶的可能。危险与拯救其实是同一"出发点"的不同方向。时代的赞歌只会加速时代的"贫困"而无法获得更新的力量，唯有在警惕与忧虑的审慎中才能踏上向上攀登的阶梯。思想者在对时代"贫困"的追问中不仅看到了困境，也看到了"突围"的可能性。海德格尔曾引用荷尔德林的诗句"但哪里有危险，哪里也有救"①。他接着谈道："何以有危险之处，也有救渡的生长呢？某物生长之处，便是它植根之处，便是它发育之处。植根和发育隐蔽地、寂静地在其时间内发生……因此之故，我们现在首先必须思量，何以在有最极端的危险的地方，何以在座架的运作中，救渡甚至最深地植根着并且从那里生长着。"②"我们愈是邻近于危险，进入救渡的道路便愈是开始明亮地闪烁，我们便变得愈是具有追问之态。"③ 走出"贫困"需要一种超越的眼光，坚定地从至高处审视现实。处在"夜半"的时代中，诗人需要道说神圣。诗人如何道说神圣？他进而引用里尔克的诗句解读道："芸芸众

---

① ［德］海德格尔. 海德格尔选集（下）［M］. 上海：生活·读书·新知上海三联书店，1996：946.

② ［德］海德格尔. 海德格尔选集（下）［M］. 上海：生活·读书·新知上海三联书店，1996：947.

③ ［德］海德格尔. 海德格尔选集（下）［M］. 上海：生活·读书·新知上海三联书店，1996：954.

生的基础乃是自然。人的基础与植物和动物的基础不光是相同的。这个基础在人那里和动植物那里是同一的。此乃自然，乃'完满的自然'。"① 海德格尔将目光聚合在"自然"之上。在他看来，自然是人（包括历史、艺术等）和动植物共同的基础、共同的存在和"原始根据"。自然就是"存在者之存在"，"这是一种开端性的、集万物于自身的力量，它在如此这般聚集之际使每一存在者归于本身而开放出来"，它是万物的"重力"即吸引力，也是尼采所说的万物的"意志"。② 祛除一切遮蔽，在源始的"无庇护"的冒险中，在原初的自然境域中，人之为人的存在本质才能敞开。

在思想史中，卢梭也有相似的思想逻辑。卢梭不相信"人为"之物的绝对的真理性，于是大胆采用"自然状态"来审视与思考人性、社会、文化、教育等问题所在。在《论科学与艺术》《爱弥儿》等一系列著作中，他都试图从理论上或者从逻辑上扫清"人为的因素"，以便重现"自然之境"，从而回到绝对的起点思考人之为人的本质与价值。为了直逼人性最源始的存在本身，卢梭提出用"自然"作为对现存文化的审视尺度。在启蒙的凯歌即将奏响的时候，卢梭却看到了人类的"致死的疾病"——人从一开始便错了，人迷失在自己编织的"科学与艺术"的王国，本有的自然之性被层层叠叠的"尘埃"所遮蔽，进而忘记了最源始、最质朴、最自然的存在。卢梭认为，"人之

---

① [德]海德格尔. 海德格尔选集（上）[M]. 上海：生活·读书·新知上海三联书店，1996：417.

② 邓晓芒. 从诗向语言的突围——读《诗人何为》[J]. 中国现象学与哲学评论，2004（1）.

为人"需要一次次返回并转变为自然人。当然,这里所谓的自然人,不是返回到人之存在的原始状态,也不是完全剥离文化影响的孤独状态,毋宁说是一种自然天性的绽放状态。对此,康德曾极为赞赏,将卢梭有关"自然状态"的概念与牛顿科学的发现相提并论。他写道:"在前人只看到一片混乱和毫无关联之差异的地方,牛顿破天荒地觉察出秩序和守常是高度简捷地结合在一起。有了牛顿以后,彗星才沿着几何轨道运行。而在人类天性呈现的种种形式背后,则是卢梭第一次发现了被深深隐匿了的人类本质,和那深藏起来的、可以通过对它的观察来证明天意的法则。"[①]"他(卢梭,笔者)在种种的畸变和遮蔽之下,在人类于其历史进程中自我打造和蒙罩的一切假面之下。探悉到'本真的人'。"[②] 卢梭也正是基于对自然人的情怀建构了一个有别于现存社会的"公民社会"。

卢梭看到"伪"的文化对人之本源性存在的戕害,海德格尔则看到"日常状态"对人之本真存在的遮蔽,他们都渴望在更为深远的"自然"的意义上追寻人的源始存在。教育过程恰恰也是遗忘了"自然"。因此,教育需要杜威所谓的"哥白尼式的转变"与蒙台梭利所说的"走向被告台"。或者说,教育必须不断地回溯,一次次地回溯到"自然"——精神的源始中去追寻那"活水的泉源"。教育必须在最为源始的自然中找到根基。教育需要的也正是这样的回归。"自然"即是出发点,也是永恒

---

① [德]卡西尔. 卢梭·康德·歌德[M]. 刘东,译. 北京:生活·读书·新知三联书店,2002:22.
② [德]卡西尔. 卢梭·康德·歌德[M]. 刘东,译. 北京:生活·读书·新知三联书店,2002:25.

的终点，当然这还意味着另一种意义上的蜕变与更新。教育需要在回归中守望，在守望中回归，直至在"自然"中找到真正安顿的"家园"……

在此，我们可以借鉴海德格尔对"技术"的理解来思考教育的实质。在他看来，"技术"在最本真的意义上不是"人"对"自然"的任意"加工"，而应表现为"自然"自己天然运行的过程。如此，"技术"就不仅仅"在"人的头脑中，而且也"在"万物中；万物体现了"理念"。而现代技术的贸然之为必然会破坏自然的生态之境。教育亦是如此，教育的过度"僭越"也会干扰儿童的精神生态。真正的教育不是对儿童的贸然"加工"，而应发现和遵从儿童自身本来就存在的"理念"和"法则"，让儿童自然地成长为他自己。

总而言之，教育要具有"合法性"，这里的"法"不是就世俗的法律意义而言，而是指永恒的超越向度的神圣法则。那么，"法"的准则与依据是什么？就最高意义而言，自然是万物的尺度。如同赫拉克里特所说的，智慧就在于说出真理，并且按照自然行事，听自然的话。[①] 自然环境的破坏以看得见的形式警示人，儿童内在自然的破坏以隐在的形式等待着人们的回应。教育迷失在行走的途中，因此需要再一次返回，再一次回到儿童。回到儿童，回到原点，教育才能焕发生命力。教育的目的便是儿童身上的自然最大化发展。教育的使命在于协助儿童，成就自然在儿童身上的赐予。教育不是"吞噬"一个人，而是书写一个新人诞生的故事……

---

① 北京大学哲学系外国哲学史教研室. 古希腊罗马哲学 [M]. 北京：商务印书馆，1961：18.

第二章　走向丰盛：自然教育的召唤

密涅瓦的猫头鹰在黄昏起飞。

——黑格尔

走向自然，走近儿童，教育才能真正走向丰盛。那么，何谓自然呢？黑格尔曾说："真正的思想和科学的洞见，只有通过概念所作的劳动才能获得。"① 每一个概念都是一种本质的涌现、神圣的道说。自然这个复杂多义的概念更是如此。如同海德格尔所认为的，词语在日常的使用中不免遮蔽了它源始的意蕴。因此，在谈论自然教育之前，有必要对自然进行"查阅""考古"与"追溯"，厘清自然的意涵以复现概念的意义之光。

一、概念的厘清

（一）自然

1. 自然概念的追溯

在中西方哲学中，自然都是一个极为重要的概念。在中国，

---

① 刘文霞. 个性教育论 [M]. 呼和浩特：内蒙古大学出版社，1997：9.

作为哲学范畴,自然一词最早始于老子,庄子沿用之,后经王充、王弼之发展至郭象而致其极。① 学者们对自然一词做了种种考证和研究,大都认为该词的基本含义就是"自己如此"或"自然而然",强调依靠内在力量,不受外力影响,与"人为"相对;也有人认为自然指事物的天然、本然状态、本性或本质。②

英语中的nature（自然）（法语为nature,德语为Natur）源于拉丁词natura,而该拉丁词则是希腊词φυσις（拉丁文写法是physis,phuein）的译名。海德格尔的哲学观念便是建立在不断地回溯与重构自然内涵的基础之上。按照他的考证,自然一词"蕴涵着早期的希腊语词φυσις的意义,也与我们译为生命的ζωη相当"。在《形而上学导论》一书中,他指出,希腊源初意义上的Physis,即自然意味着生命,其含义乃是"依靠自己的力量生长、涌现和出现"。它源出于"神圣",以"神圣"为本质,只有在作为澄明之"自然"中万物才能现身当前。③ 海德格尔后期也对自然概念的演变给予了极大关注,并对自然概念进行了深入考证。从荷尔德林那里获得灵感的海德格尔由对存在的追问转向对自然源始的阐发,实际上是对古代自然意义的重新发掘,使已被近代工具理性和二元对立的世界观所遮蔽的自然重新焕发其固有的生命力,以此达到人与自然、天道与人道的更深入、彻底

---

① 王月清,等. 中国哲学关键词 [M]. 南京:南京大学出版社,2011:154.
② 萧无陂. 自然的观念——对老庄哲学中一个重要观念的重新考察 [M]. 长沙:湖南人民出版社,2010:5.
③ 储昭华. 大地的涌现:关于自由与自然之间关系的思考 [M]. 北京:中国社会科学出版社,2003:62.

的统一。① 霍尔姆斯·罗尔斯顿Ⅲ在《哲学走向荒野》一书中也指出，也许从物理学并不能学到一切；也许物理学虽是很基本的，但并没有真正地研究到自然的本质。Physis（自然、本性）的词根为 phyein，意为"生成"。它并非希腊语中用以表示自然的唯一词，特别是如果"生成"说的只是运动中的物质的话。拉丁语 natura 原本的希腊语词根 gene-，也表示"使……出生"，以及"生长于"；也就是说，它有生命的含义。② 由此可见，自然具有一种动态的生成之义。另外，国内古希腊哲学研究专家对"是"一词的考证中为上述论断提供了更具体的线索说明：在印欧语系中，physis 一词，源自"是"的两个词根之一"bhu""bheu"，原来的意思是"依靠自己的力量，能自然而然地生长、涌现、出现"，后演化为指本性上就有力量成为"本来如此"的东西，与 techne（人工造成的）相对。③ 也就是说，自然最原初的含义是生长、涌现，带着一种强烈的生命力。

追溯词源发现，无论是在中国还是在西方，自然最初都蕴含一种创生的"力"，一种生长，并且指明了生长的动力来自本性内部。在此，我们看到了自然意涵的源始之光。那么，自然意涵如何变化的？这需要进一步追溯哲学中对自然的理解。

柯林武德在《自然的观念》一书中梳理了不同历史时期思想家自然观念的演化过程。他认为："在现代欧洲语言中，'自然'一词总的来说是更经常地在集合的意义上用于事物的总和或

---

①③ 储昭华. 大地的涌现：关于自由与自然之间关系的思考 [M]. 北京：中国社会科学出版社，2003：63.

② [美] 霍尔姆斯·罗尔斯顿Ⅲ. 哲学走向荒野 [M]. 刘耳，叶平，译. 长春：吉林人民出版社，2000：5.

聚集。当然,这还不是这个词常常用于现代语言的唯一意义,还有另一个意义,我们认为是它的原义,严格地说是它的准确意义,即……本源(souce)。"① 然而,自然含义却在后来不断地演化,其演化图景是这样的:从生长、生成、诞生、起源到本性、本质、本原、原则以及宇宙万物之整体、自然物的集合、自然力、规律等等。不过,这些含义往往是交织在一起的,只是在不同的历史时期侧重点不同而已。通过对自然的"考古",我们发现,自然一词的意蕴在走向近现代的过程中逐渐窄化了,甚至说"现代人往往把'自然'概念理解成'自然物'或'自然界'(自然物的集合)"。自然成了场域,甚至是物质,不仅失去了无穷的魅力,更失去了深邃的精神意蕴。自然的"去魅",在人类对自然的"解剖"中,潜伏着人类不自知的骄傲、狂妄、狭隘、偏执,借用哈耶克的观点是"知识的僭越"。在人类思想的发展中,尤其是随着近代科学理性的发展,自然逐渐被封闭、被肢解、被窄化了。

2. 自然概念的分析

(1) 自然概念内涵的变化性

对自然进行一番"巡礼"后便发现,自然这个概念没有一个稳定、静止、先在的内涵;只有在一定的语境中,自然的意义才会更为深刻、更为清晰地"开显"。或者,自然内涵的裁定权最后归结到它的"流通领域"。所有的描述都是一种"指向",一个概念的内涵远在理性可以描述的文字之外。因此,本书中自然的概念也离不开它的使用的"流通领域"。

---

① [英] 柯林武德. 自然的观念 [M]. 吴国盛,柯映红,译. 北京:华夏出版社,1998:47.

(2) 自然概念多重内涵的联系性

单一地理解自然必然会窄化对自然内涵的把握；若是将自然的诸多内涵聚合为一种整体有机的自然观，便会发现各内涵之间有着奇妙的联系。我们可以从三个方面去理解自然的主要内涵：源始的自然；事物的自然或者人身上的自然（也有人将之称为内在自然）；自然物（或被称为外在自然）。

一方面，作为源始的自然是自然多重含义的根基。在此意义上，自然是一个虚性的概念："虚性范畴有助于形而上的建构，实性范畴有助于经验的分析。"① 所谓的"虚指"并不是因之不存在，而是因之超越性的信仰层面的意涵。虚不是不存在而是不可见，必须借助于思辨而不是经验。自然不是一种具体所指，而是超越一切实存之上，也超越概念符号规定的"虚指"。自然是"有"也是"无"。"太初有'无'"。"无"蕴含着巨大的创生力，面对万物万有去绽开、显现。"无"是非规定的有，是无所限制的敞开。"无"在道体意义上具有"实存性"，而在现象界却具有"隐在性"。就形而上的意义而言，一切源于自然，自然是万有之源。如同杜夫海纳所称之为"前真实"（pre-real）或者大写的自然（Nature）。"由于这种自然先于人——它产生人，人对于它无能为力；只能在他那，他就总是在那，自然变成了世界。但是，在这种人几乎回到他诞生时刻的前真实（pre-real）的经验中，人可以感受那个维持他的基底。自然是一种前前真实（pre-pre-real），由前真实的表现性所唤起那些可能的世界证实它

---

① 萧无陂. 道为"物之自然"立法与人为"自然"立法：对老子"道法自然"命题的重新解读［J］. 中州学刊，2012（6）.

的深度和力量。"① 在杜夫海纳看来，在前真实的自然领域中，人与自然、主体与客体处于一种先验的统一之中。因为自然既是人的根源，同时也是世界的根源。② 自然并不是一种静态的结果，而且还蕴含着一种动态的生成性的力量。

另一方面，事物的自然（或者人身上的自然）和自然物（或自然界）又同源始的自然相联系。源始的自然作为根基，使得自然物（或自然界）与人身上的自然成为可能。若说源始的自然是一个虚指的概念，那么后者则是虚指与实指的一种融合。或者说，必须有对源始自然的信仰，才能够真正认识自然物（或自然界）以及人身上的自然。正如有学者所言，"在道体论而不是在认知论的韵致上，'自然'一语并不能同'自然界'等义。但这也并不是说二者毫无关联，其关联在于：自性律动的道体唯在作了'无处不在'的'在者'的生成后，'自然'才真正具有了由天地万物所'界定'的所谓'自然界'的意义。在此，'自然'乃是自然界之'性体'；而'自然界'乃是自然之形相"③。进而言之，"唯在'自然'这一超越的形上之理上，以天地万物来'界定'的所谓'自然界'才是从其自身而显证自身的"④。作为源始的自然与外在自然之间是有联系的，"自然是指古希腊

---

① 彭锋. 回归：当代美学的 11 个问题［M］. 北京：北京大学出版社，2009：57.
② 彭锋. 回归：当代美学的 11 个问题［M］. 北京：北京大学出版社，2009：56.
③ 李孺义. "无"的意义：朴心玄览中的道体论形而上学［M］. 北京：人民文学出版社，1999：254.
④ 李孺义. "无"的意义：朴心玄览中的道体论形而上学［M］. 北京：人民文学出版社，1999：259.

的涌现或本性,自然界则是自然概念的现代性含义,表示人生活于其中的物质世界、自然物的总和。自然和自然界二者关系是:自然是使自然界和自然物应该如此显现自身的根源,是使事物成为该事物的内在依据。自然蕴涵在自然界之中并通过自然界表现出来,自然界则被自然所规定,并依据自然而生成和变化;自然是自然界和自然物的内在本性,自然界和自然物则是自然的外部显现;自然离开自然界和自然物无所栖身,自然界和自然物缺乏自然也就丧失了自身的规定性"①。作为内在根据的自然与外在自然之间也有着密切的联系。也就是说,源始的自然为自然本性与自然界的存在奠定了意义基础。

3. 如何理解自然

如前文所言,自然一词不是一个僵死的符号,而是一种丰盈的表达。任何对自然的剖析与解释,都将与自然饱满的意涵"擦肩而过"。因此,我们必须将自然放在有机的自然观,放在更为开放的"概念群"中加以理解。自然一词既彰显了语言的艺术也挑战了语言的张力,成为不可言说的言说。甚至可以说,自然一词本就是一个诗意概念。在此的"诗意"并不是日常意义所谓的浪漫,而是学理层面所指的精神趣味。自然不是具体的物质所指,还包含有神圣性精神隐喻与象征。自然如同一把打开幽深的精神之源的钥匙,带人进入一个丰盈、饱满的世界;顺着自然所指的方向,人将看到一个美丽无比的精神花园。

因此,本书将自然放在一个有机的自然观视野中加以理解,如此来说,自然并不是与文化对应的概念,毋宁说,文化也是自然的一部分。自然也不是与人对立的存在,人也是自然的一部分。

---

① 曹孟勤. 自然与自然界[J]. 自然辩证法研究, 2005 (4).

人身上的自然与外在自然之间也有着本源上的契合性。具体来说，一方面，从内在来说，自然是一个事物的本性（当然这本性并不是凝固的而是具有生长性的），在本书中指的是儿童身上的自然；另一方面，笔者借助自然一词，希望与教育思想史中的自然教育有所承接，也尝试着在当今的历史处境中对当下教育现状作出回应，在历史与现实的交织中重新去思考自然对教育的启示与召唤。就儿童教育而论，我们可以理解为作为儿童来自自然（自然是万物之源），就此衍生出儿童身上具有自然性（超越人为之力的先天存在），儿童也具有亲自然性（外在自然）。追溯自然的原有意蕴，自然、大自然、自然物、自然天性（人身上的自然）之间有着内在的联系。整个自然是一个具有一种创生性的整体。自然（源始性自然）、本性（事物内在的规定性）、自然物是自然意涵的三个层面，它们之间相互联系。源始的自然是第一性的，是终极的，根源性的，也是具有创生性的。自然物不单单是物质的存在，而是与源始性自然相连的；也正是自然（源始性自然）使得每一种事物都有独特的本性。自然的诸多意涵是一个动态互创的整体。

（二）自然教育

在理解自然教育时，我们首先需要厘清两种与之相似的表述。其一是自然主义教育。有研究者认为："自然主义教育思想的核心是人的自然发展和教育问题，其主要特征是依据人的自然本性全面论述教育过程，以揭示人的发展和教育活动的本质，为人的发展和教育创造有利条件。"[①] 一般来说，研究界将自然主

[①] 王天一，方晓东. 西方教育思想史 [M]. 长沙：湖南教育出版社，1996：216.

义教育看作是一种思想观念或是历史思潮；称之为"主义"，是对自然教育的一种概括，使之与其他"主义"平行于教育思想史的空间。本书中的自然教育接续自然主义教育，也吸收自然主义教育的营养，然而并不是对自然主义教育的历史探讨，而是站在教育理论的哲学维度，通过对自然的理解与追溯，以寻求作为教育信念与情怀的自然教育。

其二是将自然教育中的自然理解为自然界或自然环境，这样的理解本身便窄化了自然教育，将自然等同于外在的环境，外在的自然便成了教育的目的。本书所说的自然教育则指以儿童身上的自然为起点与目的而展开的教育。自然教育首先在儿童身上看到自然，并以此为教育的逻辑起点；由此，教育打开一个新的方向。从前文对自然的追溯可以得知，遵从儿童的自然与外在的自然之间有着一定的重叠性与契合性。在一个更为宽广的意蕴空间里，儿童身上的自然与自然物同时都指向了源始的自然，作为道之运行的自然。自然物也具有召唤性，如同福禄贝尔[①]所言："我在科研职位上仅仅待了2年，但同时我手中和眼中的石头变成了生命的形态——说一种我能理解的语言。结晶体的世界清晰地向我显示着人类生活的结构，'诉说'着在它的世界中的真实生活。"[②] 自然物的存在指向更高的自然，同时儿童的存在本身也指向更源始的自然。在动态的生的自然观中，一切源于自然。自然教育便是追溯自然的源始意蕴，在一种"大"自然观中去

---

① 注："福禄贝尔"为德国教育家，国内也译为"福禄培尔"。本书作者用"福禄贝尔"，但若引文中出现"福禄培尔"，则保留引文的译法。

② 单中惠. 让我们与儿童一起生活吧：幼儿园之父福禄培尔 [M]. 上海：华东师范大学出版社，2008：244.

理解教育,围绕着儿童,教育的方向发生了转变。所以,自然教育并不止于自然环境教育,前者的意涵空间远远大于后者。

通过追溯自然的内涵,我们知道,源始的自然、儿童身上的自然与外在的自然之间存在着"三位一体"的关系。源始的自然是一切之源,不仅具有超越性与神圣性,而且具有创生力。儿童身上的自然与外在的自然皆"分有"源始自然。因此,儿童的存在是神圣的,具有绝对的目的性。儿童也具有生长力。儿童身上的自然是教育的根基。自然教育发现了儿童身上的自然。儿童的生命源自自然,也只有在自然的原则下才能真正地绽放。由此可见,教育的一切围绕着此根基而展开。本书将教育放在一个更为庞大、深远和整合的自然系统中,将教师、文化也看作自然的一部分。教师、自然、文化由于儿童身上的自然而共同打开了一个崭新的场,从而生成了新的教育,即自然教育。

二、自然教育历史的追溯

古今中外的教育学由自然教育始而发生了"开天辟地"的革新。这种革新伴随着西方的文艺复兴运动而获得蓬勃发展。文艺复兴不仅仅是一种文艺的崭新发展运动,更是对人的崭新发现的开始。正如有学者所言:"文艺复兴运动(14—16世纪)不仅唱颂外部自然界,而且唱颂人自身的自然(即天性),因而是一场'人本主义+自然主义'的运动,它热情讴歌自然、人性,同时追求自然权利。文艺复兴运动使人发现了人的尊严,启动了'人的发现'。""'人的发现'最终必须导致'儿童的发现'"。① 为了更好地理解自然教育,我们有必要首先对近现代教育家的教育思想进行追溯。

从夸美纽斯抵达卢梭;经由裴斯泰洛齐、福禄贝尔到杜威;再与蒙台梭利相遇……徜徉在教育经典的"丛林"中,不免发现,在这片"林地"里,有一条或隐或显的"林中路":他们以自己的足迹踏过,并为后人留下了"方向标"——儿童、自然、教育。进一步说,他们是教育思想史中的"普罗米修斯",从"天庭"为教育界"盗取了真理之火"。在对旧教育的批判与反思中,他们建立了崭新的教育观即自然教育观。

(一) 夸美纽斯

被称为"现代教育之父"的夸美纽斯是"一位高贵的人类宣教者"②。作为一位牧师,夸美纽斯以上帝信仰为基来论证自然教育。在《大教学论》一书的第一章,夸美纽斯便写道:"人是造物中最崇高、最完善、最美好的。"③ 人是上帝"作品中的柱石与模型",人不仅是上帝的代表,而且是上帝荣誉的冠冕④。在《母育学校》的开篇,他更是将儿童看作是"耶和华所赐的

---

① 刘晓东. 论儿童教育学的古今中西问题 [J]. 南京师大学报(社会科学版), 2010 (6).
② [捷克] 夸美纽斯. 夸美纽斯教育论著选 [M]. 任宝祥, 等译. 北京: 人民教育出版社, 2004: 10.
③ [捷克] 夸美纽斯. 大教学论 [M]. 傅任敢, 译. 北京: 教育科学出版社, 1999: 1.
④ [捷克] 夸美纽斯. 大教学论 [M]. 傅任敢, 译. 北京: 教育科学出版社, 1999: 2.

产业""上帝的种子""无价之宝——上帝的灵魂"①。在这些真知灼见中,夸美纽斯先知般洞察了儿童的价值。他将儿童与作为至高存在象征的上帝之间建立直接的联系。儿童不再是知识的"容器",或是任人拿捏的"蜡泥";儿童是"一个选民",是"天国的向往者"。儿童不是工具性的存在,也不是成人的附属品,而是具有神圣的价值与永恒的意义。

正是由于儿童具有永恒意义,教育也具有神圣的目的:教育的目的不是为了满足现实的需要,而是为了彰显人的神圣与完善。教育必须基于自然之道,使人能够真正彰显至高的精神——上帝。"人类这种完善的生物较之其他一切生物注定有一个更高的目标,要与一切完善、光荣与幸福的极致的上帝相结合,要与上帝永远同享最高的光荣与幸福。"② 人的生活不仅具有植物性与动物性,最重要的是具有精神性,只是"最后阶段的生活显然大大地受了头两种生活的遮蔽与阻碍,所以后来自然需要有个让它变完善的时候"③。而教育恰是为了这种完善的实现:教育最终是为了"人要成为上帝的形象""像他的原型一般完美"。达到这一崇高目的的教育必然是基于自然的。

夸美纽斯认为基于自然的教育要模仿"自然",因此他以种种自然形象譬喻教育。他以"种子"譬喻人内在的生命之力:"种子"凭借自己的力量生根、发芽。"我们不必从外面拿什么东西给一个人,只需把那暗藏在身内的固有的东西揭开和揭露出

---

① [捷克]夸美纽斯. 夸美纽斯教育论著选[M]. 任宝祥,等译. 北京:人民教育出版社,2004:12.
②③ [捷克]夸美纽斯. 大教学论[M]. 傅任敢,译. 北京:教育科学出版社,1999:3.

来。""把来到世上的人的心理比做一颗种子或一粒谷米是很正当的，植物或树木实际已经存在种子里面，虽则它的形象实际上看不出来。"① 教育如同"种子"的展开与生长，是一种自然、自由的事情。"人能在自然的领导下钻研有关万物的知识。"② 教育者应该如同园丁，"只灌溉树根"。在人的身上已经有了一切的可能性，"万物确乎都已存在人的身上；灯、油、火绒，以及一切用具都已具备，只消他善于擦出火星，着上火，点好灯，他便立刻能够看见，能够充分享受上帝的智慧放在他身上和世间的稀有的珍藏……"③

夸美纽斯不仅谈及教育与儿童内在自然的关系、教育即儿童自然而然发展。除此之外，他还谈到了儿童与自然环境的关系。他认为："在校外应当有一个空旷的地点可以散步和游戏，并且还应当附属一个花园，让学生们时时进去，在那里欣赏树木、花草、植物。"④ 自然环境中更利于儿童的自然生长。

（二）卢梭

虽说夸美纽斯栽培了自然教育的"根"，但是自然教育真正在人类思想界"开花"则要归功于卢梭。卢梭的教育学说是教

---

① ［捷克］夸美纽斯. 大教学论［M］. 傅任敢，译. 北京：教育科学出版社，1999：15.
②③ ［捷克］夸美纽斯. 大教学论［M］. 傅任敢，译. 北京：教育科学出版社，1999：16.
④ ［捷克］夸美纽斯. 大教学论［M］. 傅任敢，译. 北京：教育科学出版社，1999：93.

育思想史上自然主义的源头。[①] 他的代表作《爱弥儿》所讨论核心问题便是自然与人为、天性与教育。正如有研究者指出的那样："自然教育像一根红线贯穿在《爱弥儿》一书中。整个《爱弥儿》的主题就是自然教育思想。"[②] 卢梭的自然教育是他的哲学、政治学的根基。

在《爱弥儿》开篇，卢梭便将"造物主"与"人"进行对比，并进而指出"人"僭越"造物主"的权利而造成对生命的践踏。卢梭强烈地谴责人的"强使"："他要强使一种土地滋生另一种土地上的东西，强使一种树木结出另一种树木的果实……必须把人像练马场的马那样加以训练；必须把人像花园中的树木那样，照他喜爱的样子弄得歪歪扭扭。"[③] 然而，人若是不受教育呢？"事情可能更糟糕"："偏见、权威、需要、先例以及压在我们身上的一切社会制度都将扼杀他的天性，而不会给它添加什么东西。他的天性将象一株偶然生长在大路上的树苗，让行人碰来撞去，东弯西扭，不久就弄死了。"[④] "强使"的教育使人"歪歪扭扭"，任凭"偶然"行事又会使人变得"东弯西扭"，那么，对于"出自造物主之手"的神圣存在人来说，教育应该怎么做呢？

卢梭批判已有的教育由于缺乏对儿童的了解而陷入歧途。因此，他认为教师必须在自然的安排下，对儿童进行研究："孩子

---

① 王坤庆. 对卢梭教育思想的再认识 [J]. 教育研究与实验，2010（2）.

② 刘黎明. 西方自然主义教育思想史 [M]. 武汉：华中科技大学出版社，2013：7.

③④ [法] 卢梭. 爱弥儿 [M]. 李平沤，译. 北京：商务印书馆，1978：1.

在生下来的时候就已经是一个学生,不过他不是老师的学生,而是大自然的学生罢了,老师只是在大自然的安排之下进行研究,防止别人阻碍他对孩子的关心。他照料着孩子,他观察他,跟随他,像穆斯林在上弦到来的时候守候月亮上升的时刻那样,他极其留心地守候着他薄弱的智力所显露的第一道光芒。"① 在这里,卢梭以穆斯林守护月亮上升的虔敬来比拟老师"守候"儿童最初智力之光的神圣。

卢梭指出,每个人都是由三种教育来培养的,即"人的教育""事物的教育"以及"自然的教育"。在卢梭看来,自然的教育指的是"我们的才能和器官的内在发展",而从某种意义来说,"自然的教育完全是不能由我们决定的"②。"自然的教育"是一切教育的核心,如果三种教育能够圆满配合,"那么,我们就要使其他两种教育配合我们无法控制的那种教育"③。"自然的教育进行得晚,进行得慢,而人的教育则进行得过早。"因此卢梭认为:"最初几年的教育应当纯粹是消极的。""我在这里可不可以把最重要的和最有用的教育法则大胆地提出来呢?这个法则就是:不仅不应当争取时间,而且还必须把时间白白地放过去。"④ 卢梭所谓的"白白地放过去"并不是不管不问,而是尊

---

① [法]卢梭. 爱弥儿 [M]. 李平沤,译. 北京:商务印书馆,1978:46.

② [法]卢梭. 爱弥儿 [M]. 李平沤,译. 北京:商务印书馆,1978:7.

③ [法]卢梭. 爱弥儿 [M]. 李平沤,译. 北京:商务印书馆,1978:8.

④ [法]卢梭. 爱弥儿 [M]. 李平沤,译. 北京:商务印书馆,1978:96.

重自然并遵循自然。总之,卢梭的教育是以自然为基点并返于自然的。

卢梭的"返于自然"不是返回自然界或者原始社会,"当卢梭在这种意义上要求'返于自然'时——当他在人类是什么,与人类人为地将自身造就成了什么之间作出区分时,他作出这种对比的权利既不来自关于自然的知识,也不来自历史知识。对他来说,这二者都是极其次要的。他不是历史学家,也不是人种学家。在他看来,希望通过历史知识或者人种学知识改变人类,以使之接近其'自然状态',这不啻是一种怪异的自我欺骗"①。"康德声称:'完全没有理由把卢梭对那些胆敢放弃自然状态的人类的申斥,看作一种对返回森林之原始状态的赞许。他的著作……其实并没有提出人们应该返回自然状态去,而只认为人们应该从他们目前所达到的水准去回顾它。'"② 卢梭所谓的返回自然,是一种人性意义上的更新。他看到了人的神圣价值,看到了儿童存在的绝对意义。自卢梭起,作为人之初的存在者——儿童便以自身的独特屹立于人类的思想史之中。卢梭的思想对教育、政治、哲学等领域都产生了革命性影响。

(三)裴斯泰洛齐

裴斯泰洛齐深受卢梭自然教育思想的影响。他在《天鹅之歌》中深情地写道:"当我读这部美妙的书籍时,我自己的理想

---

① [德]恩斯特·卡西勒. 卢梭问题[M]. 王春华,译. 南京:译林出版社,2009:43.
② [德]卡西尔. 卢梭·康德·歌德[M]. 刘东,译. 北京:生活·读书·新知三联书店,2002:12.

倾向也被激发到非凡热忱的高度。我把我在家庭、学校所受的教育，同卢梭对《爱弥儿》的要求作了比较，我便觉得我所受的教育太不充分了。"①

如果说卢梭的自然教育是一种理念上的探索，那么裴斯泰洛齐则是在实践与理论层面进行了双重探索。裴斯泰洛齐是在孤儿院开始践行其自然教育的。1769年，裴斯泰洛齐建立了师范农场"新庄"。"1775年，裴斯泰洛齐在'新庄'又开办了'贫儿之家'，收容贫苦儿童，把帮助农民解救自己的一般社会改革实验的努力转向了教育活动。"② 虽然"贫儿之家"由于经费问题于7年之后被迫停办，但是即便面对种种挫败，裴斯泰洛齐对教育探究的热情却丝毫未减。

在晚年的教育论著《天鹅之歌》一书中，裴斯泰洛齐明确指出，人类的发展本身就是一种遵循自然发展的过程。因此，教育也必须基于自然的发展。但这并不意味着"听任"儿童"任意"发展，"虽然人的发展的自然进程是由上帝主宰的，然而，当放任儿童们完全自发发展的时候，仅仅能唤起他的原始的本能"。因此要使"人性和神性的因素进入生活"。为此，裴斯泰洛齐提出了"要素方法"。"要素方法"不仅仅是一种方法，也是一种信念。他如此解释说："'要素方法'问题就是遵循大自然的秩序，使人的头脑、心灵和手这些特有的能力得以展开和发

---

① [英]转引自：博伊德·金. 西方教育思想史[M]. 任宝祥，吴元训，等译. 北京：人民教育出版社，1985：315.

② [瑞士]裴斯泰洛齐. 裴斯泰洛齐教育论著选[M]. 夏之莲，等译. 北京：人民教育出版社，2001：3.

展的问题。"① 他从道德、智力甚至是每日的生活一一阐明如此去使用"要素方法"。如同他所持守的那样:"人的全部教育就是促进自然天性遵循它固有的方式发展的艺术。"② 遵循自然,培养完善的人性便是裴斯泰洛齐一生的教育追寻。

遵循儿童自然天性的教育,本身便是自然与自由的。裴斯泰洛齐曾经说:"我梦寐以求的更理想的教育使我想起栽在河边的一棵树。"③ 他以一棵栽在河边的树来譬喻教育的自然之境。

"什么是那种正确的教育呢?它如同园丁的艺术,成千上万棵树木在园丁的照料下开花、成长。园丁对树木的实际生长并不能有所作为,生长的原理存在于树木本身。园丁植树,浇水,而上帝则让树增高。不是因园丁松开了树根才使树从土壤中吸收养料;也不是因他把木髓同木头、木头同树皮分割开来才使树从根部一直到顶端的嫩枝各部分得到发展,使各部分聚拢到一起,组成永恒的统一体,由此生产出其生存的最终结果——果实。关于这一切,园丁一无所为。他只是浇灌了树根难以深扎的石头般的干涸土地。他只是排除了积水使树木不遭水淹。他仅仅看护着树木,使外部力量不致伤害树根、树干或树枝,不致干扰使树的各个部分结合起来以保证树木健全生长的自然秩序。教育者也是

---

① [瑞士] 裴斯泰洛齐. 裴斯泰洛齐教育论著选 [M]. 夏之莲,等译. 北京:人民教育出版社,2001:425.
② [瑞士] 裴斯泰洛齐. 裴斯泰洛齐教育论著选 [M]. 夏之莲,等译. 北京:人民教育出版社,2001:30.
③ [瑞士] 裴斯泰洛齐. 裴斯泰洛齐教育论著选 [M]. 夏之莲,等译. 北京:人民教育出版社,2001:328.

如此。"①

在裴斯泰洛齐那里，自然教育不仅是内发的，而且是自由的，如同"夜莺的歌声在黑暗中荡漾，一切自然的客体无拘无束地运动——没有一丝干扰、强制的迹象"②。

（四）福禄贝尔

福禄贝尔深受裴斯泰洛齐的影响。在沐浴到自然教育的精神之光时，他便感受到强烈的召唤："现在我已经开始了新的生活。我所听到的有关裴斯泰洛齐的每一件事情都强有力地吸引着我，尤其是他的生活，他的目标和他的奋斗。"③ 福禄贝尔分别于1805年、1808年两次访问伊弗东。第二次访问时，福禄贝尔带上他的三个学生，放弃一切事情，他这样叙述道："我应当回来尝试将自然界所反映出来的生物的发展法则应用到人的教育中来。我必须根据发展的法则教育人认识他的本性。"④ 福禄贝尔在没有任何物质资源的情况下创建了这个事业（指1816年开始创办学校），他相信这个事业是建立在永恒的真理之上的，他也相信是上帝让他心中的理想之花绽放——让他有机会欣赏这个世界，并赐予他力量和勇气冒着风险来实现理想。他说自己即使无

---

① ［瑞士］裴斯泰洛齐. 裴斯泰洛齐教育论著选［M］. 夏之莲，等译. 北京：人民教育出版社，2001：336.
② ［瑞士］裴斯泰洛齐. 裴斯泰洛齐教育论著选［M］. 夏之莲，等译. 北京：人民教育出版社，2001：249.
③ 单中惠. 让我们与儿童一起生活吧：幼儿园之父福禄培尔［M］. 上海：华东师范大学出版社，2008：58.
④ 单中惠. 让我们与儿童一起生活吧：幼儿园之父福禄培尔［M］. 上海：华东师范大学出版社，2008：244.

法用语言来表达，但就他的理解而言，这个事业对于全宇宙的人类来说是永远重要的。"我看到人类将要开始一个新的历程，进入另一个时代。一个新的世界正在诞生，正在为科学创造一种全新的生命，正在创始真正的科学，即生存科学及其全部含义。"① 也正是在这种神圣情怀的召唤下，福禄贝尔坚定地进行教育的革新，从而创办了历史上第一个真正的"幼儿园（Kindergarten）"。由此，幼儿教育进入了崭新的历史时期，福禄贝尔也因此被称为"幼教之父"。

福禄贝尔是以上帝的精神为基来阐明自己的教育思想的。他认为教育是上帝精神在儿童身上的自然生长。在《人的教育》一书的开篇，福禄贝尔指出上帝所赋予世界万物的统一性、法则性。儿童深蕴"上帝的法则"，"人身上所具有的上帝精神，即他的本质，应当和必须通过教育在他身上得到发展和表现，成为觉悟，而人本身则应当和必须被提高到自由地和自觉地按照在他身上起作用的上帝的精神生活，自由地表现上帝的精神"②。在福禄贝尔的观念中，上帝的法则与自然的法则有着类似的意涵。

福禄贝尔在儿童身上看到了自然的法则以及自然的成长的力量。因此，他所命名的幼儿园也有别于之前的婴幼儿教育机构。幼儿园一词是人类思想史上一次伟大的发现。我们需要再一次回望幼儿园最为本初的内涵，以此"复活"幼儿园一词的真实意蕴。在教育历史的发展中，甚或是在人类文化史的长河中，幼儿

---

① 单中惠. 让我们与儿童一起生活吧：幼儿园之父福禄培尔［M］. 上海：华东师范大学出版社，2008：246.

② ［德］福禄培尔. 人的教育［M］. 孙祖复，译. 北京：人民教育出版社，2001：7.

园都可以视为不折不扣的充满诗性与神性的称谓。幼儿园不仅仅是一个名字或者一种术语，更是一种精神，它道出一种神圣的情怀。所谓的幼儿园，具体来说指的是，"在一个花园里，在上帝的帮助以及熟练的、有智慧的园丁的照料下，生长着的植物将按照自然的法则发展，所以在我们这个儿童的花园里、我们的幼儿园里，作为一种最高贵的生物，人（儿童，人性的胚芽）需要按照他们自身的法则、上帝的法则和自然的法则来进行培养"①。有研究者对福禄贝尔的幼儿园概念进行追溯与探讨，认为它包含两个层面的认识。一方面，福禄贝尔在其著作中明确指出："充分了解自然意味着在其中看到神圣力量的最及时启示，然而我们还没有掌握这种思想的细节。它的重要性更在于通过观察自然的生长和发展可比较人类的生长和发展，个人也是一样。然而它对于还在生长和发展中的人类，即儿童和青年来说更加重要。因此，完全、充足的教育必须给儿童提供这样一种比较观察的机会。这就是Kindergarten的完整、完美的含义，它的名字即意味着这是一个'儿童的花园'。所以一个幼儿园的基本含义在于它应当有可以让孩子参与的花园。另一方面，福禄培尔选择使用'花园'一词还隐含着他对于儿童和儿童教育的认识，即幼儿园应当像'花园'，教师需像园丁照料植物的成长一样，去保护着儿童本性的自然展开。"②如此看来，幼儿园就不单是一个幼儿集中所在的场所，也不是幼儿被动接受教育的空间，而是一个幼儿能够真正获得发展的地方，是儿童天性的"庇护所"。因此，幼儿教育必须是基于自然法则的。福禄贝尔甚至从"自然"出发

---

①② 罗瑶. 福禄培尔"幼儿园"（Kindergarten）概念的诞生——历史源流、时代精神和思想意蕴［D］. 南京：南京师范大学，2014.

为生活找到最终的法则。他认为自己的职责就是给人类生活艺术的起点，自己的目的是从自然的发展中找到并指明生活的绝对法则。①

(五) 杜威

杜威打破教育与生活、个人与社会、身体与精神、经验与知识等所谓的二元性存在，在此基础上建构起他独特的自然教育理念。在杜威的教育观念中，值得深思的是他对"发展"与"生长"的重新解释。杜威认为教育即生长、即儿童的发展，他甚至认为："儿童期的真正含义就是，它是生长和发展的时期。所以，为了成年生活上的成就而不顾儿童时期的能力和需要是自杀性的。"② 那么，杜威究竟是如何理解儿童的发展呢？我们可以通过他对卢梭及福禄贝尔的"发展"观念的评论来窥探他的思想。

杜威不止一次提及卢梭教育思想中关于"发展"的观念。在《学校与社会·明日之学校》中杜威曾说："卢梭坚决认为，现行教育是错误的，因为父母和教师总是想着成年人的造诣；一切改革依靠集中注意于儿童的能力和弱点……他的关于教育根据受教育者的能力和根据研究儿童的需要以便发现什么是天赋的能力的主张，听起来是现代一切为教育进步所做的努力的基调。他的意思是，教育不是从外部强加给儿童和年青人某些东西，而是人类天赋能力的生长。从卢梭那时以来教育改革家们所最强调的

---

① [德] 福禄培尔. 人的教育 [M]. 孙祖复，译. 北京：人民教育出版社，2001：248.
② [美] 杜威. 学校与社会·明日之学校 [M]. 赵祥麟，任钟印，吴志宏，译. 北京：人民教育出版社，2005：217.

种种主张，都来源于这个概念。"① 杜威认为卢梭教育中最核心的观念便是"人类天赋能力的生长"。在《民主主义与教育》中，杜威也说："卢梭主张教育必须是自然发展，不是从外部强加于个人或移植给个人，但卢梭认为社会条件不是自然的，这个看法有损他的主张。"也就是说，杜威与卢梭一样认为教育不应是"从外部强加"，但是他反对卢梭将个人与社会对立的看法。同时，杜威关注到福禄贝尔对"生长"的理解。他认为："福禄贝尔承认儿童天赋能力的重要性，他对儿童的热情关怀，以及他在劝使他人研究儿童方面所起的作用，也许是近代教育理论中使生长的概念得到普遍承认的一股最有效的力量。但是，由于他把发展理解为现成潜伏的原则的展开，以致严重地阻碍了他的发展概念的表述，以及促进发展的方法的组织。"② 也就是说，杜威认同关于福禄贝尔的"教育即生长"的观念，但同时他认为福禄贝尔的生长概念有着"先验性""模糊性""抽象性""象征性"，甚至带有"浪漫主义的幻想"。杜威的生长学说则"指出了生长的方向性、实践性、过程性和生成性，而且，生长的概念还不局限于个体生物性的生成，而且包括超越个体生命而达致群体社会生活延续的过程"③。杜威指出福禄贝尔"发展"观念的先验性，在此基础上他统构先验与经验而建立独特的经验发展观。

---

① ［美］杜威. 学校与社会·明日之学校［M］. 赵祥麟，任钟印，吴志宏，译. 北京：人民教育出版社，2005：215.
② ［美］杜威. 民主主义与教育［M］. 王承绪，译. 北京：人民教育出版社，2001：67.
③ 李强. 杜威教育生长观的前提辨析［J］. 教育研究与实验，2012（4）.

也就是说，杜威在继承卢梭、福禄贝尔等人教育观念的基础上，通过"经验"统合人与社会、文化与自然、教师与学生等对立的关系，进而建立了自然教育观。有研究者认为："在《经验与自然》一书中，杜威指出，题名为'经验与自然'，就是想表明这里所提出的哲学或者可以称为经验的自然主义，或者可以称为自然主义的经验论。因此，在杜威那里，经验与自然是同一的，相互关联的。"①

（六）蒙台梭利

蒙台梭利的自然教育是以精神成长为核心的。可以毫不夸张地说，蒙台梭利在幼儿教育史上揭开了一种新的革命。若说儿童是"上帝的密探"，蒙台梭利便是上帝的先知。她看到了儿童身上"内藏着人性的秘密"②。蒙台梭利在幼儿教育界进一步推进了自然教育，"她吸收了卢梭、裴斯泰洛齐、福禄培尔的自然主义教育学的精华，同时又根据自己的实际观察和实验研究，结合当时生物学、心理学和人类学的思想成就，提出了一套反映20世纪时代精神的空前的儿童观和教育观，并创立了著名的蒙台梭利教学法"③。蒙台梭利一切的教育思想与教育方法都是建立在对儿童的"敬畏"之上。在蒙台梭利那里，对儿童的崇拜不是一种"乌托邦"式的浪漫，而是一种坚定的信仰——其中包含

---

① 刘黎明."本能"与"生长"：杜威的自然教育思想 [J]. 中国人民大学教育学刊，2013（2）.

② [意] 玛丽亚·蒙台梭利. 童年的秘密 [M]. 马荣根，译. 北京：人民教育出版社，2005：203.

③ 刘晓东. 蒙台梭利崇拜与蒙台梭利的儿童崇拜 [J]. 早期教育，2003（11）.

着"对创造的神秘的崇敬"①。在她看来,教育便是创造适宜儿童"工作"的环境、追随儿童的自然发展。

蒙台梭利颠覆了人类对儿童的认识:儿童不仅是一个肉体的存在,更是一种精神的存在。在她的论著中,她创造出"吸收性心智""精神胚胎""实体化""创造星云"等崭新的术语来解释儿童的精神发展。"一个婴儿有一种创造本能,一种积极的潜力,能依靠他的环境,构筑起一个精神世界。"②儿童的精神不是凝固的、本质性的静态存在,而是具有无限的创造能力与吸收力的动态存在。"心灵不是一种消极之物,而是一股吞噬一切的火焰,是一股永不熄灭、永远燃烧的火焰。"③这种对精神的信仰不仅带来了教育的革新,甚至也带来了人性的变革。"儿童不仅作为一种物体的存在,更作为一种精神的存在,它能给人类的改善提供一个强有力的刺激。正是儿童的精神可以决定人类进步的进程,也许它甚至还能引导人类进入更高形式的一种文明。"④

蒙台梭利认为人的本质就在于人的精神性,"如果人的本质是由'环绕着他的精神光轮'所控制,如果人须依赖于此并且人的所有行为都由此派生出来,那么应给予儿童的最最重要的关怀应该是精神生活的关怀,而不是像今天那样仅仅从生活上关怀

---

① [意]玛丽亚·蒙台梭利. 童年的秘密. [M]. 马荣根,译. 北京:人民教育出版社,2005:38.
② [意]玛丽亚·蒙台梭利. 童年的秘密. [M]. 马荣根,译. 北京:人民教育出版社,2005:50.
③ [意]蒙台梭利. 蒙台梭利幼儿教育科学方法 [M]. 任代文,译. 北京:人民教育出版社,2001:500.
④ [意]玛丽亚·蒙台梭利. 童年的秘密. [M]. 马荣根,译. 北京:人民教育出版社,2017:23.

肌体"①。真正的教育如同宗教的皈依——是精神的全新转变。"皈依"在给儿童带来心灵"洗礼"的同时，也带来精神上的宁静与喜悦。这种皈依不是出于外在的强迫，而是在适宜的外在环境中儿童内在本性自发得以展开的结果。国内对蒙台梭利的研究中，更多关注的是蒙台梭利的课程、教具、感觉教育、敏感期等。其实这些都是蒙台梭利思想的"枝"，而"根"在于对儿童精神的理解。对于蒙台梭利来说，教育的核心便是"唤醒精神"，儿童是在一种精神的光轮中发展起来的。就某种意义而言，蒙台梭利的"教育即精神的内在转变"与柏拉图的"教育即灵魂的转向"有类似之处。在《斐多篇》中，柏拉图指出了人是通过回忆而学习。柏拉图借用神话指出，灵魂跌落到地上被感官所遮蔽，因此产生了遗忘，而教育（对柏拉图来说更多是哲学意义上的教育）便是为了恢复灵魂本就拥有的知识。蒙台梭利也认为儿童来到一个"不认识他、不接待他"的世界。"儿童就像漆黑地狱里的一个灵魂，它渴望见到光明，它诞生、生长，缓慢而实实在在地使迟钝的肉体生气勃勃，用意志的声音呼唤它。"②在《童年的秘密》一书中，蒙台梭利引用《约翰福音》描写耶稣的话"他在世界……世界却不认识他"，借以指代儿童生活不被"认识"的境域。她指出由于没有理解儿童的精神需求，儿童便会造成不同形式的"歧变"。"歧变"不是个性本身所导致而是精神的荒芜所产生。蒙台梭利这样描写精神匮乏的现象，

---

① ［意］蒙台梭利. 蒙台梭利幼儿教育科学方法［M］. 任代文，译. 北京：人民教育出版社，2001：392.

② ［意］玛丽亚·蒙台梭利. 童年的秘密［M］. 马荣根，译. 北京：人民教育出版社，2005：47.

"心灵的荒芜对那些最卑鄙的罪犯来说,都是致命的,这是一条人类的自然法则。当人的精神食粮被剥夺之后,他的血肉、他的内脏、他的骨骼都将一并死去。就像一棵树,一旦离开了泥土中的硝酸盐和空气中的氧气,它就会枯萎"①。对于儿童来说,心灵的"歧变"并不是不可更改的,"在新环境发挥其魅力即为建设性活动提供动机的时候,所有能力就会联合起来,偏差就会消失"②。当偏差消失时,儿童便由"惰性"转向"工作"(可以说蒙台梭利所有的教具都是以此作为目的)。在蒙台梭利看来,工作是一种超越游戏也超越劳动的精神之旅。在工作中,"儿童正在从事精神练习,他们发现了通向自我完善和灵魂顶点的道路"③。蒙台梭利认为这样的转变是一条治愈之路。这是新教育的基础,自然颁布并建立了这一基础。

不仅教具、环境应该适合儿童精神的"唤起",教师也要观察"人的内心生活",并能够唤醒沉睡的精神存在。她甚至以使徒使灵魂皈依来譬喻教师的工作,"因他知道他的任务并非创造某物,而是大声唤醒心灵深处酣睡的东西。他知道他必须像从埋在雪地里的活人身上拂去雪花一样,驱除卑微生命中的麻木,而不是堆积一个太阳一晒便融化的雪人"④。

---

① [意]蒙台梭利. 蒙台梭利幼儿教育科学方法[M]. 任代文,译. 北京:人民教育出版社,2001:639.
② [意]蒙台梭利. 蒙台梭利幼儿教育科学方法[M]. 任代文,译. 北京:人民教育出版社,2001:527.
③ [意]蒙台梭利. 蒙台梭利幼儿教育科学方法[M]. 任代文,译. 北京:人民教育出版社,2001:531.
④ [意]蒙台梭利. 蒙台梭利幼儿教育科学方法[M]. 任代文,译. 北京:人民教育出版社,2001:819.

三、自然教育特征分析

不可否认的是,近现代每位教育家的教育观都有着不同程度的差异,但总的来说却又有着一定程度的相似性。他们对教育的本质有着近乎一致的理解:在书本的禁锢、学校的幽闭等层层"帷幔"背后,他们无一例外地看到儿童身上散发出的生命之光与生长之力。也正因为如此,他们有了坚定的教育信仰:教育无它,乃是出于儿童,基于儿童,为了儿童,教育必须由儿童开始。因此,教育即自然的发展。综合起来,可以从以下几个方面分析自然教育的特征。

(一)儿童成为教育的中心

自然教育首先将教育的关注点从外在知识转回到儿童自身。也就是说,教育实际上并不像某些人在他们的职业中所宣称的那样,能把灵魂里原来没有的知识灌输到灵魂里去,就好像他们能把视力放进盲人的眼睛里去似的。[①] 教育必须从儿童出发。儿童不是简单的被教育的对象,而是自然中伟大的存在者与生命体。

"儿童的发现"是教育思想史上深刻的洞见。称之为洞见乃是因为它超越一切具体存在而成为一种普适的"律"。也就是说,这一思想不独属于某个人、某一时代、某个民族或某个国家,而应成为教育学科的支撑与根基。"儿童的发现"这一洞见彻底改变了教育的方向与路径,甚至说改变了惯习中对教育的理解。教育不是人为塑造的"伎俩",而是遵从自然的"艺术"。

---

① 刘铁芳. 守望教育 [M]. 上海:华东师范大学出版社,2004:157.

这便构成了近现代教育的"真理之维"。当教育的目光从文化、知识开始投注在儿童、儿童的世界之上,将一切行动与这一终极目的相连,教育才真正迈出了有意义的一步。自然教育带着一种崭新的情怀,将教育带入一种崭新的境域中,从而实现了从器具到道体的超越。教育要顺道而在,应道而生。自然教育是从儿童出发,以儿童为中心,基于儿童,同时也为了儿童自身成长的教育。自然教育不是不教育,不是成人的"退位"或者"缺席",而是呼唤一种谦卑。儿童在教育中的地位极其灼目地凸显出来。自然教育中的自然不是一个剥落了一切的光秃秃的自然,相反是更为丰盛自然的开始。

如杜威所说,教育需要发生哥白尼式的改变,"现在我们的教育中正在发生的一种变革是重心的转移。这是一种变革,一场革命,一场和哥白尼把天体的中心从地球转到太阳那样的革命。在这种情况下,儿童变成了太阳,教育的各种措施围绕着这个中心旋转,儿童是中心,教育的各种措施围绕着他们而组织起来"[1]。卢梭则说,"我们对儿童是一点也不理解的:对他们的观念错了,所以愈走就愈入歧途。最明智的人致力于研究成年人应该知道些什么,可是却不考虑孩子们按其能力可以学到些什么,他们总是把小孩子当大人看待,而不想一想他还没有成人哩"[2]。在儿童的身上,有教育发生的秘密。不了解儿童,教育只能"画虎不成反类犬"。教育若没有对儿童的"崇拜"与"信仰",教

---

[1] [美]杜威. 学校与社会·明日之学校[M]. 赵祥麟,任钟印,吴志宏,译. 北京:人民教育出版社,2005:41.

[2] [法]卢梭. 爱弥儿[M]. 李平沤,译. 北京:商务印书馆,1978:2.

育便只能是训练甚至说是规训。儿童期的存在为教育提供了可能性，也为教育提供了"限度"与"法则"，教育不可"僭越"与"妄为"。任何文化的进步、社会的进步都是被崭新的发现所引领，教育也是如此。可以说，"儿童的发现"与教育的转变便是这样的"发现"，称之为"新"并不是就其时间维度而言，而是就其真理性与革命性的层面而言。从逻辑上而言，将儿童看作自然的创造，将儿童的发展看作是自然的过程，将儿童的本性看作是自然赋予的礼物，那么，教育便是与天地相合，与自然同工的过程。以自然为根基，同时辅助自然"开花"。如同蒙台梭利所言："如果我们遵循这些原则，儿童不仅不会成为负担，而且还会以自然奇迹中最伟大、最令人欣慰的形象出现在我们面前。我们会发现自己所面对的将不再是一个被看作幼弱无依的生命，像一个需要我们的智慧去填充的容器；而是一个具有崇高的尊严而被看作是我们自己的心灵塑造者的人，一个自我引导按照精确时间表在愉快与欢乐中孜孜不倦地从事着创造宇宙中最伟大的奇迹——人——的工作的人。我们教师只能像仆人侍奉主人那样地帮助儿童进行工作。然后我们会变成人类灵魂发展的见证人。'新人'的出现将不再成为事件的牺牲品，而是由于其远见卓识将能够指导和塑造人类的未来。"[①]

(二) 从自然角度审视教育

卡西尔曾说："希腊人已经发现了一种新的方法，这种方法使他们能够从一个完全新颖的角度来考察问题。在研究政治之

---

① [意]蒙台梭利. 蒙台梭利幼儿教育科学方法[M]. 任代文, 译. 北京：人民教育出版社：2001：340-341.

前,他们已经研究了自然……关于自然的新的概念构成了关于人的个体生活和社会生活的新的概念的一般基础。"① 梭罗把瓦尔登湖比喻为"大地的眼睛",并认为"那目光与世界的审视不同"。海德格尔也从农妇的问询中寻找存在的源始意义,并认为"那声音与世俗的追问相异"。这种审视与追问本身便会带来一种新的觉醒。同样,在教育的场域中引入自然,也是对教育的一种照亮。从自然的视角审视教育便看到了现实中教育的规训,看到在教育的异化中儿童生命之花的凋谢与枯萎。因此,教育必须基于自然。教育必须以自然为"范本"与"善"。也就是说,"教育从一开始就和'效仿'与'作善'相连,要'效仿'、要'作善',必须要有'范本'或'善',教育就是'分有'和'参与''范本'或'善'"②。"'自然'是'人事'之母。因此,在考虑所有的人和'人事'时,都必须以'自然'为参照,'自然'是人和政治社会的最终理据。'自然'的发现使人和人事有了自己新的崇高的生活。"③ 自然为一切人为之法确定了最终的根据,一个终极的正义与良善原则从高处俯视这个世道。教育,不能没有虔敬之心,否则最多只是一种劝学的态度。对终极价值和绝对真理的虔敬是一切教育的本质,缺失对"绝对"的热情,人就不能生存,或者人就活得不像一个人,一切就变得没

---

① [德]恩斯特·卡西尔. 国家的神话 [M]. 范进,等译. 北京:华夏出版社,1999:64.
② 曹永国. 自然与自由——卢梭与现代性教育困境 [M]. 福州:福建教育出版社,2012:29.
③ 曹永国. 自然与自由——卢梭与现代性教育困境 [M]. 福州:福建教育出版社,2012:31.

有意义。① 赫胥黎认为，一切人为的教育都应当成为自然的教育所期待的那样。② 在自然教育中，儿童生命才能获得真正的自由与绽放。

早期的哲学家研究自然，以自然为师，并经由自然来思考"人生"与"社会"。自然不仅仅是一种现实的存在，更是一种崇高的尺度与标准。因此，在古典哲学中，哲学家大都是经由自然来对照人，也经由人来反观自然；自然与人非但不是相互分离、割裂的，反而是相互成全的存在。从自然"看"人，人的存在有了绝对的价值与神圣的意义；从人去"看"自然，自然便有了稳定的根基与丰富的意涵。夸美纽斯在《大教学论》中引用辛尼加的话解释了何谓回到自然。回到自然，回到我们被共同的错误（最初人所作的人类错误）所驱使以前的状态就是智慧。③ "回到"不是一次性的，而是一次次地"回到"，可以说"回到"是时时在发生的。而"自然状态"也不是简单地指一个恒定的可以分辨可以量化的状态。或者毋宁说，自然就其内涵来说，不是一种固定的知识，也不是单一的理念，而是一种追求，一个方向，一种目标，一种姿态，一种情怀。自然让教育者有了一种警醒与停顿。教育不是不假思索、理直气壮对生命进行大刀阔斧的"修建"，而是在敬畏中看到教育永恒的法则。

自然教育对现实构成批判。因为出自人之手的，总归不是最

---

① ［德］雅斯贝尔斯. 什么是教育［M］. 邹进，译. 北京：生活·读书·新知三联书店，1991：44.
② 任钟印. 西方近代教育论著选［M］. 北京：人民教育出版社，1999：509.
③ ［捷克］夸美纽斯. 大教学论［M］. 傅任敢，译. 北京：教育科学出版社，1999：13.

好的——人的有限性决定了现实的残缺性。现实永远需要更新与完善。若失去了对现实构成永恒批判的理念，现实的场景只是在旧有的循环的"怪圈"中颠簸，甚至南辕北辙，积重难返。自然教育从自然出发，因此能够冲破旧的循环的链接，从而开启教育的新天地。

（三）自然物对教育的启示

自然教育还从自然中看到自然物生长的规律，借此比喻儿童的生长及其教育应遵循自然的原则。夸美纽斯批判已有的教育，认为教育可怕的偏差便是教师让儿童无休无止地默写、死记硬背，而不知道去照料"知识的根芽"。教育"变成了儿童恐怖的场所，变成了他们的才智的屠宰场"[①]。他认为，在儿童的身上有上帝赋予的"知识、道德、虔敬"的种子。裴斯泰洛齐呼吁："人啊！模仿大自然的活动吧！"[②] 福禄贝尔也曾说："我们给幼小的植物和动物提供空间和时间，因为我们知道，这样，它们将按照在它们及每一个体之中发生作用的规律良好地发育成长，人们给幼小的动物和植物提供安宁的环境，并力求避免暴力干扰它们，因为人们知道，相反地去做会妨碍它们完美地发育和健康地成长。但是，年幼的人使人觉得是一块蜡和一团泥，可以用来任意地捏成一样什么东西。漫游花园和田野、草地和森林的人啊，为何不打开你们的心扉去听听大自然以无声的语言教诲你们

[①] [捷克] 夸美纽斯. 大教学论 [M]. 傅任敢，译. 北京：教育科学出版社，1999：46.

[②] [瑞士] 裴斯泰洛齐. 裴斯泰洛齐教育论著选 [M]. 夏之莲，等译. 北京：人民教育出版社，2001：78-79.

的一切。"[①] 从自然物中得到启示，看到教育不是一种强迫、一种灌输，也不是一种成人主导下的"压迫"活动；而应是建立在儿童生命自身的生长与发展规律的基础上的一种内发性的活动。

（四）儿童与自然间的融合

自然教育的传统十分注重儿童与自然的关系。夸美纽斯便认为自然环境更利于儿童自然生长，因此"在校外应当有一个空旷的地点可以散步和游戏……并且还应当附属一个花园，让学生们时时进去，在那里欣赏树木、花草、植物"[②]。卢梭则是让"爱弥儿"在乡下长大。福禄贝尔则认为适合儿童天性的幼儿园也必然是花园。蒙台梭利则认为，人总还是属于自然，特别当他在孩童时期，更必须从自然中获取力量以发展其身心。[③]

近年来，由于自然环境的恶化，人与自然关系的占有化，教育界便更为强调儿童与自然的深层联结。其实，在整体有机的自然观中，作为自然存在的儿童与自然（物）之间有着源始的一体的关系。外在自然也与儿童内在本就具有一种契合性，外在自然召唤并滋养儿童。

综上所述，自然教育基于自然的启示，基于自然的规律。儿童携带着自然目的与自然意志，有着自己生长秩序与必经的路径。正所谓"道生万物"，万象之运行皆有其"道"。儿童的发

---

① ［德］福禄培尔. 人的教育［M］. 孙祖复，译. 北京：人民教育出版社，2001：9-10.
② ［捷克］夸美纽斯. 大教学论［M］. 傅任敢，译. 北京：教育科学出版社，1999：93.
③ ［意］蒙台梭利. 蒙台梭利幼儿教育科学方法［M］. 任代文，译. 北京：人民教育出版社，2001：159.

展也是"循"其"道"。自然教育并不是否认教育中人的力量，只是认为人的力量仅仅是一种"辅助性力量"，唯有儿童自身才是教育的"主导性力量"。当然，自然教育并不意味着停留在儿童原初的发展之上，拒斥人的参与，使人成为无动于衷、隔岸观火般的"局外人"；也不是完全剔除人的因素，让儿童自生自灭。强调自然，其实是从最高的意义上强调"人为"，"人为"不再是妄为，而是有着"自然法"的"无为"，是跟随自然的指引，谨慎地"作为"。也就是说，自然教育不是"不作为"，而是在无为境界中的"大作为"。这种看似否定、消极、无为的教育，从另一种意义上而言，却恰是教育的重建，是对起点进行审视后的重建，同时也是崭新路径的开始。否定只是追求在教育背后更为根源的存在，从而警醒并剔除"人"的"插手"所引起的偏差与歧变。在自然教育中教育者有了一种可贵的"边界意识"，一种谦卑的"自限"。"边界意识"在康德那里被视为"成熟的理性"与"成熟的人"的核心。① 自然教育围绕儿童，提供其发展的环境，移走影响发展的阻碍。从这个意义来说，自然教育是一种永恒的、理想的甚至是终极性的"教育原型"。

四、自然教育与中国思想"结缘"

对教育思潮的涌现而言，自然教育无疑起源于西方。然而，这种教育思想却与中国思想的某些"元素"有着相似的逻辑与内在的契合，其中最为典型的是"无为"与"天人合一"。

---

① 贺来.边界意识和人的解放[M].上海：上海人民出版社，2007：146.

(一) 自然教育与"无为"

"无为"首先是因为看到一种远远超越"人手"的力量,看到了"道"的运行规律,遵道而为。从感官的视角而言,道便是"无"(无形、不可见)。然而"有无相生",相信道的存有,按照道的方式"任"其运行,道便会"显现"。于是所谓的"无"变转生了"有"。"人法地,地法天,天法道,道法自然。"《老子》(第五十一章):"道生之,德畜之……道之尊,德之贵,夫莫之命而常自然。"也就是说,道具有其创生性但却也顺应其天性。道之"生"万物只能是让万物去成为万物,或让万物去是万物,亦即,让万物去成为其各自之所是,或让万物各自去是其之所是。① 道法自然,道让万物去成为万物,成为它自己。正如有学者所认为的,由于原始道家思想认为道是一种现实的显现过程,在这一过程中,道经历了发动、流行与式微的永恒循环往复的生成运动。正是通过这种生成式的运动,道展开其自身的丰富性。② 这与自然教育对儿童的认识有着相似性,儿童作为"万物"之一,儿童身上也有着"道"存在。如同蒙台梭利所宣称的:"儿童的意志与自然的意志是一致的,儿童在一条条地遵循自然规律。"正是由于整个自然都是道的运行,因此儿童作为自然中的存在,也具有内在的自然,具有自身的"道"。

强调自然,并不是人不再作为,而是人为法自然,所谓"道

---

① 伍晓明. 文本之间——从孔子到鲁迅 [M]. 北京:北京大学出版社,2012:127.

② 伍晓明. 文本之间——从孔子到鲁迅 [M]. 北京:北京大学出版社,2012:125.

法自然"。"能辅万物之自然,而不敢为",主动地有意识地"辅万物"。学者就此解释道,"辅万物之自然"当然已经是某种"为",但是此"为"的独特之处却是"不为"。"不为"是因为"不敢为"。"不敢为"则是因为人深知自己在根本上的"不能为"。而出于对此根本的"不能为"之自觉的"不敢为"则正是欲"让"万物"自然"。如果人因信自己能为而敢为,如果人因此一自大的自然而不仅敢为,并且"胡作非为",那就不会有万物之自然了。人之欲"让"万物"自然",或人之能有此"欲",此种不以欲求而却以不欲求为其特征之欲,则是因为人能通过"法地"而"法天"而"法道",而"道"则始终"法自然。"①"道法自然"——道始终只是让万物自然,所以"道恒无为也"。然而,也正是因为"道恒无为"——道从根本上就不可能有任何为,所以道之法自然才必须通过人来实现,所以道才需要人——同于道之人,理想的人,老子的圣人——来守:守住道之无为。而守住道之无为,却正是为了让万物成为自然(而然者)。此亦即老子所说之物之"自化":道恒无为也。侯王能守之,而万物将自化。但"守"实已是为,而且也许是最困难亦最根本的为,因为"守"需要意识,需要主动,需要警觉。道需要人之有意识的、主动的、警觉的为来保守住其根本性的无为。而正是在这样的以"有为"而为"无为"的(圣)人之为中,或正是在这样的"无为之为"中,方能有万物之自然,或

---

① 伍晓明. 文本之间——从孔子到鲁迅 [M]. 北京:北京大学出版社,2012:133-134.

自然之万物。① 也就是说，无为不是不作为，而是限定"妄为"。无为不是消极层面的不去做，而是在积极层面中人对自我限度的清醒认识，是自觉地"退却"人为的干扰，让他者的生命有显现的可能，内在生命空间能够敞开。自我的"隐退"（不是退却而是人为强力因素的消减）打开了自然之道产生的空间。"道"自然而然指事物的合乎其本性的存在，我们可以说它是"自"而"然"之。《老子》将事物的本性称为"命"，说"莫之命而常自然"是"命"决定了事物"常自然"。《老子》还将事物的本性称之为"根"，说"夫物芸芸，各复归其根"②。

庄子的一则寓言也提供了一种思考的向度。《庄子·应帝王》中写道："南海之帝为儵，北海之帝为忽，中央之帝为浑沌。儵与忽时相与遇于浑沌之地，浑沌待之甚善。儵与忽谋报浑沌之德，曰：'人皆有七窍以视听食息，此独无有，尝试凿之'。日凿一窍，七日而浑沌死。"也就是说，若是不理解"浑沌"之为"浑沌"的规律，妄自去"为"，反而"好心办坏事"。从而也说明"无为"不是不作为，而是了悟了天地间的自然之道，从而有了"有所为"与"有所不为"的境界。庄子甚至认为，"无为"是圣人之境界。"是故至人无为，大圣不作，观于天地之谓也。"（《庄子·知北游》）"是以圣人处无为之事，行不言之教。万物作焉而不辞，生而不有，为而不恃，功成而弗居。夫唯弗居，是以不去。"（《老子·第二章》）"知天之所为，知人

---

① 伍晓明. 文本之间——从孔子到鲁迅［M］. 北京：北京大学出版社，2012：134.

② 陈望衡. "天地"与"自然"——中国古代关于"自然"的概念［J］. 世界建筑，2004（2）.

之所为者,至矣。知天之所为者,天而生也。知人之所为者,以其知之所知,以养其知之所不知,终其天年而不中道夭者,是知之盛也。"(《庄子·大宗师》)因此,"无为"不是消极的"不作为",而是了悟"大道"、敬畏自然的"不妄为"。

总之,自然教育是遵从儿童的教育,是儿童本位的教育,也是"无为"的教育,是遵循"道"的教育。道是"天下之母",道生万物,也让万物自行生长。在教育中,人为的强制"退去"后,复现的是"无声无臭"静静运行的自然之道。自然教育任天道之势而行。正如有学者所言:"儿童本位的教育学,主张尊重儿童成长的自然规律、自然速率和自然过程,顺应儿童的天性,反对违背儿童发展的自然规律而胡乱作为,通过'无为'而达到'无不为'。这种无为不是不作为,而是围绕天性来作为。"[1]

(二) 自然教育与"天人合一"

不仅"无为"与自然教育的原则契合,中国文化中的"天人合一"也与自然教育的精神有着冥冥之中的吻合。"天人合一"的真实含义是合一于至诚、至善达到"致中和,天地位焉,万物育焉"。"唯天下至诚,为能尽其性。能尽其性,则能尽人之性。能尽人之性,则能尽物之性。能尽物之性,则可以赞天地之化育。可以赞天地之化育,则可以与天地参矣"的境界。中庸本就始于"天命之谓性,率性之谓道,修道之谓教"。对此,有研究者认为"人性在其起源上就是'天'之所'命'……'天性'

---

[1] 刘晓东. 论童年在人生中的位置 [J]. 南京师大学报(社会科学版), 2013 (6).

这一概念揭示了人之存在中的原始、天真、单纯、质朴的那一面向，一切政教营为都必须充分地尊重这一向度，为个人的天性（自然本性）敞开空间。"① 在中国哲学中有着"天人合一"的源流，钱穆在96岁高龄之际，写下了题为《中国文化对人类未来可有的贡献》一文，他认为，中国文化对人类未来可有的贡献便是"天人合一"观，"虽是我早年已屡次讲到，惟到最近始澈悟此一观念实是整个中国传统文化思想之归宿处。所以可说，最近乃是人类文化之衰落期。此下世界文化又以何所归往？这是今天我们人类最值得重视的现实问题"。对此，国内有学者甚至认为："'天人合一'说其实就是主张彻底的自然主义与彻底的人本主义的学说，就是主张彻底的自然主义与彻底的人本主义一体化的学说。"②

虽然相对而言，儒家更注重政教，然而政教的目的并不是"规训"而在于引导。正如有学者所言："政教人文的目标在于引导、推动个人自作元命，因而，更理应积极地承担与天命之通达。由此，一切政教的、个人的营为都必须与天命之性保持相互的通达，在天人之间的持续沟通中确立自己。而各正性命的实践唯有在人性与天道的相互通达中才得以可能。从字面上看，'各正性命'这个表达意味着存在者端正'性''命'，也即通过端正人'性'与天'命'之间的关联方式而端正自己，因而，这种关联方式通过'天人之际'这一古老的主题打开了人类自我

---

① 陈赟. 天下或天地之间：中国思想的古典视域 [M]. 上海：上海书店出版社，2007：9.
② 刘晓东. 童心哲学史论——古代中国人对儿童的发现 [J]. 南京师大学报（社会科学版），2015（6）.

理解与政治活动的更为广阔深远的境域。"① 再者，儒家相对而言更注重"文"但并不是不注重"自然之质"。有研究者②提出儒家的"文"是建立在"自然生命"基础之上的"文"，是"自然生命"在其精神层面的开显。人能在"文"的分化中仍能保有那个"婴儿"的淳真而达成人格的完整性。"文质彬彬然后君子"（孔子）。自然是人存在的界限，亦是"文"之合理性的界限。因而脱离其"质"而"文"之太过则导致人之生存意义的否定……超出自然界限的"文"的过度扩张会使人的存在一无所是。所以儒家强调"文"的发展应有所"止"。

有学者甚至认为中国儒道中的思想精髓就在于找到了自然与文化之间的平衡。"文"乃以"质"为根据，或者说，"文"是"自然生命"在其精神层面的开显。人在"文"的分化中仍能保有那个"婴儿"的淳真而达成人格的完整性。《易传》里说："刚柔交错，天文也；文明以止，人文也。观乎天文，以察时变；观乎人文，以化天下。"老子亦说："始制有名，名亦既有，夫亦将知止，知止可以不殆。"知"止"，不是止步不前，而是强调"文"的发展，应时时注意葆有人那个原初的"精神的自然的统一"（黑格尔语）。"文"的分化固然是人存在之必然；但如背离自然的生命进程，这"文"便已远离了人。③

综上所述，我们可以发现中国思想中的"无为"与"天人

---

① 陈赟. 天下或天地之间：中国思想的古典视域［M］. 上海书店出版社，2007：10.
② 参见：李景林. 教养的本原：哲学突破期的儒家心性论［M］. 北京：北京师范大学出版社，2009：3.
③ 李景林. 教养的本原：哲学突破期的儒家心性论［M］. 北京：北京师范大学出版社，2009：3.

合一"巧合地分别阐明了自然教育的不同层面,"无为"是自然教育所遵循的原则,而"天人合一"则是自然教育所要达到的终极目的。作为一种教育思想资源的自然教育与中国文化有着如此巧妙的暗合性,不能不令人惊叹。这说明自然教育思想本身具有超越时空的相通性与普适性,或许这也正是自然教育将在中国文化的土壤中扎根的良好的"预兆"。

曹文轩对《牧羊少年奇幻之旅》有一段很有趣的评价:"财富不在远方,财富就在我们脚下。但我们却需要通过九死一生的寻找,才会有所悟。"教育也是如此,我们还没有充分领悟儿童身上蕴藏的宝贵"财富"。从夸美纽斯的"种子说"到卢梭的"消极教育说",从裴斯泰洛齐的"教育即自然发展"到福禄贝尔的"教育是内在力量的展开",从蒙台梭利的"精神胚胎"到杜威的"教育即生长",都表达了同一种观念,即教育是从儿童自身内部生发出来的。背离自然,教育必然拘囿在贫困中。唯有在自然的召唤中,教育才能真正获得丰盛。恰如蒙台梭利所言:"最大的危险在于我们的无知。我们知道如何从牡蛎的贝壳中寻找珍珠,知道如何从矿山中寻找黄金,知道如何从地球的内部发现煤矿。但我们却不知道和不了解儿童进入我们的世界延续人类时隐藏于他们内部的精神胚胎与其创造的能力。"[1] 转向自然,转向儿童,教育将在这一转身中发现"这边风景独好"!

---

① [意]蒙台梭利. 蒙台梭利幼儿教育科学方法[M]. 任代文,译. 北京:人民教育出版社,2001:564.

第三章　自然教育中的儿童

祝福这个小心灵，这个洁白的灵魂，他为我们的大地，赢得了天的接吻。

——泰戈尔

若要对教育进行"批判"①，追问其"合法性"，教育就必须聚焦于儿童自身。儿童是客观存在的，但其存在的意义却是"遮蔽"的。推理逻辑和参照体系不同，便会看到儿童存在的不同层面，继而确立起殊异的儿童观。杜威说，教育要发生哥白尼式的转变，从教师中心到儿童中心。蒙台梭利说："幼儿被赋予一种他们所特有的心理天性，这就为教育者指出一条新的途径。这种心理天性是某种异乎寻常的至今仍未被认识的东西，然而它对于人类却是至关重要的……几千年来一直被忽视。就像人类一直在地球上生息耕作却没有注意到在地球深处埋藏着巨大的宝藏一样，我们今天的人们在文明生活中取得了一个又一个成就却没有注意到埋藏在幼儿精神世界中的宝藏……这些能量一直被压抑，

---

① 这里的"批判"借用康德的"批判"之义，不是指一种批评，而是指一种理性的考察。

被废弃。"① 他们深刻的"洞见"是对已有儿童观的巨大更新。这种更新是"道"的赠予,是从无到有的"绽出"。由此,对儿童的认识从幽暗之域而迈入"澄明之境"。

如同维特根斯坦所言,洞见或透识隐藏于深处的棘手问题是艰难的,因为如果只是把握这一棘手问题的表层,它就会维持原状,仍然得不到解决。因此,必须把它"连根拔起",使它彻底地暴露出来;这就要求我们开始以一种新的方式思考。因此,我们必须抛弃旧有的逻辑起点,"连根拔起"先前的各种认识障碍,突破已有的认识方式重新理解儿童。

一、认识儿童方式的"突破"

(一) 突破"常识"看儿童

突破"常识"看儿童②意味着突破已有的思维方式,站在更高的自然的维度重新认识儿童。通常人们是从经验的视角观察家庭、社区、幼儿园等现实境遇中的儿童,从中提取"标本"并逻辑推理出一定的儿童观。这样的研究隐含着如此假设:"看见"的、"在场"的儿童就代表着儿童的本性。问题是,在所谓的"看见"中,儿童成了被对象化、实然化的存在,其超越的、自在的存在维度被消解了。这种唯"知性"和逻辑马首是瞻的思维方式隐藏着一定的危险性。正如有研究者所批判的:"在知

---

① [意]蒙台梭利. 蒙台梭利幼儿教育科学方法 [M]. 任代文,译. 北京:人民教育出版社,2001:336-337.

② 此标题见:刘晓东. 论童年在人生中的位置 [J]. 南京师大学报(社会科学版),2013 (6).

性中，我们仅仅能够认知'我'之所是，而无法认知'我'之超验性——超越一切经验的、'所是'的粘滞的'我'。"① 我们对于儿童的惯常之"看"是否也有这样一种可能："给它着色反倒把它弄脏了。"我们看清了"眼睛里的儿童"，是否也因此滤掉了更为丰富的、混沌一体的儿童的另一种"存在"？我们是否只"看见"了被封闭在"四角的天空"下"满足人类可怜的虚荣心"的儿童，却遗忘了在辽阔的存在、绵延的历史和自由的天地中"任性而动、生机勃勃"的"自然"儿童？

儿童在刻意的"人为"境遇中极易发生"歧变"：一旦被幽闭在"人—人"这一单一的向度，与自然成了彼此隔绝的"孤立的系统"，丧失了与天地贯通的本源，儿童的存在就失去了饱满与丰沛的根基。蒙台梭利曾形象地描述了儿童凄然"断翅"的境况："在这样的学校里，孩子们受到压抑，不能自然地表现他们的个性，几乎像个死人。在这样的学校里儿童如同被针钉住的蝴蝶一样被钉在各自的座位上，钉在课桌旁，张开着他们所得到的乏味的、没有意义的知识的翅膀，然而这种翅膀已失去了作用。"② 显然，"翅膀失去作用"的儿童与蝴蝶标本一样，不能成为学术研究的单一参照。蒙台梭利甚至以科学家不能将"盒中的标本"作为蝴蝶研究来譬喻教育研究的某种荒诞性假设，"让我们设想，这样的一位科学家因做了独创性的工作而被安排到某个大学主持科学研究工作，其任务是对膜翅目作进一步的开创性研

---

① 李孺义. "无"的意义：朴心玄览中的道体论形而上学［M］. 北京：人民文学出版社，1999：67.

② ［意］蒙台梭利. 蒙台梭利幼儿教育科学方法［M］. 任代文，译. 北京：人民教育出版社，2001：61.

究。假设当他到了工作岗位,给他看一个有玻璃盖的盒子,里面装着许多美丽的蝴蝶,它们的翅膀展开,被大头针钉着,一动不动。这位学者会说,这是一种小孩子的玩艺儿,而不是科学研究材料。更确切地说盒中的这些标本是小孩游戏的一部分,小孩追逐蝴蝶,用网抓住它们,然后把它们装在盒子里。"① 也就是说,被"浸染"与"规训"的儿童,已经失去"飞翔"能力的儿童,理所当然不能成为了解儿童本性的唯一途径。

通常的研究范式不仅以现实境域中的儿童为参照,还往往采取旁观性的分析,从科学、实证和客观的角度去接近儿童。这种追求客观性、准确性与真实性的努力固然值得肯定,但值得深思的是,冷静分析的同时是否也会导致对儿童存在意义的消解?收集与描述、调查与统计,从必然性与决定性出发,只从可见之境中"看"儿童,是否会将儿童身上不可见的、丰富的可能性排斥在我们视域之外?

采用静止、非生命化的方式必然无法看到儿童更深层的存在,因为儿童是鲜活的、不可框定的生命体。柏格森曾就教育学对生命的这种无视提出了严厉的批判,称其为人类"天性中的固执"。他指出:"教育学的历史给了我们许多教训……我们很容易发现,这些错误的根源,在于我们天性中的固执。我们以这种固执的态度,将有生命对象当作无生命对象去处理,并且用界限分明的固体形式去思考全部现实……智力天生就不能理解生命,

---

① [意]蒙台梭利. 蒙台梭利幼儿教育科学方法[M]. 任代文,译. 北京:人民教育出版社,2001:61.

这就是智力的特征。"① 对于人的研究，客体化的方法不能渗入人之存在的最深处。有学者对此有极精辟的论断："'客体化'过程，是通过将待研究的客体交与苛严的分析和实验以提取信息的，故不能渗透至存在的核心。此核心，从根本上讲是主体性的而非客体性的。在这种意义上，人的本性，可以说是抗拒纯粹的客观方法的。"② 就此而论，在追求客观、运用实证以及定量分析方法的过程中，我们所谓的"看见"，也许恰恰意味着一种深层的遮蔽——将儿童身上的奥秘驱除殆尽，也将儿童存在的意义泯灭至无了。

在最为根本的意义上，任何定义、概念、符号都不足以说明儿童是什么；任何推断、探究、猜测、规划、设想也不足以涵盖儿童这一存在的奥秘。认识儿童如同对人的认识一样，不能拘囿于经验层面而忽略了"在价值理性尺度上的人的定义的韵致"③。儿童观不能仅仅以事实为据，更应该有价值之光的烛照。这似乎是一个"是/应当"的问题：在逻辑上永远不可能从"是"中直接推出"应当"，因为"是"是一种陈述而"应当"是一种祈愿。自然教育中的儿童观便是以"应当"的祈愿来观照对儿童的认识：儿童不仅仅是现实中的"是"，还在于价值意义上的"应是"。逻辑假设决定了目光的"聚焦"，不同的聚焦便会产生不同的"相"。自然教育坚守的是一种理想形态的对儿童的仰

---

① [法]昂利·柏格森. 创造进化论[M]. 肖聿，译. 北京：华夏出版社，2000：141.
② [美]雷·S. 安德森. 论成为人——神学人类学专论[M]. 叶汀，译. 上海：上海三联书店，2012：31.
③ 李孺义. "无"的意义：朴心玄览中的道体论形而上学[M]. 北京：人民文学出版社，1999：155.

望，意在使"应是"成为推动教育革新的"路标"与"方向"，进而改变"所是"。

这和中西哲学探究人性的路径正相契合。中西哲学语境中都存在一种相似的趋向：从超越的层面仰望，从高于现实境遇中的人（中国语境的"天"与西方语境中的"上帝"）的维度来思量人之存在。无论是"天"还是"上帝"，都不是一个凝固的概念或者抽象的符号，而是意味着在天地间看到更为永恒的"道"，从而找到赋予"人"价值的源泉。正如有学者所言："人的'在世'的生命格局，绝不单一地'是其所是'，他还更深长地表现为'是其应是'。应然的生命祁向，恰恰将'为所欲为'的人的动物学或者生理学法则提升为'为所应（当）为'的价值论尺度。"① 也就是说，对人性的考量是以一种"不在场"的信念来烛照"此在"，以期在更为本源性、更具真实性的境域中去思考人之为人的问题。"人唯在这个'超越性的存在祁向'上，而不是在拘执于、封囿于实然存在的尺度上，才真正具有了生命存在的所谓'意义'或'价值'……其'意义'的绽开又恰恰是他对其自身的存在'事实'的超越。"② "唯有在那完满、完善、完美、本真的生命的'应然'的终极尺度上，人才获得了贞认其生命'实然'何以欠缺、匮乏、有限的最终根据。"③ 从"实然"到"应然"的超越意味着突破现实封闭场域对人的限制，使人在开放、贯通的视野中开显，彰显出人之本性。站在

---

①③ 李孺义．"无"的意义：朴心玄览中的道体论形而上学［M］．北京：人民文学出版社，1999：132.

② 李孺义．"无"的意义：朴心玄览中的道体论形而上学［M］．北京：人民文学出版社，1999：74-75.

大地上的人，唯有面向天空、贯通天地之间，世界才会敞开为人的栖居之所，人才能在根本上成其为人。

对儿童的认识也是如此，不仅要看到儿童的存在，还要在可见的存在中"看到"不可见的"应在"。近现代的教育家无不如此。夸美纽斯将儿童视为"上帝的形象"。卢梭在《爱弥儿》一书的开篇便说："出自造物主之手的东西，都是好的，而一到了人的手里，就全变坏了。"①"上帝""造物主"便是一种超越维度的参照。福禄贝尔在《人的教育》一书的开篇，不是先对儿童进行"研究"却是先饱含敬畏地"献给他"——上帝精神，而后"主人公"儿童才出现在具有统一性、内蕴上帝法则的"辽阔天地"中。由此，福禄贝尔看到儿童身上被赋予的"自然法则"与"精神"，教育便在这"天地人神"同在的圣洁会幕中庄严地唱颂着圣乐。蒙台梭利在《有吸收力的心智》一书的开篇写到"儿童在重建世界中的作用"，她甚至认为"要想帮助和拯救世界只能依靠儿童，因为儿童是人类的创造者"②。也许这些教育家具体的教育路径有所不同，但他们无一例外都将儿童置于更宏大的背景、更整全的境域中并看到了儿童存在的超越意义。

儿童观若是仅仅以事实判断为基础，必然会将儿童锁定在平面的"学校""社会"与"制度"等单一的维度，无视与压制儿童世界的独特性与丰富性，对儿童也必然产生片面化甚至窄化的

---

① ［法］卢梭. 爱弥儿［M］. 李平沤，译. 北京：商务印书馆，2008：1.

② ［意］蒙台梭利. 蒙台梭利幼儿教育科学方法［M］. 任代文，译. 北京：人民教育出版社，2001：336.

认识。换言之，缺少了价值判断，缺少了对儿童应该是什么的追问，只拘泥事实的"井底"，便看不到儿童本真的"天空"。正如学者姚伟所言："'儿童'在我们的教育里是以概念化的形式出现的，而不是以本真生命状态形式出现。儿童教育总是按照事先设定的儿童该怎样成人和儿童该成为什么样的人的模式去实施影响，在按照标准去塑造儿童的过程中，作为儿童的真正意义在塑造性的教育中失落了。"① 流行的"塑造性的教育"貌似在关心儿童的"应然"，实际上是成人本位的"应然"而非儿童中心的"应然"，这必然会遮蔽儿童自身的"涌现"。出路只有一条：回到儿童自身来探寻儿童本身是什么的问题。如姚伟所言："我们总是以为自己天经地义地知道什么是儿童，而往往忽略了对'儿童本身是什么'的进一步追问，忽略了寻找儿童本真的意义。"② "寻找儿童本真的意义"，即是要探究儿童价值意义上的一种应然所在。

巴尔扎克在《人间喜剧》序言中写道，他写小说的目的只有一个，就是要看一看在这样一场资产阶级的上升运动当中，人类离其理想的人性究竟有多近，或者离其理想的人性究竟有多远。教育也必须去深思"离其理想的人性究竟有多近或者离其理想的人性究竟有多远"，"必须以人类的自我认识所获得的价值为自己的崇高目标"。③ 当我们突破"常识"，从至高的自然之维

---

① 姚伟. 儿童观及其时代性转换 [M]. 长春：东北师范大学出版社，2007：引言 3.
② 姚伟. 儿童观及其时代性转换 [M]. 长春：东北师范大学出版社，2007：引言 2.
③ 金生鈜. 理解与教育：走向哲学解释学的教育哲学导论 [M]. 北京：教育科学出版社，1997：9.

重新认识儿童，教育便迈入了新的境界。儿童的存在有更为深远的意义，我们必须在一种更为宏阔与源始的背景中思考儿童的本质；必须将儿童从封闭的、人为的固定场所（空间的平面化）再一次"放置"到天地间、自然①（立体性的空间存在）中，进而敬慕儿童的"深"与"真"。由此，儿童观才会开启新的维度。

（二）突破"常情"看儿童

在这里，突破"常情"指的是超越一般的情感意义上去认识儿童，在敬畏中"看到"儿童这一自然中令人惊叹的存在。唯有怀着敬畏之心才能让我们在更宽广与更深远的意义上理解儿童存在本身。敬畏不仅仅是一种情感，更是一种整体性的认识，也可以说是一种"洞察"。

何谓敬畏？海舍尔认为：世界以两种方式呈现在我的面前；世界既是为我所拥有的一个事物，也是我所面对的一个奥秘。我们也必须以敬畏的心情面对世界的奥秘。敬畏不只是一种感情，也是一种理解方式，是对比我自身更伟大的意义的洞察。敬畏是对万物尊严的直观，是认识到事物不仅是它现存的样子，而且也代表着某种最高的东西。在敬畏中，我们不再用头脑中的概念来衡量意义，而是洞察到存在的伟大与神圣。就此，海舍尔甚至认为："只有一条通向智慧的道路：敬畏。"② 敬畏也是一种认识方

---

① 这里所说的"自然"不是指实存的自然物，而是指一种更为幽深更为超越意义上的源始的"自然"。

② ［美］亚伯拉罕·海舍尔. 觅人的上帝：犹太教哲学［M］. 郭鹏，吴正选，译. 济南：山东大学出版社，2003：73.

式,一种深层把握世界的方式。敬畏打开了对存在的新认识。康德认为,敬畏与恐惧不同之处在于,恐惧产生卑怯感,而敬畏却产生崇高感。事物的意义只向敬畏者敞开和显现:在寂静的敬畏中,世界"开口"向我们诉说意义;人便不再是面对局部的、既定的、封闭的环境而存在,而是面对"存在"本身。康德也曾说过,有两种东西,我对它们的思考越是深沉和持久,它们在我心灵中唤起的惊奇和敬畏就会越来越历久弥新,一是我们头上浩瀚的星空,另一就是我们心中的道德律。① 爱默生也说,星星总使人感到敬畏。用敬畏的眼光看"星空","星空"就不再是简单的物质性存在,敬畏者穿越"星空"而感受到了"星空"背后神圣的自然法则。敬畏使人跨越自我的局限,更自觉地朝向更广袤的存在敞开。

一株草、一朵花,甚至一捧土、一粒沙,都是"世界之道"的临在、"天堂香味"的散发。儿童作为天地间最不可思议的存在更应该用敬畏之心去接近。当成人以高傲的姿态去研究儿童,他必然无法看到儿童身上的自然之光和创造之力。唯有在敬畏中,儿童身上"不可见"的神秘性才会涌现,不可见的精神才会"绽放"。敬畏打开了一个新的空间,给"人—世界""儿童—成人"之间的关系带来崭新的变化,儿童存在的另一向度也在敬畏中得以"开显"。

作为人的最初形态的儿童,蕴含着无形甚至无限的"上帝之道""自然的密码"。唯有心怀敬畏才能接近儿童身上的秘密。人是一个奥秘,人之初的儿童更是奥秘中的奥秘。儿童不仅汇聚

---

① [德]康德. 纯粹理性批判[M]. 韩水法,译. 北京:商务印书馆,2000:177.

了人的一切奥秘,还汇聚了万物的奥秘,是宇宙万物汇聚的"结合点",也是生命奇妙的起点。在《群魔》中,费·陀思妥耶夫斯基借沙托夫之口赞叹说,孩子来自"另一个世界",给此世带来了"天国的信息":"一个新生命出世的奥秘,伟大的无法解释的奥秘"降临了;"本来是两个人,突然出现了第三个人,一个新的、完美无缺的灵魂,这是人的双手创造不出来的;新的思想,新的爱,简直让人感到可怕。世上没有比这更崇高的了。"①"起初什么也不存在的东西后来发展成为充分发展的个体的复杂机体。这是生命的永恒的奇迹之一。这一伟大奇迹不使我们感到震惊,只是因为在日常生活中它经常出现在我们眼前。"② 从庸常生活的惯性和麻木中觉醒,走向敬畏,便会惊慕儿童自身的"深",看到儿童在宇宙天地间的地位,看到"小小的肉体里蕴含的伟大的精神"。

敬畏打开认识儿童的另一向度。一个蕴含着"上帝的奥秘"的鲜活灵动的生命体的降生,是从天而来的"奇迹",是宇宙的"赠礼",是上帝馈赠的"启示"。人类的一切言语、文字、符号、理论在一个生命体的奥妙与神圣面前都黯然失色。唯有在敬畏中,"不在场"的"道"才能被召聚,也唯有在敬畏中儿童存在的深层精神密码才会向我们打开。敬畏意味着不再视儿童为客观对象,而是以一种整全性的"洞察"方式:在精神中与儿童"相遇",带着"可怕"的颤栗、"崇高"的畏惧、"颤抖"的敬

---

① 陈燊. 费·陀思妥耶夫斯基全集 第12卷 群魔(下)[M]. 冯昭玛,译. 石家庄:河北教育出版社,2010:732.

② [意]蒙台梭利. 蒙台梭利幼儿教育科学方法[M]. 任代文,译. 北京:人民教育出版社,2001:376.

畏，在幽深的寂静中去谛听这个生命体所携带的"无名"的"另一世界"的信息。从儿童身上看到自然创造的丰盛与神奇、看到自然的浩渺与宽广，从儿童这个崭新的形象中顿悟至高者的自由和伟大。

近现代教育史上的每个教育家都写下了敬畏儿童的诗篇。在《母育学校》的开篇，夸美纽斯将儿童称作是"耶和华所赐的产业""上帝的种子""无价之宝——上帝的灵魂"①，认为"儿童们却是上帝的生气勃勃的形象"②。卢梭以虔敬之心看到，在万物的神圣秩序中唯独缺席了童年的位置，因此他在《爱弥儿》的开篇就谴责文化与教育戕害了人最珍贵的天性。蒙台梭利在《童年的秘密》一书中甚至借用神圣的宗教仪式来比拟儿童诞生应该受到的"礼遇"："我们触摸和移动新生儿的方式，以及同时在我们身上所产生的那种细微的感情，使我们想起牧师在祭台前的姿势。在寂静和黑暗之中，只有一丝柔和的光线透过染色玻璃窗，牧师就在这种环境中活动，他的手是纯洁的，他的动作是慎重和经过深思熟虑的。一种希望和崇高的感情洋溢在这神圣的场所。新生儿就应该生活在这种环境之中。"③ 蒙台梭利曾不止一次赞叹儿童这一神圣存在，认为应把"最崇高的敬意"给予儿童："我们对新生儿的态度不应该是一种怜悯，而应该是对创造的神秘的崇敬，不应该使一个有精神的人一直被限制在我们的

---

① [捷克] 夸美纽斯. 夸美纽斯教育论著选 [M]. 任宝祥, 等译. 北京：人民教育出版社，2004：12.

② [捷克] 夸美纽斯. 夸美纽斯教育论著选 [M]. 任宝祥, 等译. 北京：人民教育出版社，2004：15.

③ [意] 玛丽亚·蒙台梭利. 童年的秘密. [M]. 马荣根, 译. 北京：人民教育出版社，2005：39.

感知范围之内。"[1] 她提醒道，不要认为儿童"贫瘠""柔弱"，"他们并不是像一般人看到的身体蜷曲、柔弱不堪的无助小可怜；我们所见到的乃是张开双臂、昂然挺之，并召唤世人追随的救世主"[2]。福禄贝尔将儿童与上帝精神、宇宙规律联系在一起，他认为，每一个人，就他永恒不朽的本质、他的灵魂、他的精神来说，应当被作为正在和已经以人的形式出现的上帝的精神，作为上帝的爱、亲近和仁慈的标志，作为上帝的恩赐，来看到和培育[3]。裴斯泰洛齐也认为，儿童不是一个简单的生命存在，"在这个有机体内蕴藏着、活跃着一个神圣的天性"[4]。儿童本身便代表着自然宇宙的最高法则与最普遍的精神。可以说，近现代奉行自然教育理念的改革者，无一不在儿童身上看到了神圣光芒并深深地敬畏儿童，这是他们整个教育理念和实践的起点。

在敬畏中才能真正认识儿童并引领教育从贫困走向丰盛。正如蒙台梭利指出的那样："教师的使命也不像医治婴儿疾病的医学专家，只满足于病理学那种'调节生理功能'。她必须认识到，那些科学方法是有限的。当她唱着圣歌将脚放在由生命的圣殿上上升到精神的神龛的凳子上时，她必须抬头仰望，并感到她自己是一位伫立于宏伟的科学圣殿之中的崇拜者的'牧师'，她

---

[1] [意] 玛丽亚·蒙台梭利. 童年的秘密. [M]. 马荣根，译. 北京：人民教育出版社，2005：38.

[2] [意] 蒙台梭利. 教育与和平 [M]. 庄建宜，译. 台北：及幼文化出版股份有限公司，2000：163.

[3] [德] 福禄贝尔. 人的教育 [M]. 孙祖复，译. 北京：人民教育出版社，2001：15.

[4] [瑞士] 阿·布律迈尔. 裴斯泰洛齐与当代教育 [M]. 顾正祥，译. 北京：中央编译出版社，2013：59.

将观察'人的内心生活'。"① 若没有对自然之物以及背后的"道"的敬畏，所谓的科学家只是工匠；同样，若没有对儿童的"崇拜"与"信仰"，教育便只是训练和规训。敬畏是认识儿童的开端。教育者不仅应聚焦在眼前"在场"的儿童，还应该怀着敬畏之心在儿童的世界"采撷不可见的蜜"②，以此重建教育之根。

二、儿童是自然存在者

海德格尔认为，每一个"物"都是天地人神的聚合。中国学者张世英亦有相似的看法："想象赋予'物'以意义。每一单个的在场者或者说存在物，表面上看来是最真实、最现实的，但细思之，它乃是无穷不在场的东西的集结点。"③ 物是如此，况且人乎？若是"逃逸"了机械论的"屏障"，以更为宽广的自然观视角和创生、有机的方式去理解儿童，儿童的存在便是"无穷不在场的东西的集结点"，是自然之道的"开显"与"涌现"。从身体与精神两个方面来看，儿童的身体具有历史性，与绵延的宇宙进化相"呼应"；儿童的精神具有无意识性，与广阔的世界"相合"。当然，在最为根本的意义上，儿童的精神与身体本是合一的：儿童的肉身存在能够彰显出其精神特质；儿童的精神也依托肉身的形式展开。

---

① ［意］蒙台梭利. 蒙台梭利幼儿教育科学方法［M］. 任代文，译. 北京：人民教育出版社，2001：725.

② 里尔克指出了诗人的使命："我们就是不可见的东西的蜜蜂。我们无休止地采集不可见的东西之蜜，并把它们贮藏在无形而巨大的金色蜂巢中。"

③ 张世英. 哲学导论［M］. 北京：北京大学出版社，2002：47.

（一）儿童身体的自然性

就肉身来说，儿童是母亲所生。然而在超越的意义上，我们也可以说儿童是"自然"所生，是"天"所生。此处的"天"可从两个方面理解：相对"地"而言，"天"表达一种更为超越的精神力量，意指儿童身上被赋予的无限性与奥妙性；相对"人"而言，"天"意味着非人所为，意指儿童的身体是自然意志的展现。就这个意义来说，儿童的身上"聚合"着自然宇宙的秘密。自然宇宙的意志在一个具体的生命身上浓缩、开显以及运行，而这一切又是以儿童肉身的形式显现的。换言之，儿童是作为身体而存在的，儿童的身体是自然进化的结果，也是鲜活的自然之道的展开。

1. 儿童的身体："道成肉身"

当我们深怀敬畏之心，儿童在我们面前便不仅仅是那个身囿于幼儿园、家庭等具体场域的儿童，也不仅仅是某个处于具体年龄阶段的儿童，而是超越了一切外在具体局限与分割的儿童，是宇宙之子、自然之子、历史之子，是永恒的儿童。正如蒙台梭利所说："儿童是永恒的。他存在于所有的时代，也将不断地诞生直至世界末日。并没有史前时代的儿童、中世纪的儿童、维多利亚时代的儿童和现代的儿童之分。事实上，只有所有时代和所有种族的儿童；他们是传统的继承者、历史的承受者、文化的融合者以及通向和平之路者。"[1] 泰戈尔在谈到儿童时也说："伴随国家、时代、教育和风俗的变化，成年人多少有些新的变化，但今

---

[1] ［意］玛丽亚·蒙台梭利. 童年的秘密［M］. 马荣根，译. 北京：人民教育出版社，2005：12.

天的孩子像几千年前的孩子一样……"① 他进一步指出:"这种生活长青的原因是,孩子是自然的创造,而成年人的大部分是由自己双手塑造成的。"② 成人随着时代、历史、文化、国别而发生着改变,而儿童却永远以最崭新却也最古老的形式恒定地存在着。因为,如泰戈尔所言,儿童是自然的创造——他携带着自然所赠予的"礼物"。儿童携带着"自然资源"并因此创造了成人,"儿童是成人之父"。对此,有学者曾这样解释:"这种思想为我们认识儿童提供了一个广阔而深远的进化论视野;它使我们认识到,儿童的成长过程是生命进化历史的浓缩。"③

儿童产生于绵延的进化史。儿童的身体具有历史沉积性。所谓历史并不仅仅局限于人类的生活历史,更在于漫长的自然进化史。而这里所说的自然进化史也不是一般意义上的历史存在形态,而是指绵延而存的、古老而常新的、具有创造力的宇宙之道。马克思曾指出:"五官感觉的形成是以往全部世界史的产物。""不仅是五官感觉,而且所谓的精神感觉、实践感觉(意志、爱等等)"④ 皆是如此。"人是完整的存在物,是精神—心理—身体的有机体。身体进入人的个性之中,属于人的形象,属于人的面孔。人的面孔是宇宙生命的最高成就,是对混乱的胜

---

① [印]泰戈尔. 泰戈尔论文学[M]. 倪培耕,等译. 上海:上海译文出版社,1988:109.

② [印]泰戈尔. 泰戈尔论文学[M]. 倪培耕,等译. 上海:上海译文出版社,1988:110.

③ 刘晓东. 儿童文化与儿童教育[M]. 北京:教育科学出版社,2006:24.

④ [德]马克思. 1844年经济学—哲学手稿[M]. 北京:人民出版社,1979:79.

利。'精神性'不与'身体'或'物质的东西'对立，而是意味着对它的改变，获得完整的人的最高质，实现个性。"① 尼采更是直接指出"肉身里有最大的理性"。儿童的身体是道的运行、律的展开，是自然"最大的理性"的展现。蒙台梭利在《童年的秘密》一书中曾用"道成肉身"一词来形容儿童的身体与"道"的关系。"道成肉身"本属于基督教神学的术语，意指神圣意义上的"道"与作为肉身存在的"人"（耶稣）的完美同一；"道"成为一个具体的人，以一个鲜活的生命体的形式显现。在这里，"道成了肉身"，但是"道"的神性并没有因为肉身化而削减。蒙台梭利巧妙地借用这一术语来表示儿童临在世界的方式——"肉体化"。在她看来，意志、心理等不可见的精神是"归于肉体"之中，并支配肉体各部分行动的过程，这就是"肉体化"，亦即"道成肉身"。儿童的身体是"道"的"汇聚"与"展开"，是自然的意志。

2. 儿童身体发展遵循"必经路径"

儿童身体有着自然的意志，儿童身体循"道"运行，所以儿童的生长遵循着"必经路径"。自胚胎阶段起，儿童便无意识地循着自然设计好的路径发展。"婴儿带着一个天然进度表降生到世界上来，它是生物进化三百万年的成果。"② 就儿童的语言发展来说，有研究者指出："所有的证据表明，言语产生以及语言获得的能力，是根据已经建立起来的生物时间表进行发展。当

---

① 鲁枢元. 自然与人文：生态批评学术资源库 [M]. 上海：学林出版社，2006：513-514.

② 王振宇. 儿童心理发展理论 [M]. 上海：华东师范大学出版社，2000：34.

时间成熟时,即达到我们称之为'共鸣'的状态时,它们就会出现。儿童伴随他们所处的环境,变得有点'激动',以至于他听到的以及一直在听着的声音突然获得了一个特别显著的地位。这种变化就像是崭新的敏感性的建设,他的意识在一种崭新的方式中获得觉醒,从所有听到的信息中选出一些加以注意,而忽略其他部分。"[1] 也有学者把儿童期语言的自然发展过程视为"本能":"语言,是不需要特别的努力和正规的教育就能在儿童时期自然发展的;语言的展开不需要理解其背后的逻辑关系;对每个人,语言的性质都是一样的,而且语言能力与通常的信息加工能力或智慧的行为能力是有区别的。由于以上原因,有的研究者把语言能力描述为一种心理才能,一种心理构成,一种神经的结构,一种标准的计算尺度。但是,我更喜欢这样一个诱人的术语'本能'。它表达出了这样的意思,人总是或多或少地知道如何说话,而蜘蛛总是知道该如何织网。"[2]

不单单是语言的发展,幼儿期整个生命的进展,无论是行为动作还是心理上的发展,都有超乎时代、国别等"外在条件"局限的普遍性。有趣的是,心理学家依据的标准不同,但对年龄阶段的"发现"与划分具有惊人的相似性。有的根据生理发展(如柏尔曼),有的根据心理性欲发展(如弗洛伊德),有的根据种系发展史(如斯腾),有的根据认知结构的发展变化(如皮亚杰),有的根据活动变化(如达维多夫)。暂且不论这些分类和

---

① [美] 乔治·S. 莫里森. 当今美国儿童早期教育(第8版)[M]. 王全志,等译. 北京:北京大学出版社,2004:187.

② [美] 大卫·科恩. 天性:遗传如何影响孩子的性格、能力及未来 [M]. 王大华,周晖,译. 北京:新华出版社,2003:83.

标准的科学性与效用性，至少，儿童发展"普遍的阶段性"特征的"发现"从另一个侧面印证了儿童的身体里蕴含着自然的"密码"。

需要指出的是，儿童的发展有"必经路径"，但这并不意味着儿童的成长是固定的、平面的、预成的。相反，儿童的成长始终是复杂的、立体的、非预定的，一直处于与环境的互动和建构中。儿童的发展遵循着隐在的内部程序。

3. 儿童身体内蕴"先天资源"

儿童的身上也内蕴着宝贵的"先天资源"。这种先天资源是一种自然资源，是人类一切文化发生的"密码"。令人惊异的是，在自然意志形成的"身体"与自然意志形成的"世界"之间有着奇妙的合目的性。正是因此，儿童的认识具有本能的意义。甚至可以说，本能是"认识的特殊一支"。[①] 本能是器官的逻辑，器官是行为的物化。[②] 这些图式的、天赋组合原则的聚合，这庞大的体系指导着我们的社会行为、智力行为和个体行为，这就是我说的人性的概念。[③] 对此，有学者曾说："精神系统的发育实际上是一系列与生俱来的'精神器官'（诸如乔姆斯基的'普遍语法'）的协同发育，正如身体的发育是一系列身体器官的协同发育一样。这些与生俱来的'精神器官'是在漫

[①] ［瑞士］J. 皮亚杰. 生物学与认识：论器官调节与认知过程的关系 [M]. 尚新建，等译. 北京：生活·读书·新知三联书店，1989：217.

[②] ［瑞士］J. 皮亚杰. 生物学与认识：论器官调节与认知过程的关系 [M]. 尚新建，等译. 北京：生活·读书·新知三联书店，1989：234.

[③] ［美］诺阿姆·乔姆斯基，［法］米歇尔·福柯. 乔姆斯基、福柯论辩录 [M]. 刘玉红，译. 桂林：漓江出版社，2012：15.

长的进化过程中形成的,它们是历代祖先经验的活的沉积。"[1]儿童的感官具有合目的性。儿童的身体是道体意义上的身体。

从时间的维度来看,儿童作为人之初,站在时间的原点,面对崭新的存在,他敞开自然馈赠的"感官"与天地对话。在儿童的感知觉与世界之间存在着惊人的契合。儿童不是用概念、术语、抽象的观念,而是以自己鲜活的身体书写与世界的"爱情絮语"。儿童通过眼、耳、手等感官与世界相遇,一点点建构了儿童的自我。源始存在的儿童与源始性存在的世界之间"相遇""相吸""相恋"。或许,如梅洛-庞蒂所言,身体本就是宇宙的本源,世界之肉;而世界也是人的无机身体。儿童与世界之间存在着一种源始意义上的"在家"的联系。我们无法知晓儿童的眼睛是怎么开始积极获得外部世界的,无法知晓耳朵又是怎样从辨别人的声音并建构起母语的,无法知晓手是如何开始触摸物体、学会辨别不同的物体并进而建构自己的认识世界的……然而,在这些超越理性限度的追问中,我们能看到儿童感官与世界之间的契合;而这或许正是人类的认识发生的秘密。

蒙台梭利在《童年的秘密》一书中也专门谈论了儿童的"手",她指出:"儿童通过双手的工作来建构自我,用双手作为人格的工具以及智力与意识的表现。"[2] 和成人一样,儿童的手也遵从"理智的指导"来改变环境,但其中自我成长的实现更为显著,他也像成人那样"能完成他在地球上的使命"。海德格

---

[1] 刘晓东. 儿童精神哲学 [M]. 南京:南京师范大学出版社,1999:5.

[2] [意] 玛丽亚·蒙台梭利. 童年的秘密 [M]. 马荣根,译. 北京:人民教育出版社,2005:89-90.

尔曾谈论过关于手的"工作",他说:"我们正努力学习思。或许思也就像打造一个柜子那样的工作。不管怎么说,它是门技艺,一项'手艺活',因此和手有特殊的关系。照通常见解,手无非我们身体组织的一部分。但是,仅就手是一种可以抓取的器官而论,尚不能决定与解释手的本质。猿类同样有可以抓取的器官,但是它们没有手。手本质上不同于所有那些能够抓取的器官——爪、钳、犬牙。这是本质的渊深处的不同。只有会说话即会思的存在者才能有手,才能用手获得手工作品。但手的技艺比我们通常想像的要丰富得多。手不只能抓,能取,能推,能拉,手还能伸延,能接受,能迎取——手的所有这些动作都不限于物:手本身可以伸出去,在他人手中接受对自己的欢迎。手握取。手搬运。手能描画,能表征,盖因人就是一种符号。"[1] 在海德格尔看来,手不是一种孤立的器官,而是整体的"思"通过手的运作而显现。在每一件手的作品中所包含的每一个动作都贯穿着思的因素,手的每一举措皆于此因素中承载自己。手的动作不再被视为机械的条件反射或者单纯的刺激反应,每一个手的东西中都蕴含着丰富的精神因素。

同样,儿童的眼睛也不是孤立、机械的器官,儿童的"看"不是机械的动作,而是意志的涌现。有学者甚至有趣地"假想"是看的意愿产生了眼睛:"我们不妨假定无视觉的动物有着某种想在接触到物体之前就能够知晓物体的模糊的欲望,由此而产生了种种努力。这些努力在不断遭到物质的阻力之后,终于有一天与物质的规律相吻合,最后便产生了一种叫做眼睛的器官,从而

---

[1] [德]海德格尔. 人,诗意地安居:海德格尔语要[M]. 郜元宝,译. 桂林:广西师范大学出版社,2000:21.

满足了视觉的欲望。"① 在叔本华看来，儿童能"看"到生命的伊甸园："儿童期是无邪和幸福的时期，是生命中的天堂和失去了的伊甸园。在这之后的生命里，我们始终带着眷恋回首这一段时间。我们在儿童期感到了幸福是因为我们的整个存在更多地处于认知而不是意欲的状态……在生命的晨光中，我们眼前的世界闪耀着新鲜、魔幻般的光彩，那是一个多么诱人的世界！"② 在此，儿童用眼睛和整个存在来认知，这不是一种理性意义上的知识探究，而是一种现象学意义上的与万物本源性的相遇。这种相遇带着一种强烈的"意志"和"欲望"，"看"的欲望甚至造就了眼睛本身。如此，眼睛就有了尼采所谓的万物存在背后强烈的"意志"或"权力"，自然和世界以无限的广阔建构了儿童的眼睛。

在儿童那里，"看"不是单一的生理活动，而是全身心的精神参与。爱默生曾说："眼睛是最好的艺术家……正如眼睛是最好的作曲家，光线是最好的画家。"③ 蒙台梭利也赞叹道："眼睛一直被描绘成是'充满生气的照相机'，当然，它的结构奇妙无比。耳朵也像一支乐队，拥有振动的弦和鼓。"④ 儿童的眼睛更是如此，儿童的眼睛与其他感官相契相合，与世界相通相融。儿

---

① 陈炎. 反理性思潮的反思：现代西方哲学美学述评 [M]. 济南：山东大学出版社，2002：186.

② [德] 阿·叔本华. 叔本华思想随笔 [M]. 韦启昌，译. 上海：上海人民出版社，2003：35.

③ [美] R. W. 爱默生. 自然沉思录 [M]. 博凡，译. 上海：上海社会科学院出版社，1993：11.

④ [意] 玛丽亚·蒙台梭利. 童年的秘密. [M]. 马荣根，译. 北京：人民教育出版社，2005：108.

童的"看"是一种真正现象学意义的"看"。对儿童来说,"看"是眼睛与世界的合目的性的、奇妙的"聚合",是意义自动的"涌现"。

4. 儿童的身体与环境契合

儿童的身体是自然意志铸造下的"艺术品"。儿童的身体不是"绝缘体",不是一种孤立、封闭的存在,身体总是嵌入环境的。如梅洛-庞蒂所言:"身体不仅仅是外在的工具与器官,在自我感受中,身体自始就被扣留在我们自身之中了,而且,身体在其身体状态中充溢着我们自身……我们并非'拥有'一个身体,而毋宁说,我们身体性地'存在'。"在《可见者与不可见者》一书中,梅洛-庞蒂更是通过"肉"这一概念把身体提升到了存在论高度。"世界之肉""身体之肉""语言之肉"之类的表述说明人与万物乃是"共身"和"共生"的。就童年期而言,儿童的感官正在发育与成长中,环境的丰富召唤着儿童的"看",同时在"看"中也潜在地建构了儿童的精神趣味,甚至说隐在地促成其人格的形成。儿童看、听、触等多种感官并用,真切地感受、触摸世界的"血肉""脉络"和"体温",世界的"真"与"美"也向儿童"涌现"。儿童的身体与世界之间有着惊人的天然的合目的性。康德在论述美时曾说,美不是仅存在于客体或者主体,而在于"我"和作为世界的"你"之间的"和谐"。儿童的身体和世界之间便存在着如此这般的"和谐",身体与"世界之肉"奇妙地契合为一体。

蒙台梭利用活的"有机体"来表示儿童在世界中的存在:"如果我们研究生命,而不是研究班中的一个儿童,那我们所面对的就决然不是一个有待于接受教育的人……报道、评分、分等级、分类和贴标签的儿童,而是一个活生生的遵循着一种发展模式的有机体。"① 透过活生生的"有机体",我们可以看到儿童永恒的存在之道。曹文轩也有类似的论述:"今天的孩子,其基本欲望、基本情感和基本行为方式,甚至是基本的生存处境,都一如从前;这一切'基本'是造物主对人的最底部的结构的预设,因而是永恒的。"② 因此,儿童可谓是亘古而常新的存在:"古",乃在于儿童承载着漫长的进化史,世世代代的儿童有其相似性;"新",乃在于儿童的生命不是"重复"与"复制",每个儿童个体都具有自身的独特性与丰富性。

(二)儿童精神的自然性

儿童精神的自然性意味着儿童的精神不是"人为"产生的,而是自然所赋予的资源与财富,是道的运行。儿童的精神具有承载"万有"的广阔性与无意识性。无意识是儿童精神世界的"触角"。儿童是用无意识的"触角"来统合生命:"通常的有意识的个体生命实际上是不完整的,完整的生命与整个生命系统都联系起来——不是联结起来,因为他们本来就是一个整体。把个体生命系统联系起来实际上就是个体生命对整个生命系统的接纳。个体的显意识是花,而无意识则是根茎……"③ 在无意识的"激流"中,儿童的"我"不是一种静止恒定、绝对封闭的"点",而是流动性的、生成性的"网络图"。甚至说,"我"是祖辈沉淀的"我",是全息的"我",是造物主创造的"我";

---

① [意]玛丽亚·蒙台梭利.童年的秘密[M].马荣根,译.北京:人民教育出版社,2005:11.

② 曹文轩.追随永恒[M].北京:北京大学出版社,1998:202.

③ 刘晓东.儿童精神哲学[M].南京:南京师范大学出版社,1999:365.

"我"朝向世界、朝向万物、朝向自然而生成;"我"在不同的境域中显现、涌出、绽放。所以,因为儿童不是一种限定性的"有",而是一种"无",一种"空"①。在"无"和"空"中,儿童通过艺术和游戏同世界和宇宙万物相遇,诗意地栖居和表达着自我。

1. 儿童的艺术

儿童的艺术来源于自然的。儿童的艺术不是后天学习的结果,而是自然赐予的财富,是本能的缪斯。在《本能的缪斯——激活潜在的艺术灵性》一书中,布约克沃尔德声称,艺术不是少数人"垄断"的专业技能,而是每个人都具有的本能缪斯。他认为,人类的每一个成员都与生俱来的有一种伟大的创造力量——有着本能的缪斯。"本能的缪斯是人类生存的和人类自我意识的源头,是人类获取语言和文化内部规则的钥匙,是在无数咄咄逼人的复杂情势中对生活进行探索的导引。"② 这种缪斯精神在儿童期最为明显,甚至说儿童本就属于缪斯之神。因此,儿童与艺术家是"同一血脉":"成熟艺术家跳动的生命力和创造潜能,与儿童没有理性保护网的无所顾忌的游戏和永不满足的好奇心,存在着不可分割的天然联系……儿童和艺术家有着同一血脉,他们都是缪斯本能的承载者,他们都本能地感受到能够激起缪斯天性的内在迫切冲动。这些在儿童那里自然地发挥作用,并

---

① 这里所说的"空"并不是指没有,而是指儿童的精神世界没有被固化,是一种无限制的"有"。

② [挪]让-罗尔·布约克沃尔德. 本能的缪斯——激活潜在的艺术灵性 [M]. 王毅,等译. 上海:上海人民出版社,1997:1.

且在诗人、画家、雕塑家和作曲家身上艺术地表现出来。"① 较之艺术家，儿童的艺术表达更多归属无意识层面，凭借无意识力量来完成："儿童有一种巨大的无意识力量，他在此表达自身，并且使儿童的作品达到与成人一样高（甚至更高）的水平。"② 也许正是因此，毕加索才说："学会像一个六岁的孩子那样作画，用了我一生的时间。"③

儿童的艺术是自然赋予儿童的特有诗性思维的展现。诗性思维是自然赋予儿童的精神财富。有研究者甚至赋予它拯救理性的使命："诗性的逻辑，就是感性直觉的逻辑，音乐性的逻辑，想象的逻辑，自由的逻辑，酒神的逻辑，审美和艺术的逻辑……儿童的这种逻辑和理性的、演绎推理的逻辑一道，共同构成人类完整的智力。诗性逻辑为理性插上想像的翅膀，同时还承担着打破和救治技术理性的局限性的重任。"④ 儿童的艺术不是"习得"的而是本然的、本能的，是"天赋"的。儿童与世界以一体的、互渗的方式相遇，并以其想象、梦想创造着崭新的世界，能够随时进入一个更为广阔无形的精神世界。布约克沃尔德曾用"恩戈麦"一词来表示儿童艺术与游戏的一体化的感受，认为这是世界各地儿童的普遍体验。所谓"恩戈麦"，"意味着舞蹈（鼓）、仪

---

① ［挪］让-罗尔·布约克沃尔德. 本能的缪斯——激活潜在的艺术灵性［M］. 王毅，等译. 上海：上海人民出版社，1997：273.
② ［美］罗伯特·戈德沃特. 现代艺术中的原始主义［M］. 殷泓，译. 南京：江苏美术出版社，1993：117.
③ ［挪］让-罗尔·布约克沃尔德. 本能的缪斯——激活潜在的艺术灵性［M］. 王毅，等译. 上海：上海人民出版社，1997：270.
④ 边霞. 儿童的艺术与艺术教育［M］. 南京：江苏教育出版社，2006：21.

式（锣）、声音（弦）以及与自然的接近（一棵树）"①。他将儿童的歌唱、舞蹈与非洲原始的艺术进行类比后指出，儿童通过艺术这一独特的方式与世界相遇和表达自我。

儿童的艺术是自然赋予的精神源泉，因此它不是仅展现在绘画、音乐、舞蹈等特定的艺术领域中，而是弥散在儿童的整个生活中。儿童的生活便是艺术化的生活。成人的生活更多地依附于某一固定的角色与身份，消解了梦幻世界的真实性与必要性，甚至使生活变异为彻头彻尾的"苦役"；而儿童却像艺术家一样，在创造生活的同时也在创造自己。成人在生活中往往是被动的观察者、消费者和占有者，而儿童却是一个积极的参与者、创造者。儿童具有逃逸成人所赋予的规范与价值重新创造出崭新独特的存在方式与生活样态的能力。在艺术化的生活中，儿童体验着不同的"角色"，编织着不同的"故事"，化"寻常"为"神奇"。他们随时可以转化身份和角色，将日常的生活情景创造为艺术。不仅如此，儿童的艺术还具有一种整体性，是身体、心灵与世界之物的融合为一。在儿童那里，艺术是不分化的，音乐、舞蹈、绘画等融合性地以其身体的直观之感加以表达。加德纳曾这样描述："一个听音乐和听故事的儿童，他是用自己的身体在听的。他也许入迷地、倾心地在听；他也许摇晃着身体，或行进着，保持节拍地在听；或者，这两种心态交替着出现。但不管是哪种情况，他对这种艺术对象的反应都是一种身体的反应，这种

---

① 边霞. 儿童的艺术与艺术教育 [M]. 南京：江苏教育出版社，2006：16.

反应也许弥漫着身体感觉。"① 笔者也曾观察到女儿在日常生活中的"整体艺术"：

> 淋浴房洗澡。女儿开心极了。一边唱，一边跳，并拿着淋浴头对着淋浴房向高处喷洒，在淋浴房玻璃上留下各种痕迹，然后开心地喊：妈妈，我画了一幅高山流水！

在这里，女儿将日常的洗澡活动无意识地艺术化了，集歌唱、舞蹈、画画、身体运动等表达方式于一体，将"淋浴房"这个物质性空间变成了一个充满诗意的精神空间，体验着与周围世界与内在自我完全合一的"忘我"之乐。

在艺术中，儿童洋溢着创造的力量与生命的激情，在这种力量与激情中展示着人这一存在独特的文化魅力与生命秩序。在艺术中，他们创造着物我合一的世界、自由穿梭其间的精神世界。在艺术中，儿童不再是他自己，他可以是任何想象中的存在——他具有一切的可能性与开放性，重获了一个无限结合的"我"。儿童通过艺术重构自身、他人、环境和生活的内涵，以不同的身体、不同的主体、不同的行动者来认识自我和外在世界。艺术中的儿童是在以一种艺术化的形式体验着自我的多变与丰富性，是在千变万化中体验着不同形式的存在。这是一种最为自由的形式，不受任何牵绊。他们以整个精神、兴致和情感来宣告，"我"是一个自由和超越的存在者，生活在一个宽阔的存在之间，不附丽于现实感官所及的物质世界。艺术中的儿童展示着"世界的主人"的身份，体验着"不可能的世界"、想象的世界。经由艺术，作为儿童的"我"超越了时空的束缚，感受、把握

---

① 潘知常. 诗与思的对话——审美活动的本体论内涵及其现代阐释[M]. 上海：上海三联书店，1997：318.

了未知而陌生的世界,实现了对现实原则的反抗与超越,从而具有了自由创造的可能性。儿童通过艺术超越了"片面性"的生命表达形式,体验到梦想的广阔性、有限性、开放性;甚至说他自身就是梦想的载体,他在时时刻刻"排演"自己的梦想。因此,儿童可以"上天入地",自由驰骋于想象的世界,赋予生活、物体、自我和整个世界以崭新的意义与活力。儿童是伟大的艺术家,以其独特的心灵形式改变并创造着新的环境,赋予身边的事物崭新的意义与价值。通过心灵中新奇的创造,儿童使得环境不再是现有之物的堆加,而是不可见的意愿和观念的表达。在艺术中,儿童甚至犹如进行创作的画家那样"梦想落地,得以成形;在那里,他的世界调整着自身以求适应,并找到了一种统一性,升华着,永无止境。那个世界创造了一种景观,一种光,一种人性……"[1] 儿童的心灵艺术般地创造着新的"景观"和"人性"。在无意识层面,儿童也通过艺术和"类"的精神存在有了沟通与联结:"儿童的意识是由他的无意识的精神生活深处产生的,起初像分裂开的岛屿,然后逐渐组合成一块大陆——一块不断堆积的意识的大地。"[2]

2. 儿童的游戏

儿童的游戏也是自然所赋予的精神展现,是儿童生命本质的展开,是"道"的涌现。福禄贝尔曾说,游戏是儿童"内在本质的自发表现,是内在本质出于其本身的必要性和需要的向外

---

[1] [法] 福西永. 形式的生命 [M]. 陈平,译. 北京:北京大学出版社,2011:134.

[2] [瑞士] G. G. 荣格. 怎样完善你的个性——人格的开发 [M]. 刘光彩,译. 北京:中国国际广播出版社,1989:190.

表现"①。科学巨人爱因斯坦和儿童心理学大师皮亚杰做了一次关于儿童游戏本质的谈话。在听了皮亚杰关于儿童游戏的研究发现的介绍之后,爱因斯坦深为感慨地说:"看来,认识原子同认识儿童游戏相比,不过是儿戏!"② 创造论神学家莫尔特曼在探讨世界的创造与人的生命时说,"赫拉克利特(Heraklit)说过:'人生是游戏的儿童,是棋盘上挪动的棋子,王位属于儿童'。世界的起源及这个世界之中万物的秩序,都具有游戏的特征。在戏剧中,上帝和人类把自己全都交给了作为整体的世界。在戏剧中,世界展现自己的美。作为游戏,世界在深渊上方旋转。因此,世界的王国属于儿童"③。在这里,他将世界的起源和秩序同儿童游戏联系起来,指出了游戏与世界古老精神之间的联系。游戏,不仅仅是儿童的一种个体行为,更是类的,甚至是进化史的精神的外显。对此,有学者指出:"游戏是个体自发地对自身潜能的开发活动。儿童通过游戏来展现其潜在的精神。这种潜在的精神是进化史上精神活动的积淀。因而,游戏是通过浓缩地复演人类种种活动形式而实现对自身潜能的开发的。"④ 游戏超越了人之存在的生物性与社会性层面,与深层的精神世界契合。游戏不仅是意识层面的活动,更是无意识层面本能的开显。赫伊津

---

① [德] 福禄培尔. 人的教育 [M]. 孙祖复, 译. 北京: 人民教育出版社, 2001: 38.

② 方卫平. 幼儿文学: 可能的艺术空间——当代外国幼儿文学给我们的启示 [J]. 浙江师范大学学报, 2004 (6).

③ [德] 莫尔特曼. 创造中的上帝——生态的创造论 [M]. 隗仁莲, 等译. 北京: 生活·读书·新知三联书店, 2002: 420.

④ 刘晓东. 儿童精神哲学 [M]. 南京: 南京师范大学出版社, 1999: 225.

哈也认为游戏先于文化，是人类更为源始的精神原型。在《游戏的人》一书中，相对于"理性的人""制造的人"之说，他提出人的本质是"游戏的人"的命题，认为游戏先于、优于甚至是超乎文化。国内也有学者将儿童的游戏与梦联系起来，认为"两者都具有处于游离状态的潜意识活动；两者不同的地方在于，梦是一种单纯的潜意识活动，而游戏却把处于游离状态的潜意识外化并与环境条件发生作用"①。

作为一种自然赋予的精神力量，儿童在游戏中实现着自我。儿童赋予外在世界以崭新、丰富的意义，使任何一个生活场景都充满诗与梦的色彩，使"空洞的生活"成为一个芬芳的"玫瑰园"，创造了一个不同于日常世界的新世界。有儿童的地方，就会有游戏。或者说，儿童本就生活在游戏中。儿童可以利用一切条件、一切资源进行游戏。树枝、叶子、石头、泥巴、纸张……在没有任何"载体"时，儿童也可以用自己的身体游戏（婴幼儿最初是身体游戏）。一切东西都可以成为游戏开展的道具。在游戏中，儿童"穿越"了自身的限度，与万物建立了一种想象性存在。万物为"我"的想象、"我"的精神的表达而不是使用物；这种以想象而非使用的方式与世界的相遇，迥然有别于成人的世界。正是在这个意义上，弗洛伊德说："每一个正在做游戏的儿童的行为，看上去都像是一个正在展开想象的诗人。你看，他们不是在重新安排自己周围的世界，使它以一种自己更喜欢的

---

① 刘晓东. 儿童精神哲学［M］. 南京：南京师范大学出版社，1999：7.

新的面貌呈现出来吗?"① 在游戏中,儿童可以突破自我主体的局限,瞬间就成为一种更为深远意义上的想象性存在。儿童在游戏中的思维方式与原始的神话思维非常相似,他们不拘泥于单一、固定的角色和模式,而是自由地穿梭在不同的角色之间,此刻他可能是一个人,下一刻又变身为一条狗、一朵云、一个魔法师或是一头熊等。儿童以自己的想象,通过游戏的形式,与植物、动物的生命建立了一种原始的亲密联系。在此,儿童的自我不再是一种封闭性、凝固化的单一主体,而是具有潜在性、开放性以及无限可能性的多重主体。

在游戏中,儿童体验到与世界和万物之间更为深层、更为原始的关系,形成了一种新的与世界相遇的方式。游戏是儿童实现自我建构的秘密源泉,也负载着深刻的精神意蕴。游戏具有某种永恒性与普遍性——在游戏中隐藏着普遍性的深层语法,或者说游戏的"母体"、游戏的"原型"。在无意识状态中,儿童体验到类于神话般的另一种现实。世界弥合了"客观"与"主观"、"物理"与"心理"、"真实"到"虚拟"的缝隙,现实世界从儿童"手"中翻转过来。游戏使儿童进入一个自由的世界。在游戏中,物理意义上的日常时间被打破;时间随着心灵的起伏而自然流淌。这里的时间感不再是日常时间的简单延续,而是超出平面之上的另一种时间:时间成了存在的礼物,彰显出心灵的意义空间,甚至是伽达默尔所言的"超历史的、神圣的"时间。这也颇类似于普鲁斯特所描述的"作家的时间":"一小时不仅是一小时,它是一个插满了芳香、音响、意图、气氛的花瓶。我

---

① [德]西·弗洛伊德. 性爱与文明 [M]. 滕守尧, 译. 合肥: 安徽文艺出版社, 1987: 166.

们所说的现实,就是同时存在于周围的那些感觉和记忆之间的一种关系。"[①] 儿童借助于游戏正如作家借助于语言所实现的,是使得瞬间转变为永恒。同样地,儿童游戏中的空间也突破了狭隘和单一性而完全敞开,实现了现实空间与心灵空间的相互"融合"。这一空间不是多重空间的简单叠加,而是以更为广阔和自由的想象空间涵盖了淡然无味的现实空间。儿童的空间意识与时间意识都可以随着特定的需求而进行转换与重组,随时可以逃逸出成人的"权力意志",具有艺术性想象的飘逸和巨大的情感力量。时间和空间对儿童而言不再是凝固、僵化、空洞的物理学概念,而是具有自由精神和丰富内涵的超时空。

儿童的游戏不仅是儿童自身的"行为表现",而且是精神运行的自然展开。游戏是古老精神在儿童身上的"复活",是人类的无意识在儿童身上绽放的花朵。游戏是儿童自然天性的跃动之舞。儿童的游戏是一种本能的驱动。在没有任何东西可以凭借时,儿童也会寻找和实现游戏的可能。儿童对于游戏的天然需要是一种无意识的渴求,就如同花一定要开放,树一定要结果,这是道在自我运行,自然之力在驱动,在显现。对儿童来说,意识本就是未分化的,是整体的。儿童可以在意识与无意识层面随时"穿梭"与"跨越"。儿童的生活是几个层面生活的交织体,他的世界是更为立体更为饱满的世界。儿童是"两栖"存在,他既属于大地又属于天空,他的精神一直处于敏锐的发现与探索中。正如有的学者所言:"儿童不只是诗意的栖居于大地之上,他还诗意地鱼游于历史的长河之中。儿童的游戏、儿童的梦想、儿童的艺术、儿童的思想、儿童的全部生活,都是史诗,都是描

---

① 伍蠡甫. 现代西方文论选 [M]. 上海:上海译文出版社, 1983:131.

绘生命历史、描绘精神历史的诗篇。"①

三、儿童是自然生长者

宇宙充满着生长的力量,正所谓"天地之大德曰生"。万物都在生长与更新,万物的存在都有着强烈的"意志"。自然最原初的含义就有生长、涌现之意。虽然我们从身体与精神的维度论述了儿童的存在,但儿童的存在并不是凝固的、静止的,而是时刻在生长。在种子冲破地面中,在小鸡的破壳而出中,在一个婴儿的诞生中……生长的力都在促成生命的奇迹,生命的本能都在以强力的形成突破成长的一切障碍。在生长中,生命嘹亮地宣告着"成为自己"这一宇宙最强音。因此,儿童本身便意味着生长,儿童的"未成熟"正如杜威所言"就是指一种积极的势力或能力——向前生长的力量"②。

儿童是自然生长者。生长的力量来自儿童的内部。如同夸美纽斯所说:"在自然的一切作为中,发展都是内发的。"③ 福禄贝尔甚至从"内发性"来解读"幼儿"之命名。在《人的教育》一书中,福禄贝尔赋予了Kind(幼儿)深刻的含义:"人的内在本质发生分化,向外释放出来,力图向外表现自己,宣告自己的存在。人依靠自己自发的力量在自己外部固定的东西上,并通过

---

① 刘晓东. 儿童精神哲学 [M]. 南京:南京师范大学出版社,1999:442.

② [美] 杜威. 民主主义与教育 [M]. 王承绪,译. 北京:人民教育出版社,2001:50.

③ [捷克] 夸美纽斯. 大教学论 [M]. 傅任敢,译. 北京:教育科学出版社,1999:82.

第四章　自然教育中的教师

上帝等待着人在智慧中重新获得童年。

——泰戈尔

自然教育以儿童为逻辑起点，以儿童的成长为出发点。自然教育"发现"了儿童，与此同时，也重新"发现"了教师。在"学习取向"[①] 的教育中，貌似教师处于"中心"，以师为"尊"，即尊重教师的权威，实则教师却受到"捆绑"甚至被异化。"成长取向"自然教育则以幼儿为"尊"，尊崇儿童的天性，遵从自然；教师也不再是知识的权威存在者，而是剥落了外在的身份局限从而回归了自然生命本身。也就是说，自然教育在解放儿童的同时也解放了教师，两者共同在解放中获得自由与成长。

一、认识教师方式的更新

（一）突破"常识"看教师

突破"常识"看教师，指的是突破传统的将教师视为某一

---

① 刘晓东. 儿童文化与儿童教育［M］. 北京：教育科学出版社，2006：267.

特定身份存在的思维方式，站在更为宏观的自然视域将教师看作是自然中的人；由此，教师实现了从单向度的身份存在到作为整全生命"在场"的转变。突破"常识"看教师，立足于自然教育的视野，能够重新认识教师这一独特生命存在的本质。

通常而言，在"学习取向"的教育中，教育被窄化为学习，而学习又进一步堕化成一种简单机械的模仿或记忆活动；由此便分化出两个不同的"阶级"，即教师与学生——教师是施教者，与之相对，儿童便是受教者。教师与儿童便围绕着被设定的中介——"知识"而建立了角色的关系。在这种"分工"下，人被包裹在知识的外衣中，属于人的本真存在被遮蔽，甚至淹没了。教师与儿童虽然相遇在同一时空和境域，却"坚守"在泾渭分明的"岗位"上，各司其职。学界常用马丁·布伯所谓的"我—它"关系来研究教育场域中教师与儿童关系的异化。也就是说，教师将儿童对象化，儿童作为自然存在者与生长者的特性被"屏蔽"；儿童成了"它"者，"它"者只是"注视"① 的"物体"，"塑造"的"对象"。在"学习取向"的教育场域中，教师作为教育中的主导掌控着儿童，儿童成了"对象"，成为"标本""容器""物"。然而，值得思考的是，在儿童沦为"它"的同时教师也蜕化成了"它"，教师的真正自我也被遮蔽，只剩下一个身份的"我"、一个干瘪的"知识人"。这样，教师成了单子式的个体、成了"孤家寡人"甚至是"单向度的人"。教师

---

① 在此，笔者借用了萨特对"注视"的哲学阐释。"注视"不仅仅指通俗意义上的"看"，而是指在"看"中使得对象被"选取"并"过滤"，从而造成了对对方的一种压迫。"我"注视他人，他人也注视"我"，在"注视"中，相互客体化。

之"我"被知识寄居甚至侵占,由此"我"不再是"本己"存在,而是一种"异己"状态。

由此,所谓的教育不仅让儿童成了工具,教师也被模式化、机械化甚至异化了。作为学生的儿童是接受者与储存者,是学习的工具;教师作为知识的承载者与传递者,也是教育的工具。盘旋在教育场域上空的"知识幽灵"遥控并监控着教师。对于教师而言,身份如同脚本,必须遵照脚本的规定性,扮演好角色。因此,教师看似自主、自由却如同木偶般被暗自操控了。师生被抛入特定的教育时空,仅仅作为旁观者"在"而不是"浸"入式地参与教育场域。生命被教育的机器过滤、提取甚至控制。人被碎片化了,教师不再是自己,而只是特定身份所规约的存在。身份与自我的疏离甚至可能使教师陷入所谓的"表面人格"。作为教师的"我"与作为学生的"我"之间呈现出二元对立的关系,或者如黑格尔所说的那种主奴关系。这不仅意味着双方关系的僵化、分裂、片面,也意味着双方都没有真正享受到人之存在的意义。教师对教育场域构成无形的威慑,儿童只能在夹缝中、在某种被教师所忽略的时间或被遗忘的空间争取一点"私我"的自由。这不仅囚禁了儿童,也拘囿了教师。教师与儿童之间的这种"我—它"关系使双方存在一定的防御性,甚至异化为一种斗争,如同苏霍姆林斯基所言的"敌人"状态。"老师来了"如同"狼来了"一样,具有一种无形的威力与震慑。对于这种教育困境,蒙台梭利曾批判道:"雇员害怕不能提升,而被限制在岗位上不得跑掉,并被迫做十分单调的工作,正如学生害怕不能升级而被迫读书一样。"①

---

① [意]蒙台梭利. 蒙台梭利幼儿教育科学方法[M]. 任代文,译. 北京:人民教育出版社,2001:67.

就此而言，所谓的教师主体只是单一的、机械的、虚假的主体。教师作为生命的个体被教育所忽视。由此，在身份的异化中，在长久的"职业捆绑"中，教师便产生疲惫甚至所谓的"职业倦怠"。

教师的倦怠不单单是教师自身的问题，也不单是教育的局部"伤痕"，而是教育理念的偏差造成的整体上的"伤疤"。按照传统中医的说法，不能头疼医头，脚疼医脚，而应该在"把脉"中找到真正的症结所在。教师的倦怠是深层教育理念的"显现"，唯有跳出"就事论事"这一单一的视域，将教师置于更为广阔的视野中重新审视，才会有新的发现。否则，改善只是停留在技术层面，甚至所谓的改善也有可能堕化为一种表演。在教育模式上，若依旧困囿在"文本的世界"，师生之间只"思"、"说"知识而无视生命，教师与儿童的整个身心却是被"过滤"在教育的场域之外的。教育只是局部发生细枝末节的改变而根源性的观念没有改变的话，问题便会以更为隐匿的方式悄然存在。教育变革若只是改变了教育的"前台"，而没有真正革新"后台"，那么便只是"局部"观念的改变，而不是深层整体信念的更新。在教育实践中，教育的转向往往不是源自教师内在的精神需求，而是迫于外在要求的压力，贻害也就更大。如同杜威所言，改革仅仅依赖法规的制定，或是惩罚的威胁，或仅仅依赖改变机械的或外在的措施，都是暂时性的、无效的。①

教师的生命异化是教育观念的禁锢所致，是将教师与儿童在

---

① [美]杜威. 学校与社会·明日之学校 [M]. 赵祥麟, 任钟印, 吴志宏, 译. 北京：人民教育出版社, 2005：14.

教育场域中对立起来,将双方存在放在了一个"糟糕的立足点上"①。立足点便决定了所有的关系走向、所有的发展。在现实教育中,以外在的知识为目的,教师便成了"统治者","这种统治与被统治的关系,由于一方在年龄、知识和无上权威等方面的有利条件和另一方的低下与顺从的地位而变得根深蒂固了"②。"统治"本身是对"被统治者"的制约,同时也是对"统治者"的限制。因此,要克服这种悖论性后果,唯一的途径便是使教育发生杜威所言的"哥白尼式的革命",一种信仰的改变、方向的更新。唯有如此,教育才能真正焕发生命力,教师才能获得解放。因此,我们需要跳出"旧巢",脱离原有的观念系统,以一种新的观念,在一个新的系统中重新发现教师。在自然教育中,人是目的,人是神圣的存在,儿童与教师同是教育中的目的性存在。自然教育观念也为教师的自由成长提供了出路。

(二) 突破"常情"看教师

在这里所谓的突破"常情"看教师,指的是突破教育场域中视教师为牺牲式之爱的付出者的情感捆绑,在自然教育的视域中将教师看作真正的、积极的爱的存在者。

传统的以"教师为中心"的教育只是强调教师单向的爱的付出,忽略了教师作为生命存在本身的自我。在教育中视儿童为被教育的对象和被照顾的软弱存在,强调教师牺牲式的爱,造成

---

① 康德在《道德形而上学的基础》中谈到哲学时曾经说过:"这里,我们看到哲学实际上被置于一个糟糕的立足点上了……"
② 联合国教科文组织国际教育发展委员会. 学会生存 [M]. 上海:上海译文出版社, 1979: 118.

了对师生双方的"禁锢"。在这种爱中,儿童是爱的被动接受者。或者说,儿童是"第三人称的",是消极的客体。与此同时,教师的深层自我也被淹没,弗兰克如此描述这种背离:"他们忽视了他们的'我'、他们的'自己',即十分特别的、无可比拟的原初的实在。"① 更糟糕者还可能产生赞可夫所说的情况:"如果在教师的眼里看来,学生只不过像是一种什么容器,可以把一定的知识和技巧灌到里面去,那么,这样的看法当然不会促进他对学生的爱,相反地,倒是把他在从事教师职业之前还有的那么一种平常的人对儿童的喜爱的情感,也给窒息了。"② 在这种境域中,教师作为人的存在本身被遮蔽,因此便会产生匮乏感与无力感。

从人之为人的本质来看,人不是封闭的孤立存在,唯有在"共在"的爱中人才能真正成长。"人在本质上是被构成为共他的(with the other)。每一个自我,只有统摄地产生与一共同周遭世界的关联,'才能自为与为他的成为通常意义上的一个人,一个在人的联合体中的人。'"③ 也就是说,人是一种关系性的存在,或者说人是在关系中成为自己。"我"是不确定的、模糊性的"虚在",我与他者同时存在,他者的存在"成全"了我;没有他者的召唤,"我"只是可能性存在。每一个作为他者的人都是另一种形式的自我的维度。因此,每一个时刻,相遇都是奇

---

① [俄]弗兰克. 人与世界的割裂[M]. 方珊,方达琳,王利刚,选编. 济南:山东友谊出版社,2005:8.
② [苏]Л. В. 赞可夫. 和教师的谈话[M]. 杜殿坤,译. 北京:教育科学出版社,1980:29.
③ 陈立胜. 自我与世界——以问题为中心的现象学运动研究[M]. 广州:广东人民出版社,1999:163.

迹——相遇创造了彼此的新生；相遇也是礼物——因为相遇馈赠于相遇中双方新生的可能性。"我是"永远"将是""已是""可能是"；而他者是自我的另一种展现，是另一个我。"我"与他者的每一个真实的"聚合"都使得整个世界为之更新——每个这样的瞬间都以其独特的绽放汇涌于类的精神幽深而静默的长河。在自然教育中所谓的爱，是一种敞开的、自由的爱。在这种爱中，"每个人对他者都不再是'对象'。爱应当是自由的，也就是说，爱是走向'敞开'……'对象'总是一个限定整体的'部分'存在。当人们在爱中设定一个'对象'时，那么爱者在'面对面'中，在'相互拥抱'中，便遮住了朝向'敞开'的视线，而无法看到存在深处那'尚未照亮'的一面"①。这种单向的关系变为双向的关系，精神产生能动性的互相交流。爱使人深入到精神存在的深层。

在自然教育中，教师看到儿童作为自然的神圣存在，教师自身也作为神圣存在，由此而建立人与人之间爱的联结。这种爱不是一种单向的、封闭的爱的关系，而是彼此在"我—你"关系中建立了一种精神内在的联结。教师也从所谓的付出式的爱跨越到一种真正的爱，正如蒙台梭利所指出的那样："通过对童年的秘密的了解和体验，教师不仅对儿童有了更深入的了解，而且还获得了一种新的爱，这种爱不是对某一个人，而是对因而未显的童年的秘密。当儿童向她展示出他们的真实天性时，教师可能才第一次理解什么是真正的爱。儿童真实天性的展示也改变着教

---

① 叶廷芳，李永平. 上帝的故事［M］. 北京：中国广播电视出版社，2000：7-8.

师，它深入到人的内心，并逐步改变人们。"①

由此，教师不再出于外在的强制、身份的限定或者职业的迫求而"上班"，而是出于生命的诉求、神圣的信念而"工作"。教师是被召唤、被拣选的儿童的"守护者"与"引导者"。这种神圣不是贴上的"标签"，也不是外在的"光环"，而是内在的真正情怀。作为一个人，教师生命向上生长的祈愿得以实现。由此，在自然教育中，教师不再是机械的"螺丝钉"，而是自由的"园丁"，不再是牺牲自己的"蜡烛"，而是在与儿童相遇中相互照亮的"光源"。

二、教师是自然存在者

教师首先是人，是自然中独特的生命存在。教师是作为人的目的性存在。因此，自然教育不是否定教师的存在意义，而是让教师回归到真正的人的本真存在。自然教育使教师回归赤子，成为真正的人。由此而言，教育也成了教师"复性"的"历程"。

（一）"儿童中心"与教师的自然存在

自然教育是以儿童为中心或者说儿童本位的教育。目前，学界对"儿童中心"依旧存在一定的误解，认为"儿童中心"是否定教师的地位以及教师存在的意义。究其实质，则是依旧站在传统的师生二元对立的维度来看待"儿童中心"。从"教师中心"到"儿童中心"的转变并不是"百年媳妇熬成婆"的"翻

---

① ［意］蒙台梭利. 蒙台梭利幼儿教育科学方法［M］. 任代文，译. 北京：人民教育出版社，2001：604.

身运动"。"翻身运动"改变的只是主导者的位置,而基本的"斗争"模式并没有发生改变。正如有学者所指出的,所谓"翻身",就是通过斗争,对立双方中被压在下面的那一方翻到上面,而上面镇压别人的一方被压在下面,双方整个地翻一个个儿。"翻身"是一种局限性很强的变化,换句话说,这种变化只是一种"颠倒",而"一方压倒另一方"的模式却没有改变。然而,"解放"就不同了,它不满足于这种"翻身",而是要彻底消灭"一方压倒另一方"的模式,最终使自己和对方同时解脱和自由。[1] 从"教师中心"到"儿童中心"不但是目光的转移,而且是信念的转移。这一转移是一种颠覆也是一种崭新的开始;它不是一种"翻身"运动,而是一种完全的革新。也就是说,所谓的"儿童中心"不是在师生二元对立的思维中的"翻身"运动,而是在一种"共生"的视野中的"解放"运动。这种更新意味着一种旧有的斗争模式的终结,一种崭新模式的开启。

以儿童为中心的自然教育并不是放任儿童"胡作非为",而是围绕着儿童来建构教育中的一切。正是在这个意义上,杜威才说,"为了说清楚旧教育的几个主要特点,我也许说得夸张些:消极地对待儿童,机械地使儿童集合在一起,课程和教学法的划一。概括地说,重心是在儿童以外。重心在教师,在教科书以及在你所喜欢的任何地方和一切地方,惟独不在儿童自己的直接的本能和活动。在那个基础上,儿童的生活就说不上了。关于儿童的学习,可以谈得很多,但学校不是儿童生活的地方。现在我们的教育中正在发生的一种变革是重心的转移。这是一种变革,一场革命,一场和哥白尼把天体的中心从地球转到太阳那样的革

---

[1] 滕守尧. 文化的边缘 [M]. 北京:作家出版社,1997:8.

命。在这种情况下，儿童变成了太阳，教育的各种措施围绕着这个中心旋转，儿童是中心，教育的各种措施围绕着他们而组织起来"①。也就是说，教育必须是围绕着儿童身上的自然，并以此为起点为中心。"儿童中心"并不是削弱教师的地位，而是从更高的自然维度看到教师的价值，教师不再是一个工匠般的知识搬运工，而是在发现儿童的基础上做儿童发展的帮助者。就此，杜威甚至认为，每个教师应当认识到他的职业的尊严；他是社会的公仆，专门从事于维持正常的社会秩序并谋求正确的社会生长。这样，我认为教师总是真正上帝的代言者，真正天国的引路人。②也就是说，以儿童为中心，看似教师被"降卑"了，实则是一种"升高"。站在人之为人的终极之维，将教师看作是具有开放性、生成性与创造性的人。以儿童为中心，跟随儿童，进而教师有可能发现一个新的世界，一个新的自我。教师不再是"单向度"的"知识人"，而是丰盈饱满的"自我实现者"，与儿童一起，在以儿童为中心所建构的适宜儿童的活动中，在人文与自然共构的境域中，唤醒真正的自我，滋养生命的根。

"儿童中心"是将儿童看作与成人不同的存在者。儿童的成长与发展有自身的规律。教育不是把成人社会的知识简化成儿童教育的"课程"，而是遵从儿童发展的规律，尊重儿童与成人世界迥然相异的生活。教育场域中重要的不是知识的学习而是儿童的成长。儿童有更为重要的工作——建构他自己。他需要的是活

---

① ［美］杜威. 学校与社会·明日之学校［M］. 赵祥麟，任钟印，吴志宏，译. 北京：人民教育出版社，2005：41.

② ［美］杜威. 学校与社会·明日之学校［M］. 赵祥麟，任钟印，吴志宏，译. 北京：人民教育出版社，2005：15.

动,是一个可以完成自我建构的环境,而不是人为的、远离其生活境遇的"知识"。就此,蒙台梭利曾说:"如果一个成人看儿童的生活,他会以对待自己的同样逻辑来看待儿童。他把儿童看作一个不同的人,并远远地避开这无用的生物。或者,在称之为教育的那些方面,他试图直接把儿童引入他自己的生活方式的轨道之中。他会像蝴蝶那样(如果这有可能的话)弄破幼虫的茧,鼓励它飞。或者他会像青蛙那样,把蝌蚪拉出水域,这样它就可以在陆地上呼吸了,并且把它的黑皮肤变成绿色,因为青蛙自己就是绿色的。"① 儿童是"蝌蚪",成人是"青蛙";教育不是让"蝌蚪"迅速转变为"青蛙",也不是将"青蛙"的世界提供给"蝌蚪",而是给"蝌蚪"提供所需的环境与营养,让"蝌蚪"享受适合自己的环境,等待他自己"转变"为"青蛙"。②

以儿童为中心,看到儿童身上的自然,同时也将教师看作自然中的人。也就是说,将儿童与教师之间裁定的法槌从外在的知识回归到了人的存在本身。这种还原突破了教育场域的拘囿,将儿童与成人都放在人——自然所赐予的生命的维度。双方都是人,都是目的,而不是相互的手段。在这里,所谓的人,不是受身份规约的人,而是普遍意义上的人。不仅儿童是人,是自然人;作为教师的成人也是人,是自然人。人不再是固定的存在,而是不断生长的、积极的个体。不仅将儿童看成正在成长中的人,同时也将成人看成是正在成长中的人。每个生命都是在成长

---

① [意]玛丽亚·蒙台梭利. 童年的秘密[M]. 马荣根,译. 北京:人民教育出版社,2005:200.

② 周作人曾提及儿童的生活是转变的。刘晓东先生曾多次提及类似的故事,他认为儿童与成人的差异类似与蛹与蝴蝶所处的不同形态。

中并渴望成长的。于是,教育不再是教师拘囿在自己已有的"理念"与"知识"所画的"圆圈"甚或是"牢狱"中,挖空心思地使儿童离开自己而进入异在的世界;教师是作为人的存在重新打开眼睛,看到儿童的奇妙与世界的奇妙——奇妙是世界的本质。正是这种奇妙吸引召唤着一代又一代、一个又一个人去思考、去探索、去寻找打开世界之谜的密码。

自然应是教师和儿童共同的根底。杜夫海纳曾说:"只有画家本身是'自然'的时候,绘画才能是自然的。"① 同样,在教育领域,也唯有在教师是自然的时候,才真正回归了自然。自我唯有在自然的光照下才能真正"返乡"。在自然之维的我是先验的我,是根底性的我,是一切源始性的我。教师是自然中的人,然而,作为成人的教师,往往被封闭与固定在平面化的日常生活境遇中,在层层叠叠的身份、符号、概念等自觉甚或是无意的"包裹"中失去了对自己心灵的开放与交流。成人生存的空间拘囿于狭隘一隅,生命的时间只汇聚在欲望的某一支点,"一般人在社会中间熙来攘往,利欲熏心,每易丧失了他的本性和自然,也就丧失了他所托命的源泉,如果从学问修养方面去努力,恢复本然,实现本性,以免失掉本性,斫丧本性,这就表示了'回到自然'最深邃的意蕴。一个人的言行达到本性或符合本性的程序,也就是他理得心安的时候。当他矫揉造作,言行失掉本然违反本性的时候,也就是他脱离根本,戕贼本性,彷徨无依,痛苦万状的时候"②。如此,生命的动力只出于某种功利的牵引,今

---

① 彭锋. 回归:当代美学的 11 个问题 [M]. 北京:北京大学出版社,2009:57.
② 贺麟. 文化与人生 [M]. 北京:商务印书馆,1988:124.

天成了明天的手段,"我"成了社会的"工具"。因此,人需要在再一次"返乡"中回归生命的本真。"返乡"中人需要来自外界的救赎与启示之光,需要重生、救拔与唤醒。在《苏菲的世界》一书的致读者中,作者这样写道:

> 在我看来,哲学的最大功能,是帮助我们找出心中隐藏的那个"丑角",让我们跟他建立亲密的情谊。哲学家必须扫除覆盖在世界上的那层尘埃,让我们以儿童的清澈眼光,重新观看和感受这个世界。人生原来是一则美妙的童话故事,而长大后变得"世故"的我们,竟然剥去它那袭神秘的外衣,把它看成一个枯燥无味的"现实"。但我们每个人都还有复活的希望,因为我们全都是丑角的后裔。我们内心深处,都有一个活蹦乱跳、睁着一只大眼睛、对人生充满好奇的孩子在活着。尽管有时候我们会觉得自己渺小琐碎,但是,切莫忘了,我们每个人的肌肤下面都隐藏着一小块黄金:曾经,在这个世界上,我们是一个洁净无尘、心如明镜的赤子……[1]

"我们每个人都还有复活的希望",因为我们曾经拥有"天真"。在成人的道路上,有意或无意间,人被外在的"牵制"所奴役以至忘了"初心"。"人的归宿之家不在别处,就在'本真之我'。只是人在异化中,渐渐习惯于外在的'沉沦'。"[2] "沉沦"中的成人需要回归"第二次天真",从而建构更为健全的自我,使生命得以绽放。

---

[1] [挪] 乔斯坦·贾德. 纸牌的秘密 [M]. 李永平, 译. 北京: 昆仑出版社, 1997: 4.

[2] 王树人. 回归原创之思——"象思维"视野下的中国智慧 [M]. 南京: 江苏人民出版社, 2012: 49.

(二)"儿童是成人之师"与教师的自然存在

"儿童是成人之师"是一种隐喻,指的是儿童的存在对成人是一种召唤,儿童是可以"教育"成人的教师。从人的视角而言,成人作为知识的承载者,是儿童的教师。然而,从更为宽广的自然视角而言,儿童作为自然之子,对已经"成人化"的教师有着召唤之力。将儿童看作教师之师,并不是否定教师的价值,而是通过教师的含义的转向把教师放在宏伟的自然视域中,从而开启教师的"复性"与"回归"之途。儿童作为自然存在,儿童身上的自然之光也启示着教师回归自然。从这个意义来说,发现儿童身上的自然也是发现教师自身被遮蔽的自然存在。"发现儿童"与"发现自我"是辩证统一的。

儿童身上馈赠了自然最美好的、最合目的的"礼物"。童年是"根"。童年是人一生的"故乡",也是永恒的归宿。因此,教师也需要在一次次的"返乡"中经历"健康的幼稚",一种"返老还童的天真、再度的天真"。在日常生活中,教师作为成人常常幽闭在单一的境域中,成为单面的人,失去了丰富性与宽广性。人的贫乏也源于此。或者说,人失去了丰富的天赐的祝福,成了缺少灵性的、被架构的贫瘠的存在。在自然教育中,教师跟随儿童去"看"世界,他所"看"的是真正"源始的生活世界"。在儿童的引领下看世界,世界也向教师展开,世界不再只是填满视线之物。教师与儿童一起参与到发现世界秘密的旅程中。就此意义而言,教师在与儿童的"相遇"中"创造"了自我。作为一个绝对的"异己性存在",儿童邀请教师跨越自己的边界。"在某种意义上,是因为通过孩子,我们回到了童年,回到了单纯、自然、贞洁、美好的状态。在这样洁净的空气里,我们可以喘息，得到休养生息。"① 儿童作为自然之子，能够唤醒成人身上被遮蔽的自然，引领成人返回"第二次天真"。

儿童是成人之根，成人需要"复性"以便回归自身。"自然是人生的本源，还有一个更重要的意义，就是自然代表人生的本然或本性。人之所以为人，是从他的本性发展出来的，然而发展本性在另一意义下，也可以叫做回复本性，或保全本性。"正如马斯洛所说，人需要"'健康的幼稚'，一种'返老还童的天真、再度的天真'"。"一个成人不能再变成儿童，否则就变得稚气了。但是，儿童的天真不使成人感到愉快吗？他自己不该努力在一个更高的阶梯上把儿童的真实再现出来吗？"②"童年并不是在完成它的周期后即在我们身心中死去并干枯的东西。它不是回忆，而是最具活力的宝藏，它在不知不觉中滋养、丰富我们不能回忆童年的人。不能在自我身心中重新体会童年的人是痛苦的，童年就像他身体中的身体，是在陈腐血液中的新鲜血液；童年一旦离开他，他就会死去。"③ 儿童身上有着自然之道。成人向儿童回归也是向自己的本性回归，这种回归并不是一种简单的返回，而是一种更新，一种超越意义上的完成。

在教师与作为他者的儿童的相遇中，他者（儿童）作为上

---

① 刘铁芳. 回到原点：时代冲突中的教育理念 [M]. 上海：华东师范大学出版社，2006：83－84.

② [德] 马克思. 马克思恩格斯选集（第二卷）[M]. 北京：人民出版社，1995：29.

③ [法] 加斯东·巴什拉. 梦想的诗学 [M]. 刘自强，译. 北京：生活·读书·新知三联书店，1996：171.

帝的"面容"① 再一次召唤"我"重新认识自我固化、僵化与凝固性的生存样态，使得"我"获取了"另一种"生活的亮光与力量。教师若仅作为职业的存在者便失去了宽广与宏伟的源头，难以实现自身的更新与成长；职业身份便固化了自我，使得自我失去了更深广、更幽微的绽放。教师作为自然存在者，与儿童相遇；儿童作为一个闯入者，具有摧毁教师旧的生活信念的可能性与建构新的人生动向的潜在性。儿童作为一种崭新的来临，在他的身上有着未被世界"玷污"的圣洁，带来"不可见"的世界的启示。看到儿童，作为成人的教师再一次反观自身，或者如同蒙台梭利所言，儿童的存在是对成人的一种无声的"控告"。在《童年的秘密》的结尾，蒙台梭利说："正如爱默生已看到的，儿童就像弥赛亚（Messias），他降临到堕落的人间，是为了引导他们返回天国。"② 正是在这个意义上，儿童具有了形而上学的救赎性意义，"儿童是弥赛亚"。"弥赛亚"一词本是犹太语，从《旧约》中的"膏油""涂油""涂膏者"等词汇演变而来，大意是指某个人头上被涂了膏油，该人就是被上帝选中执行特殊使命的人，这种特殊使命具有浓重的宗教色彩，往往和拯救世界连在一起。在这里，蒙台梭利将具有救赎意义的"弥赛亚"与儿童建立起直接的联系，在儿童身上看到了救赎之光。在《复乐园》中第四卷第二百二十行，诗人弥尔顿曾写道："儿童引导成人，像晨光引导白昼。"儿童帮助成人回复到正常状态。爱默生

---

① 借用列维纳斯"面容"一语，借指儿童的存在的"无限性"与"超越性"。

② [意]玛丽亚·蒙台梭利. 童年的秘密 [M]. 马荣根, 译. 北京: 人民教育出版社, 2005: 210.

也指出:"在世界这个文本上,自然通过孩童、幼儿、甚至兽类的面孔和行为向我们发布的神谕是多么奇妙啊!在孩童、婴儿和兽类身上,成人的那种支离、暴躁的心胸,那种因算术把与我们相敌对的力量和手段计算出来而导致的我们对外界的不信任感都是不存在的。他们的心灵是完整的,他们的眼神未曾被慑服,因而当我们面对他们时,我们反而感到不自在。"① 儿童"发布的神谕"同救赎相关,救赎既是超拔,又是复归。儿童仿佛降临于每个成人生活中的"救赎性童话",将成人从日常的时间的"匀质性"的、惯性的流动中超拔出来,使世俗的生活碎片转化成救赎的生命乐园。儿童作为绝对的他者、完全的异在,以他"神圣的面容"给人以无限的触动,进而使人去追寻与思索人内在性的超越的可能性与必要性。因此,"只有永恒的孩子才能把神奇的世界归还给我们"②。

教师,作为特定化的成熟的人,意味着一种静态的固化。而儿童却是刚刚开始发展的个体,还没有成为模式化的"成人",所以具有敞开性与生长性。在成人那里,"所谓的'成熟',表面上是一种增值,但从生命美学的角度看,却实为一场减法:不断地交出与生俱来的美好元素和纯洁品质,去交换成人世界的某种逻辑、某种生存策略和实用技巧。就像一个懵懂的天使,不断地掏出衣兜里的宝石,去换取巫婆手中的玻璃球……"③ 成人的成熟使得成长变成了"完成时",成熟也是一种封闭与断裂。因

---

① [美] R. W. 爱默生. 自然沉思录 [M]. 博凡, 译. 上海:上海社会科学院出版社, 1993:126-127.
② [法] 加斯东·巴什拉. 梦想的诗学 [M]. 刘自强, 译. 北京:生活·读书·新知三联书店, 1996:149.
③ 王开岭. 精神明亮的人 [M]. 太原:书海出版社, 2015:11.

此，作为成熟的成人，教育者理应是"非教育者"，他需要重新成为自然的仆人，从职业的"单向度"存在中逃逸成为真正的自己，复归自己之本性，成就自我之实现。如此，师和生不再是对峙、僵化的二元关系，而是流动的、时时在更新的共同体。教育的自然之道不是一种唯我独尊的高傲理念，或者说僵硬冰冷的固定模式；而是独特生命气息的彰显，是每个生命的成长（儿童及其成人）的精神气韵。德国作家凯斯特纳在《开学致词》的演说中说："这个忠告你们要像记住古老纪念碑上的格言那样，印入脑海，嵌入心坎：那就是不要忘记你们的童年！只有长大成人并保持童心的人，才是真正的人……"① 儿童的自然天性是一种价值意义上的烛照，以成人的"成熟状态"为参照能看到"未成熟"的儿童身上更新的力量，看到儿童生命的丰盈与美妙；作为成人的教师也再一次回到"天真"，回到永恒的童年。

与儿童的相遇是一个崭新的机缘，教师可以因此回到自然存在中，再一次"变成"儿童。如同苏霍姆林斯基所说："要进入童年这个神秘之宫，就必须在某种程度上变成一个孩子。只有这样，孩子们才不会把您当成一个偶然闯入他们那个童话世界之门的人，当成一个守卫这个世界的看守人，一个对这个世界里面发生的一切都无动于衷的看守人。"② 在"变成一个孩子"的过程中，成人接纳内在遮蔽的童心，重新与深层的自我联结，重获"第二次天真"，与世界崭新相遇。与儿童的关系使作为教师的"我"有了摈弃特定身份限制、进入更为宽广的存在进而建构崭

---

① 王开岭. 精神明亮的人 [M]. 太原：书海出版社，2015：10.
② [苏] B. A. 苏霍姆林斯基. 育人三部曲 [M]. 毕淑芝，等译. 北京：人民教育出版社，1998：6.

新自我的机会。教师与儿童由此可以不断地敞开自我，蜕变与更新，逐步丰盈与完善。如此以来，教师与儿童都不再是边界性存在，而是在"你我"之间，在"我们"之中。共同的生活历程构成了"我"的生命史。"我"不是静止的、恒定的本质性存在，而是在关系中、在活动中显现为自我。这样以来，"我你"不再是孤立的"单子"，而是"我们"。如弗兰克所说："'我和你'不是两种互相外在的现象的简单的集合或总和……'我们'不是'我'的复数，但是'我们'是'我'的某种扩展，'我'向自己的原初的和自然的范围之外的延伸。"①

在教师与儿童之间，自然是"法官"。以自然为中心，师生一起向着自然而行。教师不再是"知识人""身份人"，而是在自然中重返真正的自我。"自然之我"是根基之在，唯有在此之上，才能生发出枝繁叶茂的、生生不息的、永不枯竭的"我"。儿童是被馈赠的"礼物"，是来自于更高处的召唤。与儿童相遇，教师在感受到责任与召唤的同时，也被唤起觉醒的意识与更新的主动性。教师不再是"传道者"；作为"传道者"，他便是被孤立的、被固定的、被限制的人。儿童召唤他成为一个"行动者"。在汉娜·阿伦特看来，"行动"总是与他人的互动和参与密不可分，也是"自由所经验的场所"，"拥有自由和开展行动是同一个事情"②。在自然教育中，教师作为成人的行动既是同儿童的互动，同时也是生命自由的动态展现。

---

① ［俄］弗兰克. 人与世界的割裂［M］. 方珊，方达琳，王利刚，选编. 济南：山东友谊出版社，2005：30.

② 贺来. 边界意识和人的解放［M］. 上海：上海人民出版社，2007：251.

三、教师是自然生长者

(一) 教师处于成长中

教师不但是自然存在者,而且是自然生长者。教师作为自然中的人,他的生命是处于不断创造中的"艺术品",而不是规定性的"物品"或者"产品"。人是不断生成的,把人看成是"现成存在者","实质上就是一种把人物化的'物种思维方式',即它在理解人时,在根本上坚持的就是一种认识物的思维模式,贯彻的就是一种把握物的思想逻辑。而采取这种理解方式和思想逻辑……那就是把人等同于物,人被'物化'"①。"人的存在显现在其面向未来的生存活动的历史性展开之中,人的存在就是其生成和展开,离开这种生成和展开性活动,就谈不上'人的存在',与此相反,'物的存在'即是其'本质',先验的本质构成了其固有的界限和尺度,因而对于它来说是根本谈不上'生成'和'展开'的。"② 由此来看,"人的存在"的本质决定了自我存在不是一种结果或者静态的样态,而应是一个生成的过程,一种主体间性建构的过程。如同有学者在谈论主体间性时所言,主体间性形成于主体之间的关系中,但不是有了两个以上的主体,主体之间就一定形成主体间性,如果两个主体没有在现实中"遭遇"或"相遇",那么也不能形成主体间性,我们说的"主体际

---

① 贺来. 边界意识和人的解放 [M]. 上海:上海人民出版社,2007:74.

② 贺来. 边界意识和人的解放 [M]. 上海:上海人民出版社,2007:73.

性何以可能",主要说的是主体在相遇的情况下,他们怎样形成主体间性。① 在教育中也是如此,若是只停留在让学生"说话",使其在"静听"之外有了可以言说的可能,但是教师与儿童的关系还可能封闭在一种静态的固化模式中,这依旧是停留在"名词思维"的状态。所谓"名词思维","它关注的焦点是名词,即什么什么东西。与此相配,作为名词的东西总要被解释为'……是……'(is),即在 to be 这一形式中被解释。"② 与之相对的是"动词思维",而"它的思想问题都是围绕着'做'(to do or to make)。"教师作为人,整全的生命者,在以儿童自然发展为中心所提供的活动中,教师深层的自我也真正"开显",教师获得了更新与生长。

从自然教育的视角而言,教师是生长者也是创造者。教师不是被限定的"固定存在",而是与儿童一起在活动中和创造中实现自我。"由于人是创造性的,所以人的存在论概念无法仅仅在 to be 中被定义,或者说,在 to be 这一贫乏的存在论概念中,人的存在意义无法显现,人的存在意义有着比 to be 丰富得多的内容。既然人是主动的行动者,所以对于人来说,to be 总是意味着 to do(去做);既然人的行动是创造性的,所以 to do 又必须实质化地理解为 to create(创造)。"③ 教师作为自为的存在,在教育的途中"成为自己"。教师不是简单身份的"存在者",而

---

① 康伟. 主体间性理论解构师生何以理解:可能与必然 [J]. 外国教育研究, 2007 (6).

② 赵汀阳. 直观:赵汀阳学术自选集 [M]. 福州:福建教育出版社, 2000: 182.

③ 赵汀阳. 直观:赵汀阳学术自选集 [M]. 福州:福建教育出版社, 2000: 36.

是一种动态意义上的自然中的"生长者"。"生生之谓易",生命本身就是要不断生长。生命有机体需要不断生长。教师作为一个具有创造性的个体,不再遵从既有的秩序,而是在当下的活动中,自觉地敞开一种新的可能性。

所以,当教育围绕着儿童这一具有创造性的生命体而展开时,教师的生命也处于创造中。"教师创造性的最重要特征之一,是他工作的对象——儿童——经常在变化,永远是新的,今天同昨天就不一样。"① 在和儿童的相处中,在儿童的引导下,教师能够成为持续不断的生长者和创造者。

(二)教师在与儿童相遇中创造新的生活

在自然教育中,师生不再以知识为基础建立关系,而是围绕着儿童的自身的活动建立了一种共同的生活。儿童作为崭新的生命存在,召唤一种崭新的生活。列维纳斯曾指出,面容是一种"呼召",唤醒心灵,也唤起责任。作为教师的"我"面对绝对他者的面容,意识到了无限的责任。作为他者的儿童召唤成人与儿童建立一种共同的生活。这种生活不是原有生活的聚合,而是新的生活,是由于儿童身上的新生力量被唤起而生长出的生活。"'来吧,让我们与儿童一起生活吧!'(Let us live with our children)这是幼儿园创始人19世纪德国著名幼儿教育家福禄贝尔在他的幼儿园教育实践中提出的一句格言。"② 据说这句格言

---

① [苏]B. A. 苏霍姆林斯基. 给教师的建议[M]. 周蕖,王义高,刘启娴,等译. 武汉:长江文艺出版社,2014:1.

② 单中惠. 让我们与儿童一起生活吧:幼儿园之父福禄培尔[M]. 上海:华东师范大学出版社,2008:1.

也是他墓碑上的碑文。这里所谓的生活不是以"复制"为目的的、被设计的生活,而是以生命的生长与更新为起点的天性绽放的生活。在这种生活中,人不再是一个"单数的人",而是一个丰盈的"类的存在",是一个更为饱满与丰盈的存在。这是一种创造进化意义上的新的生活、新的教育。在这种新的生活与新的教育中有着天地人神"同工"的创造。儿童处在创造的中心,是创造的起点,同时也是儿童推动着创造的进程。同样地,在教师与儿童共同生活的场域中,也应以儿童所代表的自然天性为指引而不是以教师所代表的已有知识为主导。在儿童身上可以看到"我的国不在这地上",看到"两个国度"的张力,而这种张力恰恰创造出了更新的可能以及可超越的空间。在这种张力的推动下能创造一种新的共同生活,或者说是一种更为本源意义的生活,这种生活有别于旧有的日常生活。

儿童不是固定的存在,而是在不断生成的途中。儿童也不是一个既定的"事实",而是一个等待实现的"混沌"。这种"混沌"不是混乱,而是一种潜在的秩序,在适合的环境中,将变为现实。儿童身上的潜在变为现实是通过与教师的互动与建构。儿童作为一个能动的主体并不能离开成人而孤立存在。杜威在论述儿童的"未成熟状态"时,不仅仅强调未成熟是一种积极的力量,同时还强调儿童对成人的依赖。只是杜威并不是在消极意义上来理解依赖,而是把依赖看作是积极的,借此建构儿童与成人之间具有生命活力的关系。成人以儿童为师,儿童也需要成人之师。教师不再是知识的持有者与传递者,而是积极地观察并了解儿童,根据其需要提供"有准备"的环境与活动。师幼在活动中相遇。儿童在活动中展现自己,教师积极回应,从而形成一种动态的、崭新的关系。这种关系不再是一种"沉思"或"凝视"

的认识关系,而是在活动中渐进展开的相遇和生存关系。按照杜威的"经验自然主义","经验"或"实践"对人与自然、人与环境(包括人与社会)之间有一种"贯通作用",在"经验"和"实践"中实施这种"贯通"的"人"势必不能是一个"单向度"的东西,而应当是一个"全整的人"或"多向度的人"。[①]这里的"经验"与"实践"都是活动的另一种说法而已。唯有在活动中,人才可能真正地成为饱满丰盈的存在,才可能充分地实现自由与解放。在活动中,师生之间形成了动态的相遇关系。对此,瑞吉欧教育给予了美好的启示:

在学校,每天发生着很多故事,孩子和大人们一起探索追寻某件事情的意义,一起享受旅行的快乐,还有各种各样新鲜的思想反映在孩子们的种种活动之中,比如泥塑和图画,笔和语言,数字和理论。这些充满活力的故事让学校永远像脉搏一样不停地跳动着。当我们被包围在这种活力中时,我们明白了我们的生活就应该是这样的,这是我们的本性,也是我们天生的权利,我们应该是一个与他人紧密联系的富有创造力的思考者,不仅作为一个孩子应该如此,这是任何一个人都应该有的状态。在许许多多人脑中曾经有过这样的关于真实的自己的闪念,但是当你走进瑞吉欧·艾米利亚的学校以后,我们能够感受到这种闪念在我们思想中已经变成了火光在跃动。在这些学校里我们潸然泪下,也许是因为我们渴望追寻生活的意义和生活的美丽,不仅在学校,也在其他任何的活动场所;我们感到悲痛,也许是因为我们看见了已经失去的东西;我们感到兴奋,也许是希望我们熟知的学校,

---

① 段德智. 主体生成论——对"主体死亡论"之超越 [M]. 北京:人民出版社, 2009: 284.

熟知的生活可以朝着可能的方向发展。①

可以看到，瑞吉欧教育便是在"跟随孩子"中建立起一个真正共享的世界，一个"在之中"的世界。雅斯贝尔斯也同样看待教育的最高意义："教育正是借助于个体的存在将个体带入全体之中。个人进入世界而不是固守着自己的一隅之地，因此他狭小的存在被万物注入了新的生气。如果人与一个更明朗、更充实的世界合为一体的话，人就能够真正成为他自己。"② 教师也好，儿童也罢，在自然教育中都走在了"真正成为自己"的途中，在相遇中相互成全与造就。

（三）教师与儿童共同获得自我实现

儿童需要向着成人（在这里，成人不是一个标准，而是指从儿童自身向更高阶段生长）生成，正如成人需要返向"儿童"。这似乎是一种诡异却饶有趣味的辩证关系。成人心性的发展践行"U"形即"儿童—成人—成熟的儿童"的生命路线。童年是向着万物开放，向着自我生成的时期。成人若没有童年的"源头活水"滋养，便无法享受"天国的宁静"；若失去了童心与童性，便成了一个僵死、贫瘠、干枯的人。因此"从个体维度看，这就迫切需要一种'复归'过程，那就是与'自然的人化'相抗衡的'人的自然化'，让人在文化化的同时不忘'复归'，保童心、

---

① ［美］路易斯·博伊德·卡德威尔. 把学习带进生活——瑞吉欧学前教育方法［M］. 刘鲲，刘一汀，译. 上海：华东师范大学出版社，2006：序言3.

② ［德］雅斯贝尔斯. 什么是教育［M］. 邹进，译. 北京：生活·读书·新知三联书店，1991：54.

'求放心'、'致良知',避免失却人自身的自然(即天性)"①。唯有在"复归"中成人才能于成熟中葆有天真,葆有成长的力。而儿童也在成人的引导下逐渐成长,向着成人生成。尊重儿童,遵从自然,并不否定教师的价值和意义。相反,这是在更高的意义看到教师存在的"绝对目的"与"神圣价值"。让儿童成为儿童,让教师也成为教师(成熟的儿童而不是被知识异化的"单向度人"),从而在"各就其位"却又彼此相遇中获得共同自由。自然教育不仅强调儿童的自然天性,同时在大的自然系统中,也强调教师的"深层自我"——被遮蔽的自然天性。自然人是每个人生命的根。与儿童的相遇,教师不再作为身份的职责捆绑者存在,而是作为一个成人被赐予完成自我的"机缘"。教师的"深层自我"与儿童的自然天性具有一定意义的"同质",他们共同归属于宇宙的进化历史。教师作为成人的精神"返乡"之旅,是在其童年原型与儿童天性的对话与交流中,在彼此共同创造了新的自我以及新的关系中展开。

在自然教育更为广阔、更为宏大的境域中,教师突破自我身份的封闭性存在,实现了从"职业人"到"自然人"的回归。教师与儿童相遇,被儿童"唤醒",从而发现崭新的自我;儿童与教师相遇,被教师引导,从而迈上新的阶梯。双方的相遇,为各自存在都提供了新生的可能性。这种成长不再仅仅发生在单向度的"凝视"中,而是在活动中,在倾听中,教育跟随儿童自然天性的生长和展开,作为成人的教师的自然天性得以"去蔽"与更新。教师与儿童不仅在教育场域中"共在",而且还在相遇

---

① 刘晓东. 论童年在人生中的位置 [J]. 南京师大学报(社会科学版), 2013 (6).

中"共生"。双方都体验到成长的快乐和做真正的人的喜悦。

在这个过程中，儿童作为生命的有机体，将带动教师从机械的"单个人的集合体"走向有生命力的"共同体"。教师与儿童不再是你我相互分离的、彼此孤立的单子式个体，而是有着共同存在根基的生命体。追随着儿童，教师的内在自然开始苏醒和成长。"教育的绝对规定就是解放以及达到更高解放的工作。"① 布伯在《人与人》一书中明确指出："真正的对话——无论是开口说话还是沉默不语——在那里每一位参与者都真正心怀对方或他人的当下和特殊的存在，并带着在他自己与他们之间建立一种活生生的相互关系的动机而转向他们。"② 在这种境域下，在彼此相遇中，更新了"你"同时也更新了"我"。教师与儿童在这种关系中建立了精神内在的联结。正是因着深层的精神契合，"'我'和'你'之间的任何交往都会导致一种新的实在的产生，我们用'我们'这个词来指称它，或者更确切地说，这个词与它相符"③。在"我们"中，双方都能体味到深层自我的愉悦、力量以及勃勃生机。

如此以来，教育的场域便成了"生命的聚集"而不再是"身份的撞击"的场所。教师从教育者成为"非教育者"，成为自然的仆人，在与儿童的共同生活和共同成长中，发现自我，创造意义。儿童也获得发展的自由与饱满的生命力。教育场域对教

---

① [德] 黑格尔. 法哲学原理或自然法和国家学纲要 [M]. 范扬, 张企泰, 译. 北京：商务印书馆, 1961：2.
② [德] 马丁·布伯. 人与人 [M]. 张见, 韦海英, 译. 北京：作家出版社, 1992：30.
③ [俄] 弗兰克. 人与世界的割裂 [M]. 济南：山东友谊出版社, 2005：29.

师来说不再是"工作"的地点,对儿童来说不再是"学习"的空间,而是双方建立的生活共同体,精神共同体。"人类的被造不是成为破碎的个体,而是在宇宙中形成完整的、自我超越的、生命互动关联的共同体。"[1] 教育不再是一个封闭系统,而是一个流动的、生成的、动态的开放系统,一个精神的家园。"我在这里,就在家里!"如此以来,自然教育不是在教师的"第二十二条军规"中再添加一条,而是教师崭新自我的开始,是一种自由、解放与自我实现的开始。人,作为自然的本真的我与社会的我,能够有联结是一种和谐的幸福状态。践行自然教育的人(教师),在教育中能获得内在的喜悦与满足。自然教育是真正实现教师与儿童共同走向自由与解放、走向新生与自我实现的路径。

总之,自然教育真正实现了儿童的解放,也真正解放了教师,使教师与儿童之间获得了"和平"。如同蒙台梭利所渴望的:"如果孩子与成人之间的这种争斗能'和平'解决,成人愿意接受孩子童年生活的自然需求与条件,竭力帮助他们,那么,儿童将向着大自然赐与的最高奖赏——遵循儿童的自然发展,朝着人类的进化——前进。要是初开的玫瑰花瓣成了诗歌的陈词滥调,展现儿童心灵的诗歌便不知要伟大多少!"[2] 是的,在儿童与教师(成人)之间若能实现真正的"和平",那么成人与儿童将会一起"朝着人类的进化——前进"。

---

[1] 杨克勤,赵敦华. 圣经文明导论:希伯来与基督教文化 [M]. 北京:宗教文化出版社,2011:217.
[2] [意]蒙台梭利. 蒙台梭利幼儿教育科学方法 [M]. 任代文,译. 北京:人民教育出版社,2001:844.

第五章 自然教育的自然之维

天地与我并生,万物与我为一。

——庄子

毋庸置疑,本书中自然教育的自然是一个更大的范畴,它涵盖了本章所谓的"自然之维"的自然。本章中所谈的自然之维的自然意指大自然、自然环境。只是大自然、自然环境这一称谓本身是一种对自然物化、外在化的表述。因此,本章使用的自然之维虽然主要意指自然境域、外在自然环境,但始终强调外在的自然和人的内在自然的相契相合。唯有在与自然的联结中,人才是天地间真正的生命体。如同苏霍姆林斯基所说的,"当一个人看到晚霞和蓝天飘浮的云彩时能发现它们的美,当一个人能聆听夜莺的歌唱并赞赏空间的美时,他才成为一个人"[1]。对于儿童来说,生命与自然本就是相通的,是一体的。儿童的天性需要在自然的召唤和建构中展开;也唯有在自然境域中儿童的天性才能真正地绽放。

---

[1] 闫学. 跟苏霍姆林斯基学当老师 [M]. 上海:华东师范大学出版社,2009:103.

一、儿童与自然的契合

（一）自然是儿童的无机身体

1. 儿童的身体与自然的一体性

人的身体不是封闭性存在，而是天地间的一种开放性存在。对此，中外哲人皆有论述。梁漱溟先生曾指出，在中国文化中"生命本性要通不要隔，事实上本来亦一切浑然为一体而非二。吾人生命直与宇宙同体，空间时间俱都无限。古人'天地万物一体'之观念，盖本于其亲切体认及此而来"①。宋代理学的代表人物程颢、程颐将天地之理贯注于身："自一身以观天地。"明代儒家心学的代表人物王阳明也继承了这一思路："风雨露雷、日月星辰、禽兽草木、山川土石，与人原只一体。"人之贵仅在于形而上的"人心一点灵明"，但在形而下的层面，本源上与天地宇宙是相通的。②英国浪漫主义诗人华兹华斯曾说，人与大自然是从同一源头而来的。泰戈尔则更进一步说："从我的存在的一个极端看，我与石头、木块是一致的，在这点上，我必须承认普遍法则的作用，那是我赖以生存的深潜在下面的根本基础。潜在于我的存在中的这种力量牢牢地被束缚在整个世界的包围中，

---

① 梁漱溟. 梁漱溟全集第三卷 [M]. 济南：山东人民出版社，1989：583.

② 吕小康，王丽娜. 传统身体观：中国人躯体化表达的合法性渊源 [J]. 南京师大学报（社会科学版），2014（1）.

束缚在和万物完全的同一中。"① 也正是由于人与万物的这种完全的同一性，人类精神与宇宙精神才产生了伟大的和谐。诚如爱默生所言："在这片宁静的风景中，尤其是在远处的地平线上，人看到了某种与他自己的本性一样美丽的东西。田野和树林给予人的最大的快意要数它们向我们显示的人与植物之间那种玄奥的关系……"② 也正是由于"两者之间的和谐"，我们或多或少都有这样的体验：当身处浩渺无垠的宇宙与静默无边的自然的怀抱之中时便涌出温暖而亲切的归家之感。在《1844年经济学—哲学手稿》中，马克思指出："不仅是五官感觉，而且所谓的精神感觉、实践感觉（意志、爱等等）——人的感觉、感觉的人类性——都只是由于相应的对象的存在，由于存在着人化了的自然界，才产生出来的。"③ 对此，有学者指出，关于五官感官的形成在德文里所用的词是"Bildung"，它的词义中除了有形成、发展或教育之义外，还有文明。也就是说，历史是文明的历史，其轴心是由人与自然的实际接触构成的。与自然接触中，感官也逐渐变得"文明"。④ 由此，我们可以借用马克思的一句话："自然界是人的无机的身体。"⑤

---

① ［印度］罗宾德拉纳特·泰戈尔. 人生的亲证［M］. 宫静，译. 北京：商务印书馆，1992：44.
② ［美］R. W. 爱默生. 自然沉思录［M］. 博凡，译. 北京：中国社会科学院出版社，1993：6-7.
③ ［德］马克思. 1844年经济学—哲学手稿［M］. 北京：人民出版社，1979：79.
④ ［荷］勒迈尔. 以敞开的感官享受世界——大自然、景观、地球［M］. 施辉业，译. 桂林：广西师范大学出版社，2009：107.
⑤ ［德］马克思. 1844年经济学—哲学手稿［M］. 北京：人民出版社，1979：56.

身体作为一个开放性的小系统,与自然的大系统之间具有一体性与贯通性。儿童与自然有着更为亲近、更为密切的"血肉之亲"。可以说,自然既是"非我",又是"根我"——儿童与自然有着深层次的神圣的交融。儿童的意识与宇宙意志有着根本性的统一,亦有着神秘的息息相通。儿童是身体性的存在。儿童身上隐匿的秘密,是巨大的财富。儿童身体与动物身体不同,不但是生命本能的展现,而且与环境有着复杂的建构关系。儿童身体必须在自然中生成与涵养。正如科波在《儿童想象生态学》一书中指出的那样,儿童通过其身体的神经系统和感觉器官来理解现实和形成关于现实的印象,而这又直接地、有序地与自然本身的能量形式相联系。在她看来,身体的律动和自然的律动是一枚硬币的两面。在感觉经验中,儿童扩展了他周围的自然;而从自然方面来说,它又将有机性注入儿童。

2. 自然是儿童身体的源头活水

自然是儿童身体的源头活水。身体若得不到自然的滋养,儿童的生命便失去了天然的饱满与丰沛。尤其是处于现代境域中的儿童,其身体迫切需要自然的涵养。人和自然的疏离使人遭遇了"关键性的断裂","人与自然的断裂、身体与心灵的断裂,以及自我与世界中其他存在物的断裂。现代性将人摆在自然之巅的一个玻璃盒子里,坚持人与自然界其他事物彻底分离的态度。它脱离地球共同体这一更大的故事来构思人类的故事"[1]。人对自然的占有不仅遮蔽自然的丰富性与多样性,也遮蔽了人性的丰盈性与宽广性。现今儿童大多"聚集"在城市大楼大厦的"丛林"

---

[1] [美]斯普瑞特奈克. 真实之复兴:极度现代的世界中的身体、自然和地方[M]. 张妮妮,译. 北京:中央编译出版社,2001:78.

中，身体被"嵌入"了一个人造的、单调的、没有精神意涵的环境。他们一出生便生活在防盗门里，又过多地生活在电视、电子游戏机等制造的虚拟空间里，就像在动物园里长大的动物，失去了自然的生存条件，也就失去了很多天性和能力。在技术化、虚拟化、商品化的世界里成长起来的城市儿童，置身于斑驳陆离的"丰富世界"，却过早地脱离了"身体—自然"的一体联结，缺乏对于自然的直接体验。在"封闭"的、"异化"的城市环境，儿童便成了"衰弱、胆小、卑躬屈节的可怜物"①。身体由于失去源头活水的滋养而处于"被放逐""无家可归"的状态。

远离自然的、僵死与固化的知识，则进一步成为拘囿儿童身体灵动的枷锁。"由于这种知识体系的积累，可以说人站在其他动物和自然之上，但也许站得太高，成为脱离大地的存在，就像是无根之草一样。当拒绝上学的孩子对动物表现出关爱时，也许可以说，他是在尝试恢复与人类正在忘记的大地之间的接触，恢复动物的智慧。"② 教育场景中的语言，由于失去了与语言的源头自然的联结而导致僵化与贫瘠。总之，在现代社会中儿童的身体因附着于某物而产生的虚假的快乐感与充实感，可能会诱使儿童走向一条充满危险的道路。儿童因失去宽广的自然世界而依附于"欲"的满足。眼目之"欲"的暂时性满足使得儿童丧失了本真存在的充盈与生命的饱满。儿童的身体若只是处于消费式的被动满足中，这种满足便不能产生持久的生命动能。丧失本真的

---

① [法]卢梭. 论人类不平等的起源和基础[M]. 李常山，译. 北京：商务印书馆，1982：80.
② [日]河合隼雄. 孩子的宇宙[M]. 王俊，译. 上海：东方出版中心，2010：62.

儿童的身体常被沦为表演的器具而不是生成性的道体。从某种意义来说，儿童身体之美恰是在自然中的灵性之舞，在生命与自然浑然一体中的绽放之美。若教育没有植根于儿童身体与自然的一体感，儿童很容易走向"歧变"。不仅如此，儿童的身体倘如远离了自然的泽被，便会导致某种紊乱甚或是退化。对此，蒙台梭利曾经说过："人类已创造了社会生活的欢乐，在共同生活中产生了强烈的人类之爱。但人总还是属于自然，特别当他在孩童时期，更必须从自然中获取力量以发展其身心。我们与自然界有密切关系，对我们身体的成长甚至有物质的影响。例如，一位生物学家通过隔离装置把小豚鼠与地磁隔绝，发现这些小豚鼠长大后均患佝偻病。"①

3. 儿童的身体在自然中得到涵养

远离自然，教育中的"看"和"听"便成了一种旁观，身体便成了消极的器官性存在。如同海德格尔所指出的，人的器官是与大地共在中涌现与生长的："口不光是在某个被表象为有机体的身体上的一个器官，倒是身体和口都归属于大地的涌动和生长——我们终有一死的人就成长于这大地的涌动和生长中，我们从大地那里获得了我们的根基的稳靠性。当然，如果我们失去了大地，我们也就失去了根基。"② 儿童的认知、身体和环境组成动态的统一体，儿童的身体唯有在自然中才能得到真正的滋养。在自然中，儿童身体才能真正有着在场的感知。儿童在自然中，

---

① [意] 蒙台梭利. 蒙台梭利幼儿教育科学方法 [M]. 任代文, 译. 北京: 人民教育出版社, 2001: 159.
② [德] 海德格尔. 在通向语言的途中 [M]. 孙周兴, 译. 北京: 商务印书馆, 2004: 200.

完全是身体性参与,是灵与肉的交响,是身体与宇宙的共存。

儿童在自然中,是海德格尔所谓的"缘在",也是梅洛·庞蒂所谓的"肉身"之在。儿童与自然的相遇是宇宙间的一场圣礼,不是仅仅眼睛、耳朵或头脑、心灵单一性参与自然的互动,而是整个身体都浸入自然之中。人与万物的"共身"和"共生"。"我们是通过我们的身体存在于世界之中……因此通过重新与身体和世界建立联系……就像我们对身体的感知,身体是一种自然的自我,可以说,是感知的主体。"① 儿童的身体与自然便具有这种"前客观的"、原始"共在"的关系。儿童在自然中,身体产生的是原发性的体验。而"原发的、活生生的体验一定是美的,含有非概念的领会与纯真的愉悦。"②

儿童用整个身体看自然,倾听自然,触摸与感受自然,所有的经验沉淀成"身体"。"儿童时期的经验是生物学和宇宙学的交汇点,正如身体和宇宙参与了某种协调进行的过程一样。通过感知身体和自然的和谐一致,儿童在会说话以前就领会了关系的逻辑——生理学智慧的开始。"③ 儿童的身体是生成性的、流动的,时刻处在与世界的复杂立体的交流互动中。而在自然中,儿童的视觉、听觉、触觉——与世界之间的通道的敞开,"身体"直接参与精神的生成,这种"体知"所获得的不再是符号化的客观知识。身体也不只是被动地接受事物的刺激,同时还会主动

---

① 汪民安,陈永国. 后身体:文化、权力和生命政治学[M]. 长春:吉林人民出版社,2003:404.

② [美]帕特里夏·奥坦伯德·约翰逊. 海德格尔[M]. 张祥龙,林丹,朱刚,译. 北京:中华书局,2002:417.

③ [美]斯普瑞特奈克. 真实之复兴:极度现代的世界中的身体、自然和地方[M]. 张妮妮,译. 北京:中央编译出版社,2001:144.

地参与与世界的互动。"以言词为例,言词及言词的意义都不是'由意识构成的',如'雹'一词,这个词既不是写在这里有如此这般笔划的字,也不是我认识的一个符号,更不是我发'雹'音时在空气中传动的声响,它也不是我看到'雹'字时所联想到的'心理影像'。'雹'一词从根源上是'作为在世界中存在的我的身体的某种吟唱(modulation)',它作为导致行动的力量,乃属于'由我身体领会'的行动风格的东西。这个词语不是被构成的,而是在'言语的力量'中被采纳的,并最终诉诸于我所拥有的身体的体验及其知觉的与实践的领域,我学会它就象我学会使用一种工具一样,这是靠看它在某种境况之背景中如何被使用的。"① 这一源始意向性的根本特点是,在儿童的反思之前已和自然相遇。儿童在自然中,与自然有着肉身的交织。在这个意义上,儿童在自然中的学习是一种全身参与、领会、体验的结果,而非简单的储藏与提取。在自然中,一切存在都召唤着儿童,儿童用手、脚、眼睛、耳朵、鼻子,用整个身体与其相遇。"一块树皮,一片屋顶,一块毛皮或一块石头都具有自己的特性。石头因风吹而成形,水流使它变圆,抑或原封未动地保存下来——无论如何,所有这一切只是双手工作的理由。这些就是做实验的目标所在,而这实验不能由视觉或心灵独自来做。认识世界需要有一种触觉的天分,而视觉只从这世界的表面滑过。手知道一件物体具有物理体积,知道它是光滑的还是粗糙的,也知道它虽然看上去与天地不可分离,但它们并非被焊在一起。手的行动确定了空间的凹陷和占据物的充盈。表面、体积、密度和重

---

① 陈立胜. 自我与世界——以问题为中心的现象学运动研究[M]. 广州:广东人民出版社,1999:84.

量并不是视觉现象,人最初是通过手指间以及掌心的触觉了解到这些现象的。人并非以目光丈量空间,而是用手和脚。触觉的感知使得大自然充满了神奇的力量。没有触觉,自然就像是一幅幅悦人的幻灯风景,微弱扁平,荒诞不经。"① 儿童整体地体验着与自然的融合,从而进入一种更为宽广的存在。如此,儿童真正回到源始的生活世界。在与自然的相遇中,自然"化入"儿童的身体,从而成为涵养儿童身体的源泉。

(二) 自然是儿童的精神之源

1. 从"窗外"召唤看儿童的精神渴求

在《学校在窗外》这本书中,台湾地区学者黄武雄将"窗外"解释为一种精神的向往:"窗外让人觉得是一种'超越'。你看过马蒂斯的画吗? 我的研究室里挂有一幅朋友送的复制品《坦吉尔(Tangiers)的窗外》,不过颜色褪淡了。事实上,马蒂斯一生不断地在画窗外。"② 相对于"窗内","窗外"是更为宽广的世界,眺望窗外意味着心灵在寻找与自然的联结。在《把整个心灵献给孩子》一书中,苏霍姆林斯基曾说:"具有非凡美德的亚努什·科尔恰克在他的《当我返老还童之时》一书中写道,谁都不知道,当学生看着黑板时所得到的是否比当那不可抗拒的力量(即驱使向日葵随之转动的太阳的那股力量)促使他窥视窗外时所得到的更多。此时此刻,什么对他更有益,更重要,是

---

① [法] 福西永. 形式的生命 [M]. 陈平,译. 北京:北京大学出版社,2011:148.
② 黄武雄. 学校在窗外 [M]. 北京:首都师范大学出版社,2009:202.

压缩在教室黑板上的逻辑世界，还是游荡在窗玻璃之外的那个世界?"① "窗外"构成了一种意境，召唤着儿童无意识的"看"。儿童带着惊讶与欣喜的"看"却使"看"引向了越来越深入、越来越宽广的精神世界的探寻中。从一物中看到物—物的联系、物—万物的联系、宇宙的和谐与一体感，进而开始积极的精神生活。在"看"中意义生发与内在本性绽放。这里所谓的"看"并不是一种孤立的视知觉行为，而是一种整全的感官参与。同样，丰子恺也有幅漫画，画面中两个孩子欣喜地透过窗子，看到了窗外鸟巢中的雏鸟。细细品味那幅漫画，趣味盎然却又意蕴深远：孩子、雏鸟、青草、窗外共同构成一幅和谐美妙、意味深远的画面。

沈从文在其《从文自传》中曾兴趣盎然地写到他逃离"窗内"、在"窗外"的丰盛的收获，他深情地回忆道："在这私塾中我跟从了几个较大的学生，学会了顽劣孩子抵抗顽固塾师的方法，逃避那些书本去同一切自然相亲近……当我学会了用自己的眼睛看世界一切，到一切生活中去生活时，学校对于我便已毫无兴味可言了。""窗外"的世界直接对"我"构成了一种不可抑制的力量，向"我"发出召唤。先生继续写道：

我生活中充满了疑问，都得我自己去找寻解答。我要知道的太多，所知道的又太少，有时便有点发愁。就为的是白日太野，各处去看，各处去听，还各处去嗅闻，死蛇的气味，腐草的气味，屠户身上的气味，烧碗处土窑淋雨以后放出的气味，要我说

---

① ［苏］В. А. 苏霍姆林斯基. 育人三部曲［M］. 毕淑芝，等译. 北京：人民教育出版社，1998：12.

来虽当时无法用言语去形容,要我辨别却十分容易。①

鲁迅先生在《从百草园到三味书屋》中也写出了"窗外"与"窗内"的张力。他深情地描绘着百草园:"不必说碧绿的菜畦,光滑的石井栏,高大的皂荚树,紫红的桑葚;也不必说鸣蝉在树叶里长吟,肥胖的黄蜂伏在菜花上,轻捷的叫天子(云雀)忽然从草间直窜向云霄里去了。单是周围的短短的泥墙根一带,就有无限趣味。"当告别百草园要去三味书屋时,先生以有趣的儿童口吻写道:"我不知道为什么家里的人要将我送进书塾里去了,而且还是全城中称为最严厉的书塾。也许是因为拔何首乌毁了泥墙罢,也许是因为将砖头抛到间壁的梁家去了罢,也许是因为站在石井栏上跳了下来罢……都无从知道。总而言之:我将不能常到百草园了。Ade,我的蟋蟀们!Ade,我的覆盆子们和木莲们!……"即便如此,在三味书屋,"我"也发现了"乐园":"三味书屋后面也有一个园,虽然小,但在那里也可以爬上花坛去折蜡梅花,在地上或桂花树上寻蝉蜕。"在这里,我们看到了儿童对自然强烈的精神渴求。

也正是在这个意义上,我们说"学校在窗外"。"窗外"是一个更为广阔宏伟的世界;同时,"窗外"也具有一种象征性,代表了儿童与自然联结的渴望,表明儿童与自然有着内在的精神联结。值得思考的是,教育如何"打开窗子",使窗内与窗外在更高的意义上走向一种新的融合,从而创造一种新的生活?儿童到学校,最主要的事便是学会与世界真正联结。真正联结"不是肤浅的人际关系,而是要把孩子的主体经验与不同时空下的人们探索世界所留下来的创造经验相联结,但联结的方式不是不经整

---

① 沈从文. 心与物游 [M]. 北京:北京联合出版公司,2014:102.

理的拼凑接合,而是让孩子通过生活与思维使他原有的经验网络不断往外延伸"①。近年来兴起的"林中幼儿园",便打破"窗"的限制,使得儿童更为自在地感受自然之韵,获得生命之力。

2. 在与自然的相遇中儿童精神得到生长

《寂静的春天》的作者雷切尔·卡森说:"那些感受大地之美的人,能从中获得生命的力量,直至一生。"牟宗三也曾说:"真正的人才出自乡间。"在这里,"大地""乡间"是自然的源始场域象征。"乡间"的夜、星空、月、河流、麦田、老屋……人、自然、万物在"乡间"静默地涌现、展开。人的精神在"乡间"得到"储备"、滋养与生长。对于儿童来说更是如此,儿童与自然本就是一体性的"黏合体"。倘若割裂了儿童与大自然融合之无穷联系,失去了与自然的"坦诚开放",儿童将会失却"天赋"的"神性"——儿童本有的精神"胚芽"便失去了成长的土壤。儿童与自然有天然的"脐带联结",儿童天生渴望接近大自然。家长们扭曲了他们的心灵,使他们成为"精神囚徒"、"精神残废"。② 自然不仅仅是一种外在的环境,而且是一种"气韵";儿童的精神与自然有着神圣的融合,儿童与自然有着潜意识中的生命的交流。在大自然中,儿童就是天生的诗人、生命的歌者。如同爱默生所说:"一个是叶,一个是花。他的每一条血脉里都涌动着他与自然的亲谊和感通。他与自然所同之根是什么呢?那不就是他灵魂的灵魂吗?"③

---

① 黄武雄. 学校在窗外[M]. 北京:首都师范大学出版社,2009:39.
② [印度]罗宾德拉纳特·泰戈尔. 泰戈尔谈教育[M]. 白开元,编译. 北京:商务印书馆,2010:123.
③ [美] R. W. 爱默生. 自然沉思录[M]. 博凡,译. 上海:上海社会科学院出版社,1993:70.

当我们把目光投溯到文化的源头就可以得知，吟唱自然的诗篇、敬畏自然的神话构成了人类文化的最初形态。在教育中我们往往是急于、忙于把人类千百年来文化的"精华"传递给儿童，却忽视了文化的源头——自然。在现实的教育中，在远离"意义的源头""源发的生活场景"的境域下，知识被成人用自己的破碎、残缺的"外衣"包裹起来展现给儿童，构成了儿童与"源始"性存在之"隔"。或者说，所有的"物"都被裹挟上我们观念的"外衣"，僵死的、固化的知识经过了人的观念或人的眼睛的"过滤"而成了拘囿儿童生命灵动的枷锁。如此以来，不仅我们给予儿童的"现象""知识""文化"被我们"裁剪"，"现象"无法真实地"显现"于儿童；而且更重要的是儿童自身的丰富性被遮蔽，天性得不到舒展。爱默生曾呼吁道："自然以自己充溢的生命环绕在我们的四周，并流入我们体内，它用自己提供力量邀请我们与自然协调行动。我们被这样的自然所笼罩，为什么还在过去干枯的骸骨中摸索，或从旧衣橱里拿出古装披在活生生的一代人身上？"① 在自然中，生机昂扬的、涌动着真理之源的自然世界是儿童精神的源头。自然丰富的"物象"召唤着儿童，启迪着儿童。"在自然中"便是一种相遇，一种意义的绽开。这种"在……之中"是一种缘在性的"在"而不是容器 A 在 B 中。儿童不是简单意义上的存在于其中，而是在自然中并与之发生精神上的交流和对话。儿童吸收自然中的一切并绽放自己的天性、表达自己。自然不仅仅是物质性的关联于视觉所及的存在之维，更是一种精神的元素，一种灵魂秩序的显现。自然不再

---

① ［美］R. W. 爱默生. 爱默生演讲录［M］. 孙宜学，译. 北京：中国人民大学出版社，2004：175.

是一个存在的物质性场域，更是对存在本身的唤醒。当然，儿童在自然中也自发地发生着认识的秘密。所谓的知识究其本源，其实它是人的创造性活动，是自然"邀请""感召""呼吁"人，是人主动与被动的结果，说其主动，是因为是人自发的创造，说其被动是指人自身在"世界之中"感受到一种巨大的被"吸引"。

不仅如此，儿童的好奇心与探索欲在自然中也会自动被唤醒。蒙台梭利曾把儿童的这种对世界的无畏的探索与好奇，看作是儿童爱的本性的表现。儿童对世界的敏锐与好奇是智慧开启的源头。儿童在自然中的求真不仅唤醒了他持久的好奇心，更重要的是这种与自然亲和的体验很可能是其成年后探究真理的源泉和动力。达尔文在回忆录中谈到自己在童年时期如何沉醉于自然的野外生活。他爬树掏巢，捞鱼摸虾，捉蝉扑蝶，甚至挖土里的蚯蚓等，还对植物具有浓厚的兴趣……①由于自然与儿童精神的内在契合，儿童在自然中创造性、原初性地建构他的意识本身。与世界的"交会"将铭刻在儿童的记忆深处并可能构成他一生的认知动力。因此，在自然中"看"不是一种机械漠然的看，也不是一种解剖分析的"看"，而是一种带着惊讶与欣喜的"看"，在"看"中意义聚合与涌现。

正是由于儿童与自然有着深层的契合，关于自然的教育不是"告诉"儿童有关自然的知识，也不是到自然中的"游玩"。这种匆忙甚至粗鄙的自然教育破坏了儿童与自然之间的联结，甚至是有意无意地破坏了儿童探究的胚芽。究其实质，这依旧是传统的教育模式套用在自然之上。自然只是教育内容或环境的

---

① ［英］达尔文. 达尔文回忆录［M］. 毕黎，译. 北京：商务印书馆，1982：2.

"点缀"与"装饰"。无疑,自然具有审美性。然而,自然却有着更为深广的意蕴,自然与儿童的天性绽放相关。自然教育不是狭隘化与功利化的知识、技能的教育,而是在现有的境域中重建儿童与自然的关联,让儿童在体验自然、感受自然、爱自然中最终发展出在自然中的"归家"感。自然不是"对象",而是"自我"的一部分。因此,教育需要守护儿童与自然的融合。

二、自然教育重建儿童与自然的融合

(一)人性与自然本源上的"合一"

教育自然化不是仅仅将教育内容与教育环境的自然化,而是人性的自然化,即在自然中重新建构一种新的人性观。人性与自然是合一的,"人'到万物中去在',绝非是从万物那里获得存在的规定性,而同时就是'到自己中去在'。换言之,万物只是'我的无机的生命自然'"①。有研究者曾指出,与古代之人性"向自然生成"。相反,现代人性是"向自身生成"的。这是人性的扭曲,也可说是人性的异化。人与自然之间有着深层的契合,人性应该也是走向自然的。"'自然'对人而言就是根源性的,同时又是目的性的。说它是根源性的,是说'自然'是人的最原始本真的存在状态;说它是目的性的,是说'自然'又是人的生命活动的最终归宿,即所谓'归根复命'。'根'是根

---

① 李孺义. "无"的意义:朴心玄览中的道体论形而上学[M]. 北京:人民文学出版社,1999:141.

源,'命'是目的,归根才能复命,归根是为了复命。"① 正因为人与自然之间的契合,人性的生成与自然有着相互制约的关系。《中庸》说:"能尽其性,则能尽人之性;能尽人之性,则能尽物之性;能尽物之性,则可以赞天地之化育;可以赞天地之化育,则可以与天地参矣。"(第二十二章)这也是"成己成物"的意思。天地之化育有待于人去实现和完成,这才是天人合一论的完成。只有尽了"本职"之责,人才能与天地"参",即与天地并立而为三。达到"至诚"之境就能够化育万物,这就是"参赞",也叫"配天"。"化物"也就是"成物"。以诚待物就能尽物之性,按照事物的本性成就它而不是伤害它,促成其生长发育而不是破坏它。也就是,唯有"自然"成为自身,人才能成为真正的自己;也唯有人性的完全绽放,自然才能被人所"体认"与"见证"。在人性的根基上,人与自然是一体的,发现自然同时也意味着发现自我。自然是另一种自我,更为深广的自我。因此,在道家中,修德的关键是"与天地合";在儒家,君子与"天地参"。人与自然,不是"我—它"的对象性存在,而是终极意义上"我—你"的深层关联性存在。

正如有学者指出的那样,"当我们说'在这样一种贯通中人才根本上成为人'时,这意味着,唯有在天、地之间的相互贯通中,人才得以将自身提升到人性的水平,正是在这里,人与物之'自作元命'、'各正性命'发生在其中的境域得以开显,'天地之间'便是这样一个境域,存在者的各正性命在其中发

---

① 蒙培元. 人与自然——中国哲学生态观 [M]. 北京:人民出版社,2004:194.

生、涌现。"① 因此，教育不是将儿童屈降为"小我"或异化为"物我"，而是重建同儿童、天、地间的深层贯通。总之，在最为源始的基础上，自然与儿童之间有着更为幽深的联结。回归自然也是回归自我，自我找到故乡与家园。

（二）儿童的天性在自然中涌现

儿童的天性需要自然境域的唤醒。或者说，天性是儿童在特定的境域中同周遭世界相遇时呈现出的自然之性。罗伯特·波格·哈里森在《花园：谈人之为人》一书中写道："花园与大学之间的联系，是否不仅仅在于前者为后者提供了环境？显然，这个提问方式表明我会寻求一个肯定的回答，既然如此，不妨让我折返源头，回眸西方历史上第一所主要的高等教育机构：柏拉图创办于雅典的学园。"② 幼儿园的创始人福禄贝尔建立世界上第一个幼儿园时，将其取名"Kindergarten"，意为幼儿的花园。苏霍姆林斯基更是这样一位以充满奥妙的大自然和充满乐趣的百草园为"幼儿园"的著名教育家。他给孩子们上的第一节课就是在"蓝天下的学校"。泰戈尔也曾说："如果要建理想的学校，就应把它建在远离城镇的寥廓的蓝天下，建在空旷宁静的原野上。教师们在幽静的环境中教书，学生们在钻研知识的圣殿里长大成人。"③ 在自然的包围、感召、润泽、滋养中，学校不再是

---

① 陈赟. 天下或天地之间：中国思想的古典视域［M］. 上海：上海书店出版社，2007：17.
② ［美］罗伯特·波格·哈里森. 花园：谈人之为人［M］. 苏薇星，译. 上海：生活·读书·新知三联书店，2011：59.
③ ［印度］罗宾德拉纳特·泰戈尔. 泰戈尔谈教育［M］. 白开元，编译. 北京：商务印书馆，2010：117.

"训练的场所",而是"精神的园地"。如同福禄贝尔所言:"人如果要实现他的全部使命,完全达到他在地上所能达到的阶段上的发展,如果他要真正地成为一个不可分割的强有力的整体,那么他必须感觉到、知道和认识到自己不仅与上帝和人类是一个整体,而且也与自然是一个整体。这种整体的感觉,为了使本身成为整体,必须从早期起与人同时发展起来。"[1]

在与自然的相遇中,儿童不是面对局部的、既定的、封闭的、唯一的环境而存在,而是面对"存在"而存在。因此,在"万物"中儿童的生命开显了存在的另一维度。或者,在自然中,儿童的本性才能饱满地绽放。

(三)儿童与自然间建立"在家感"

约翰·赫伊津哈在《游戏的人》一书中写道:"'学校'这个词的最初的意思是'闲暇'。现在,随着人类文明越来越多地限制了年轻人的时间支配,将越来越多的年轻人从孩提时起就驱赶去进行严格的生活技能训练,这个词现在具有了与其原义相反的'系统的工作和训练'的意义。"[2] 哈里森在《森林》一书中也多次引用维柯的循环历史观,"人类制度的沿革遵循如下顺序:最初是森林,随后是茅舍,接着是村庄,此后是城市,最终是学府。"他认为:"思想一旦囿于学府的高墙之内,远离了心灵、民族或帝国的外省与边陲,它便丧失了根本——不再'激进'

---

[1] [德]福禄培尔. 人的教育[M]. 孙祖复,译. 北京:人民教育出版社,2001:280.

[2] [荷]约翰·赫伊津哈. 游戏的人[M]. 多人,译. 杭州:中国美术学院出版社,1996:165.

或'前沿'。"① "也就是说，位于人类文明中心的学府若是切断了与文明的幽暗朦胧的边缘或前沿的联系——譬如承载着人类诗性记忆的森林，学术便最终会失去鲜活的生命力，失去生命所拥有的自我超越之力。在我们一方面对大自然横加利用、肆意改造——用阿伦特的话说，'对大自然采取行动'（acting into nature）——而另一方面与之日渐疏离的今朝，学术研究已在相当程度上沦为一个封闭自足、以文本世界和话语体系为一切的抽象领域。若想让学府回归人性，重建与生命秩序的联系，再度见证现象世界之丰裕，我们不妨试着寻觅森林的故事，聆听来自大地的声音，认识到教育与学术都是'园艺的一个组成部分'。"② 近年来在国外兴起的"韦尔多"幼儿园所遵循的一个重要的教育原则，就是让儿童真正融入大自然——"在与自然的直接的接触中，孩子们体验着对自然的谨慎和尊重。在植物、动物、土地和水的感情和亲密最终演变成在自然的'在家'的感觉。"③ 无家可归意味着"本性"在场的空缺；而自然便是自然本性之源。可以说，注重儿童的自然教育、自觉地践行自然教育理念、重建儿童与自然的天然融合关系正逐渐成为教育的基本内涵。

总之，自然教育要恢复儿童生命与自然的契合、儿童与自然的本原性关联。或者进一步说，重建人与自然的"合一"，"借着这个基础，我们能在技术世界内而又不受它损害地存在着"④。

---

①② ［美］罗伯特·波格·哈里森. 花园：谈人之为人［M］. 苏薇星，译. 北京：生活·读书·新知三联书店，2011：270.

③ Ulla Grob-Mengues，王峥. 文化与幼儿教育的欧洲视角：走向自然［J］. 学前教育研究，2004（C1）.

④ 鲁枢元. 走进生态学领域的文学艺术［J］. 文艺研究，2000（5）.

从另一方面来看,"与自然的合一"实际上是端正人的生存态度,发掘人的生存智慧,调整人与自然的关系,纠正人在天地间被错置的位置。教育,从某种意义上来说,就是充盈其潜在的儿童身上的"一",使得人能够在"破碎、分裂"中获得人与世界的合一。如同爱默生所说:"我只希望指明自然在与人的关系中所处的真正位置,从而为人的教育树立正确的方向,为人类生活的目标找到一个根据,这根据也是人与自然联系的根据。"①

三、自然在自然教育中的路向

(一)在种植中建立儿童与自然的联结

海德格尔对比了两种不同状态下人与自然关系,即农民整理田地与在技术背景中从事农业。农民整理田地意味着照料与维护田地,照料与维护构成了天地人神共在的境域。而那些在技术背景中从事农业的人们,却是在向大地索要。种植不是为了索取,而是建立深层的心灵联结,一种与大地之间的精神"交往",一种源始的生活。从这个意义上,种植不仅会持久地养育儿童的心灵,也会促发为师者的化育使命感。对于儿童来说,自身的生命状态和精神成长正与"花园"中的生物同处一片天地,呼吸和滋养亦与其同步,在心灵的深层易于同其沟通和产生共鸣,从而获得成长。对于教师来说,种植和园圃是对育人责任和方式的召唤、提醒,使其更加意识到"园艺"事业的神圣性。人们往往

---

① [美] R. W. 爱默生. 自然沉思录 [M]. 博凡, 译. 上海: 上海社会科学院出版社, 1993: 50.

把师幼关系比作园丁和花朵的关系,从中可以窥见"耕作土壤和养育心灵这两种活动不仅彼此类似,它们乃同源同质"①。

正如有学者所指出的那样:"园艺是一个教育过程,它意味着潜入自然演化历程的深处,追回生命浩然初放于地球的一刻,在那一原始氛围中流连。从事园艺,就是潜入深处、逐步领悟生命得付出怎样的努力,才能在冥顽不化的黏土中给自己挣得一方立足之地。"② 种植不是单单为了一种"收获",而是在一种动态的参与中与自然相遇。儿童不是作为旁观者而是作为积极主动的参与者与自然相遇。有学者呼吁道:"……幼儿园的种植必须超越绿化的概念,应将种植放置于幼儿园课程的框架中加以考虑。"③ 在教育史上,教育家更是重视儿童的种植。蒙台梭利便认为,儿童的精神与肉体都需要与自然万物的接触,"达到这一目的的方法是让儿童从事农业劳动,引导他们培育动植物,并从中思考自然,理解自然。"④ 在种植中,儿童能够建立一种深层的与自然、与大地、与万物的联结。在自然中,儿童与自然之间建立爱的形式,"这是一种爱的形式,是同宇宙融为一体的一种形式"⑤。因此,蒙台梭利所创办的"儿童之家"便有一个宽大

---

① [美]罗伯特·波格·哈里森. 花园:谈人之为人[M]. 苏薇星,译. 北京:生活·读书·新知三联书店,2011:35.
② [美]罗伯特·波格·哈里森. 花园:谈人之为人[M]. 苏薇星,译. 北京:生活·读书·新知三联书店,2011:33-34.
③ 虞永平. 从物质环境中感知幼儿园课程文化[J]. 教育导刊(幼儿教育版),2008(7).
④ [意]蒙台梭利. 蒙台梭利幼儿教育科学方法[M]. 任代文,译. 北京:人民教育出版社,2001:160.
⑤ [意]蒙台梭利. 蒙台梭利幼儿教育科学方法[M]. 任代文,译. 北京:人民教育出版社,2001:163.

的院子作为种植园,"孩子们除了在那里自由进出活动外,还在那里进行种植;在一块长土地上一边种树,另一边分给每个孩子一块以栽培植物,两边有一条路隔开"①。同样,杜威在《学校与社会·明日之学校》一书中提及,伊利诺伊州里弗赛德的"村舍学校"里,儿童有一个园地种植各种蔬菜,这样他们无论春天还是秋天,都能在烹调课上用上这些蔬菜;园地里所有的活都由学生干,如种植、锄草和收藏等。更为重要的是,他们还养了一些动物。② 在种植中,在动态地体验中,儿童与自然不再是一种外在的关系而是形成了精神的纽带。

(二)在自然中养护儿童的诗性

1. 在自然中让儿童感受语言的诗性

自然、语言、诗性本是相融的一体。每个词都是自然中的一朵美丽的花,一阕自然的颂诗。正如爱默生所说:"正象美洲大陆的石灰石里含有难以计数的微生物的外壳,语言也是由无数的意象和比喻组成的,只是到了现在,语言已派作新的用途,不再使我们想到它的诗性的起源。诗人却在给事物命名,因为他真正看见了事物,或者比一般人更接近事物。这一表达或命名并不是艺术,而是第二自然,它从第一自然里派生出来,就象绿叶从树里生长出来。"③ 爱默生甚至认为人类语言词汇中大部分词语最

---

① [意] 蒙台梭利. 蒙台梭利幼儿教育科学方法 [M]. 任代文,译. 北京:人民教育出版社,2001:164.
② [美] 杜威. 学校与社会·明日之学校 [M]. 赵祥麟,任钟印,吴志宏,译. 北京:人民教育出版社,2005:259.
③ [美] R. W. 爱默生. 自然沉思录 [M]. 博凡,译. 上海:上海社会科学院出版社,1993:181.

初都指向某种具体自然物:"每一个自然事实都是某种精神事实的一种象征。自然中的每一种景观都对应于心灵的某种状态,而心灵的状态也只能通过自然的这一景观当作一幅图画呈现出来而加以描述……当我们追溯历史时,我们发现语言更富有图画的生动性和具体性,而在语言的襁褓期,语言简直就是诗,换句话说,所有的精神事实都是由自然的象征来表现的。人们发现,某些相同的象征符号几乎构成了人类所有种类语言的原初的要素。"① 巴什拉也曾说:"瀑布发出哗啦声,而小溪则在低声耳语……喔,我的朋友,在晴朗的早晨,来歌唱溪流的元音吧……它会在每瞬间教您某个在石头上滚翻而过的圆润的动人词语。"② 巴乌斯托夫斯基在《金蔷薇》一书中也谈及语言与自然的关系,他认为富有诗意的词与自然有着无可争辩的关联。③ 语言诗意性的感受必须深入到自然之境中才能真正有所体悟。语言的创造便是在自然中诗意性精神的外显。美国著名生态批评家斯耐德认为,"语言乃是人类的身外之物,它缘起于自然存在的一切:云朵如何聚聚散散地变换着;手臂发力时先后施力再借助反弹力向前旋出;不计其数的小花苞如何分裂成叉,然后每叉再分裂;流经育空平原的育空河现时的河床下潜藏着远古时代的河床,蜿蜒曲折犹如光彩熠熠的书法;风儿抚过雪松的针叶;松鸡在鼠李丛

---

① [美] R. W. 爱默生. 自然沉思录 [M]. 博凡,译. 上海:上海社会科学院出版社,1993:21-23.

② [法] 巴什拉. 水与梦——论物质的想象 [M]. 顾嘉琛,译. 长沙:岳麓书社,2005:213-214.

③ [苏] 巴乌斯托夫斯基. 金蔷薇 [M]. 李时,译. 上海:上海译文出版社,1980:87.

里发出咯咯的啼声"①。总之，语言与自然之间有着深层的联结。

　　自然是语言的源头，因此教育必须让儿童在源头汲取营养，以唤醒儿童心灵的诗性之情。苏霍姆林斯基具有深厚的语言修养，他的作品也处处闪耀着钻石般晶莹的语言之光，他敏感地感受到语言的诗意并在自然中践行着儿童语言诗性的养护。他批判已有的教育："教师在往孩子头脑里填塞现成说法、结论和论断时，常常甚至不给儿童机会去接近思想源泉和生动语言的源泉，捆住了想象、幻想和创作的翅膀。孩子由一个活泼、积极、好动的人变成了一部记忆的机器……不对，这是不应该的。"②他认为："孩子从书本、从教科书、从课堂上吸收的一切之所以被吸收，恰恰是由于书本以外周围还有一个世界，小儿从出生直到他能自己开卷阅读，就是在这个世界里迈着不轻松的步伐走过来的。"③苏霍姆林斯基改变了传统意义上学校的空间而将学校放置在广阔的"蓝天下"；他的"教材"就是大自然，"孩子们在没打开书本读第一个词之前，应先读几页大自然的书。"他带领儿童到"词语源头去旅行"、感受"词语的乐音"。唯有如此，儿童才能真实地与语言相遇。"当一个人接近了事物本源的时候，当词语对于他不单是事物的标记，而且也是花朵的馨香、泥土的气息、故乡田野和森林发出的乐声及亲身感受与体验的时候，就

---

　　①　鲁枢元. 自然与人文：生态批评学术资源库 [M]. 上海：学林出版社，2006：994.
　　②　[苏] B. A. 苏霍姆林斯基. 育人三部曲 [M]. 毕淑芝，等译. 北京：人民教育出版社，1998：71.
　　③　[苏] B. A. 苏霍姆林斯基. 育人三部曲 [M]. 毕淑芝，等译. 北京：人民教育出版社，1998：14.

会出现这种情景。"① 总之，苏霍姆林斯基认为，在田野、在公园里，在一切与自然亲近之处，让儿童去领略"语言的芳香"，儿童才能"成为聪慧的探索者、成为寻求真知、勤于治学的人，成为诗人"②。在自然的源头重新发现语言，语言是诗，儿童是诗人。苏霍姆林斯基这样写道，"夜里落下露珠，落入银白色的珠网"，"拉里莎说着，眼睛里闪出欢快的神情"。③这样的时刻，如同德国哲学家约瑟夫·皮柏所说的"灵魂静静开放的时刻"："在我们的灵魂静静开放的此时此刻，就在这短暂的片刻之中，我们掌握到了理解'整个世界及其最深邃之本质'的契机。"④

2. 在神话中开启儿童与自然的诗性相遇

在现代技术的异化中人对自然最终走向了一种极端的控制、占有与索取，万物也成了被研究、被征服与被使用的"它"而不再是惊讶、敬畏、赞美的"你"，自然成了人的工具而不再是家园。如此，人—物，人—世界，人—自然之间分离、分化，甚至客体化、对象化。在这种境域下，人也远离了神话源始的意境。

究其实质，神话是人与自然打交道的相遇方式，是人与万物的交流与相通的诗性创造。在神话里，自然不是死气沉沉的中立、冰冷的"他"而是与我有着对话、交流甚至是生命呢喃的"你"。神话是人与自然之间的对话与交融的诗篇。人类是以神话思维与自然相遇的，正如卡西尔所言："人类不可能以抽象思

---

①②③ [苏] B. A. 苏霍姆林斯基. 育人三部曲 [M]. 毕淑芝, 等译. 北京：人民教育出版社，1998：49.

④ [德] 皮珀. 闲暇：文化的基础 [M]. 刘森尧，译. 北京：新星出版社，2005：1.

维或以理性的语言开始。它必须经过神话与诗歌的象征语言的时代。各原始民族不是以概念而是以诗的形象来思维的，他们说的是寓言，写的是象形文字。"① 神话是一种诗性的思维。"在神话里，人与世界使用的是它们共同的'言语（word）'。马丁·布伯曾指出，诗人在月亮当空之际，依然能重新体验到'那种像流水一样的月光在全身流淌的感情意象'。诗人感受到的这种意象，也正是我们面对世界时所感受到的那种原始神话的意象：万物有灵，动植物也会'说话'，处处都能听到世界的声音，种种呼唤在人的心中回响，从各个地方的精灵那里传来信号、命令或禁则。神话是人与自然世界之间永恒对话的'言语'。"② 神话不是一种客观的认识，毋宁说是由于人与自然的"一体"而产生的情感与诗性的表达。

儿童与原始人相似，与自然一体式地存在着。在儿童的世界，神话才重新彰显其意义之光。儿童需要在神话中开显生命存在的另一境域，自然在神话中"复魅"，以其神奇与奥秘召唤着儿童的精神，再现着人与自然的一体性联结。神话的世界乃是一个"天地人神"的世界。世界谜一样地存在着，与儿童一起感受世界的奥秘，怀着好奇、想象与万物交流，而不是过早地封闭与万物之间的开放。在神话中，儿童与自然，与古老的精神相遇，从而养护了儿童的诗性思维。

---

① ［德］恩斯特·卡西尔. 人论［M］. 甘阳, 译. 上海：上海译文出版社, 2003：212-213.

② 刘晓东. 儿童精神哲学［M］. 南京：南京师范大学出版社, 1999：280.

(三) 在荒野中唤醒儿童的"原始力"

卢梭曾说:"在森林里的马、猫、雄牛、甚至驴子,比在我们家里所饲养的大都有更高大的身躯,更强壮的体质,更多的精力、体力和胆量。它们一旦变成了家畜,便失去这些优点的大半,而且可以说,我们照顾和饲养这些牲畜的一切细心,结果反而使他们趋于退化。"① 其实,在所谓的文明社会里,文化在封闭地循环僵化地传递,人的生命力也"趋于退化"。文化需要在"荒野"中得到更新;人也需要在"荒野"中回归原始的生命力。或者,人性中本就有与"荒野"契合的部分,"离开了荒野,人就不可能成为真正的人"②。就此,美国的学者霍尔姆斯·罗尔斯顿Ⅲ认为:"纯粹的城市人是单向度的人,只有那些把乡村和荒野自然也加入自己的存在中的人才是三维的人。"③ 他不仅认为哲学应该走向"荒野",也认为人只有在"荒野"中才能找到自由与意义。"'荒野'一词中有着某种东西,是与'自由'一词相契合的,不管这自由是荒野河那被决定的自由,还是空中翱翔的鹰的更多自发性的自由。它表现了事物的壮观、雄伟和神秘,我们可以说'野'这个词本身就可以作为我们用以表示价值的一个词。简言之,我们是在带有野性的事物那里看

---

① [法]卢梭. 论人类不平等的起源和基础 [M]. 李常山,译. 北京:商务印书馆,1982:80.
② 雷毅. 深层生态学思想研究 [M]. 北京:清华大学出版社,2001:108.
③ [美]霍尔姆斯·罗尔斯顿Ⅲ. 哲学走向荒野 [M]. 刘耳,叶平,译. 长春:吉林人民出版社,2000:68-69.

到了某种意义。"① 同样,儿童不能时时暴露在"人"的设计之中,而是要有自我生长的空间与时机,应该让儿童在"荒野"中找到自由与意义。"荒野"对儿童也有"施教"之力,它会唤醒儿童的原始天性。"荒野"为儿童的心灵空间提供了超越现实维度的可能。他们会无意识地"浸入""荒野",观瞻自我,将亘古至今绵延不绝的自然世界和神圣秩序纳入"我"的世界,从而达至一种在封闭的教室中永远也无法实现的心灵的宽广、丰富与豁达。可以说,"荒野"是活泼的、合乎自然之道的教育资源。

在"荒野"中,儿童与自然建立起深层的"脐带联结"。另外,所谓的"荒野"对儿童来说,不是作为一种静态的对象而是在动态的参与中与之建立深切的内在联结。正如福禄贝尔所说:"孩子喜欢爬进洞穴和深坑,在葱郁多荫的小树林里和幽暗的森林里漫游,这种倾向所具有的意义和对于他的发展的作用并非无足轻重。"② 而泰戈尔更是指出让儿童在动态的"爬树摘果"中,与自然建立"血肉之亲","在七岁之前……可怜的孩子被文明的廉耻感绊住手脚,这时如果不爬树摘水果,那么,一辈子就不能培养与树木的亲密感情。这个时期,他的身心自然而然为清风、蓝天、田野、林木所吸引——从所有的地方,传来对他的邀请"③。爬过树、捉过鱼虾,"爬""捉"是一种参与体验。在

---

① [美]霍尔姆斯·罗尔斯顿Ⅲ. 哲学走向荒野 [M]. 刘耳,叶平,译. 长春:吉林人民出版社,2000:67.
② [德]福禄培尔. 人的教育 [M]. 孙祖复,译. 北京:人民教育出版社,2001:75.
③ [印度]罗宾德拉纳特·泰戈尔. 泰戈尔谈教育 [M]. 白开元,编译. 北京:商务印书馆,2010:170.

体验中,儿童不仅"看""听"自然,而且通过与自然的亲密接触建立起深层联系。

(四) 儿童是成人重返自然的桥梁

教育自然化并不意味儿童是教育的单向"接受者",而是成人与儿童共同在自然中"亲证",在"与自然的合一"中体味生命相融的喜悦。甚至说,在自然教育中,"儿童是成人之师"。如同爱默生所言:"真正说来,成年人是很少看得见自然本身的。大多数人都不曾看见过真正的太阳。他们纵是看见了,也只是浮泛地'看见'。对于成年人来说,太阳照亮的只是他们的眼睛,但对孩子们来说,太阳却能透过他们的眼睛照进他们的心田。如果一个人是挚爱自然的,那么他的内在感官与外在感官就总是息息相通的,纵然他已进入成年,但其童心仍然不泯。他与苍天和大地的神交成为他日常生活不可或缺的一部分。"① 儿童天生有亲自然性,一种"关注其他生命形式并期望融入自然生命系统的天性"②。与成人相比,作为自然之子的儿童与自然有着更为深层的联结。对此,华兹华斯曾经说过,儿童降临于世,离大自然最近,与大自然有着最为亲密的关系,他们是人类重返自然的桥梁。成人身上潜在的灵性也将因儿童而被唤醒。因此,自然的教育,也意味着儿童对成人"自然感"的唤醒。"同样,在一片林子里,一个人能把他的年龄抛出身外,就象蛇把它的皮全然蜕

---

① [美] R. W. 爱默生. 自然沉思录 [M]. 博凡,译. 上海:上海社会科学院出版社,1993:5.

② [美] 爱德华·威尔逊. 生命的未来 [M]. 陈家宽,等译. 上海:上海人民出版社,2005:222.

下，在这种时候，生活的主宰常常是一个孩童。永恒的青春存在于这树林中。"① 经由儿童为桥梁，教育才能抵达真正的自然之境。蒙台梭利曾经记录一个有趣的案例，"他是多么热爱流水啊。坐在潺湲的小河边，他会高兴地喃喃自语：'水啊，水啊！'他的成人伴侣因为想尽快赶到某处，所以他关于漫游目的的观念就截然不同。"② 成人更多关注的是"目的"，在"索取"中远离了自然，而儿童却在"漫无目的"中享受自然。对此，苏珊·桑塔格也曾指出，很多人在旅行的时候认为只要在遥远的土地上照一张珍贵的照片，然后就可以拥有这片土地了；他们并不必真诚地观摩一尊雕像，直到它成为他们想象力的一部分，并将它吸纳进他们的存在。有了一瞬间"射击"下的照片，他们就"捕捉"到了这风景。我们注意到，这两个词——射击和捕捉——都是来自猎人或者战士的词汇表。它被归了档，只有一个名字和一个编码，以便在向其他人展示的时候方便找到。③ 因此，成人需要再一次"回归自然"，在自然中重建精神的家园。

与儿童一起走向自然，成人也因此获得"复性"。张文亮有首诗叫《牵一只蜗牛去散步》，诗的最后写道，在蜗牛的带领下，"我闻到花香，原来这边还有个花园。我感到微风，原来夜里的微风这么温柔。慢着！我听到鸟叫，我听到虫鸣。我看到满天的星斗多亮丽……"其实，儿童就是上帝给成人的"蜗牛"。

---

① ［美］R. W. 爱默生. 自然沉思录［M］. 博凡，译. 上海：上海社会科学院出版社，1993：6.
② ［意］蒙台梭利. 蒙台梭利幼儿教育科学方法［M］. 任代文，译. 北京：人民教育出版社，2001：486.
③ 陈立胜. 自我与世界——以问题为中心的现象学运动研究［M］. 广州：广东人民出版社，1999：135.

跟随着儿童的脚步，我们将会有更丰富的发现。儿童与自然之间没有关于知识的阻隔，因此，儿童对自然更多的是源自生命深处的真正感受。感受比任何的知识与符号都更具生命意义。跟随儿童，我们便会在自然中感受到自然的另一种美丽。当我们与儿童一起慢下来静静地在自然中探索，便会惊讶于那叫作花或树的存在，其实，我们对它们一无所知。与儿童一起聆听"来自宇宙的要求和与他们的感官建立直接联系的持续的邀请"，成人与儿童便会共同在自然中找到精神的栖居。

第六章　自然教育的文化之维

> 那个天天向前走的孩子，他正在走，他将永远天天向前。
>
> ——惠特曼

自然教育强调儿童身上的自然，但是并不意味着让儿童止于现有的发展阶段，而是让儿童在更高的意义上实现自我。儿童要生长，生长不是背离自然，而是成为高度占有文化却不被文化所异化的"自然人"。因此，自然教育并不否定文化的意义，而是以儿童自然天性为基，使儿童在充分占有文化财富的同时又不失去自然赋予的财富。因此，自然教育是将文化转化为营养，从而让儿童身上的自然一直"成活"并获得生长。或者说，儿童自然天性表达的过程同时也是占有文化进而创造文化的过程。从这个意义来说，自然教育不是拒斥文化，而是更新了对文化的理解与阐释。

一、文化的重新阐释

文化研究中关于文化的概念层出不穷。研究者的视角不同，对文化的定义自然也就不同。在1952年发表的《文化——关于概念和定义的评论》一书中，A. L. 克鲁伯和克赖德·克拉克洪曾列举了文化的 161 种定义。① 定义如此之多、分歧如此之大，以至于约翰·R. 霍尔和玛丽·乔·尼兹认为文化是无法定义的："围绕文化概念的普遍争论使得今天仍然无法得出一种'确切的'定义。像'文化'这样涵盖广泛的词，我们不能指望单单通过仔细的界定就可以把握其真谛。"② 如果无法从统一的定义出发理解文化，那么我们又该如何把握文化的"真谛"呢？

我们看到诸多的定义是将文化作为静态的"是"进行分析的；如此以来，便有了不同的界说标准。或许，我们可以另辟蹊径，从动态的文化发生的视角去理解文化，将诸多静态的文化成果还原为动态的人的创造。文化既是名词也是动词。"它不仅是一种人的本质力量对象化静态结果，而且还是一个生生不息的人化自然、人化世界的动态过程。"就此而言，卡西尔曾将文化看作是人类的劳作。兰德曼也认为，"文化是由人类自己自由的首创精神创造的。"③ 文化是人的创造，人类在文化创造中实现了自己的客体化。

从词源来看，"文化'culture'，来自拉丁语动词'colo'，意思是'耕作'或'耕耘'，这里文化被看成是需要经常照料和提供营养的一个过程——颇像花园耕耘的过程"④。对此，有学

---

① 魏卿. 文化学视角下的中国传统儿童观及其现代化［D］. 南京师范大学，2006.
② 陈立旭. "文化研究"中的"文化"［J］. 文化艺术研究，2008（1）.
③ ［德］兰德曼. 哲学人类学［M］. 阎嘉，译. 贵阳：贵州人民出版社，2006：6.
④ ［加］D. 保罗·谢弗. 文化引导未来［M］. 许春山，等译. 北京：社会科学文献出版社，2008：19.

者说:"追溯文化概念形成和发展的历史,首先被发现的事实就是,它是人类通过对自己在自然中的生活方式进行反省而形成、发展起来的。"① 在这里,我们看到文化在最原初的意义上,指的是在一定的自然境域中,人所参与的创造活动。近年来的文化生态学则强调文化是人与自然之间交互作用的过程。② 在伊格尔顿看来,"'文化'(culture)是英语中两三个最为复杂的单词之一,而'自然'(nature)这个有时被认为与之相对的术语则荣幸地成了其中最为复杂的一个。虽然,时下流行将自然看作是文化的派生物,但从词源上来说,文化却是一个派生于自然的概念。"③ 自然境域中的人在"耕作"中创造了文化,文化是"天、地、人"共奏的合唱。就文化自身而言,派生于自然的文化也具有遗传性与绵延力。然而,追溯文化的发生便会发现,文化不仅与外在自然联系密切,也与人的内在自然相契合。就此,有学者曾用有趣的图示④方式阐明了人、文化、自然的关系。

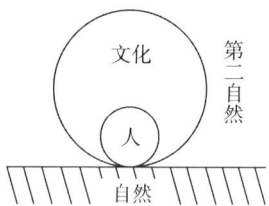

图 6.1 文化结构关系图

---

① 崔新京. 关于文化概念的词源学考察 [J]. 日本研究,1988 (2).
② [加] D. 保罗·谢弗. 文化引导未来 [M]. 许春山,等译. 北京:社会科学文献出版社,2008:29.
③ [英] 特瑞·伊格尔顿. 文化的观念 [M]. 方杰,译. 南京:南京大学出版社,2006:1.
④ 丁恒杰. 文化的本质及结构分类 [J]. 中州学刊,1991 (2).

对于上图，学者这样解释："大圆圈表示文化，小圆圈表示人，阴影部分表示自然。在两个圆圈与自然之间，有一个切点或接触点，从静态说，这个接触点表示人的'有机身体'或生物躯体。它一方面属于自然，是自然界长期进化发展的产物，另一方面又是人的文化本质和文化活动的负荷者，是构成文化主体的不可缺少的部分，整个的文化世界只有以此为基点才可以发展起来。若把底部阴影部分的自然喻为一个广袤的雪原，把大圆圈中的文化视为一个滚动着的越来越大的雪球，从动态来观察，那么，它们之间的切点就表示人类创造现实的文化世界的实践活动。通过它，自然一点点逐渐地为人们所改造，成为'第二自然'；通过它，自然的物质力量不断地被纳入或充实到人的文化系统之中来，变为人的'无机身体'，'人化'为人的本质力量。"① 此处的"文化结构关系图"只是为了表述的清晰才将文化、人、自然分而论之，其实，三者之间有着更为复杂、更为动态、也更为交织的关系。

文化是人的本质力量的展现，人的内在自然的流溢。用马克思的话说，文化恰如一本摊开着的关于人的本质力量的书。工业的历史和工业的已经产生的对象性的存在，是打开了的关于人的本质力量的书，是感性地摆在我们面前的人的心理学，对这种心理学人们至今还没有从它同人的本质联系上，而总是仅仅从外表的效用方面来理解……②在一定的情境中，通过人的活动，以人

---

① 丁恒杰. 文化的本质及结构分类［J］. 中州学刊，1991（2）.
② ［德］马克思，［德］恩格斯. 马克思恩格斯全集第42卷［M］. 中共中央马克思恩格斯列宁斯大林著作编译局，译. 北京：人民出版社，1979：122.

的自然天性为基，人创造了文化。文化是生命力的溢出，真正的文化是从人的内在自然生长而出。人身上潜藏、隐匿着的"奥秘"，"道心本于天而备于我"。"人的价值根源于人性，表现为人类的文化创造性。创造了不同于自然生态环境的社会文化系统并使其不断进步，这就是人性之所以在天地之间最为贵的价值论根据。"① 从发生学的角度来看，人作为自然存在，人身上有着合目的的自然本性，文化是人的"第二自然"。文化以人的内在自然为依托，是人身上自然生命的创造。正如有学者总结的那样："第一，文化是人类表现自身本质的形成的东西，人类只有在文化上才能自觉意识到自己的本质。换言之，人类通过创造文化而创造了自身，它是作为文化创造的主体而生存和延续的。第二，文化具有主体的客体化、精神的外在化这种性格。"② 文化是一种自然生命的"流溢"，或者是一种生命的"余存"。人是一个常量，而文化是一个变量。"隐在"的人的本性，在文化创造中成为"显在"。

综上所述，本书从两个方面界定文化：从静态的意义来说，文化是人所创造的"属人"的意义世界；从动态的意义来说，文化是人的创造活动。因此，"文化创造只有通过向人的自然（天性）复归，文化才能真正变成属人的、符合人天性的文化"③。或者说，文化本身具有积淀性，我们必须穿越层层叠叠的文化创造物看到文化的创造主体——人。"人的哲学（人学）

---

① 祁润兴. 人性：自然奠基、人文化成与价值创造——先秦儒学人性论的现代诠释 [J]. 孔子研究，1997（1）.
② 崔新京. 关于文化概念的词源学考察 [J]. 日本研究，1988（2）.
③ 刘晓东. 童年资源与儿童本位 [J]. 教育研究与实验，2013（4）.

或文化学的起点是自然（包括人自身的自然，即天性），终点也是自然（即文化如何复归自然，即人的自然化）。人向自然的回归，其实也是'自然人'的生成。"[1] 文化是从人生长出来的，文化是"枝"，人自身则是根。换句话说，"文化，归根结底，是天性的外化、天性的客观化，是人的自然化以及自然的人化"[2]。

二、儿童与文化双向建构

（一）文化是儿童的"母体"

儿童是自然存在的，作为自然存在的儿童并不是预成的，而是生成的。儿童需要在文化的"母胎"中再次"出生"。"人的存在不是一个'全'、一个'完成'，而是一个'无'、一个'空缺'。人存在的使命就是要超越自然的秩序，去'再生产整个自然界'（马克思语），去创造自己的全部生活。"[3] 儿童需要在文化境域中"栖居"，以实现其属人的创造，建构丰富而独特的自我。儿童一出生，便在一个文化的世界里，"没有人完全'从头'开始，我们的诞生并非只伴随着个体的天赋，而是同时进入了文化的'外在装置'，这文化装置是由我们的祖先积累承

---

[1] 刘晓东. 童年资源与儿童本位 [J]. 教育研究与实验，2013（4）.
[2] 金生鈜. 教育：思想与对话. 第1辑 [M]. 北京：教育科学出版社，2005：153.
[3] 高清海，等. 人的"类生命"与"类哲学"：走向未来的当代哲学精神 [M]. 长春：吉林人民出版社，1998：26.

传给我们的"①。从这个意义而言，文化便是儿童的"母体"。

人与动物不同，动物是预成的。动物是特定化的，他们遵循遗传的决定遵照自然的指令展开生命的讯息。动物是作为一个成熟的个体来到世界，儿童却是作为"未成熟"的、"未特定化"的个体在属人的世界中成长。对此，雅斯贝尔斯也曾说过："各种器官的特殊性，使每一个动物在某些特殊能力方面超过了人，但是正是这种优越性，同时也意味着动物的潜力变狭窄了。人避免了这种全部器官的特殊化。因此，尽管事实上人的每一个器官都处于劣势，但人却始终有靠非特殊化维持活力的潜力优势。"②儿童"提早"来到世界上，以致不得不让文化来"补给"。

相对于动物，人具有开放性基因，人需要在文化中成为自己。"就人自身的自然基础来说，由于其非未特定化，具有未确定性，因而具有极大的可塑性，这可以说是在自然的意义上人与其他动物的区别。但是只有在社会中，在文化环境中，才能塑造出作为人的人。"③刘晓东指出，"人类个体的基因程序全开放的份额更大，所以人类个体的精神成长不只是像植物那样，其基因信息在适当的环境下会自动展开，人类的精神成长既有一个由内向外表达的过程，又有一个由外向内浸染（内化）的过程，而且这两个过程又往往交织在一起。"④文化是人的"第二性"。莫

---

① ［德］兰德曼. 哲学人类学［M］. 阎嘉, 译. 贵阳: 贵州人民出版社, 2006: 207.
② ［德］卡尔·雅斯贝斯. 历史的起源与目标［M］. 魏楚雄, 俞新天, 译. 北京: 华夏出版社, 1989: 46.
③ 夏甄陶. 人是什么［M］. 北京: 商务印书馆, 2000: 149.
④ 刘晓东. 儿童精神哲学［M］. 南京: 南京师范大学出版社, 1999: 6.

兰在《未来教育所必需的七种知识》中指出，人类是"充分的生物"和"充分的文化""合二为一"的存在，正是如此，人以"前所未有的方式发展了生命的潜能"①。

相比于动物的"自足性"，人却具有一定程度的"匮乏性"。"从某种意义上说，人的诞生本质上是一个否定事件。他缺乏对自然的本能适应，缺乏体力，他生下来就是所有动物中最无能的，他比任何动物都需要更长时间的庇护。"② 但是人的"匮乏"并不是"缺无"，而是意味着一种开放性与生成性。对此，康德也说："人性中有很多胚胎，我们现在要做的是让自然禀赋均衡地发展出来，让人性从胚胎状态展开，使人达到其本质规定。动物是不自觉地完成这一过程的，人则必须首先去追求达到它……对单个的个体来说，达到这种本质规定是完全不可能的。"③ 人的自然禀赋的发展必须在一定的文化境域中才能完成。生命复演了人类文化发生的秘密。若是离开了文化，"儿童精神成长潜能是无法藉以表达、无法现实地表现为成长过程的"④。与此同时，儿童又携带着巨大的文化可能性，儿童"具备了文化适应性以及对这个世界的认知，拥有这种巨大心理发展潜能的人的生存所具有

---

① ［法］埃德加·莫兰. 复杂性理论与教育问题［M］. 陈一壮，译. 北京：北京大学出版社，2004：38.
② 柳延延. 现代人的精神追求［J］. 上海师范大学学报（哲学社会科学版），2001（3）.
③ ［德］伊曼努尔·康德. 论教育学［M］. 赵鹏，何兆武，译. 上海：上海人民出版社，2005：6.
④ 刘晓东. 儿童精神哲学［M］. 南京：南京师范大学出版社，1999：19.

的意义"①。但是，儿童具有的文化"潜能"必须在已有文化的"胎衣"中才能实现。唯有"预防或免除文化剥夺"②，儿童才能真正地成长为自我。

作为自然中独特的存在者，儿童与物的不同在于其生命具有历史性与文化性。"孩子生下来都伴随着一个'世界历史'本原所给定的位置，亦即继承了全体人类的丰富财产。"③"儿童把生命中的前几年几乎全都花在了吸收他出生所在社会的语言和文化规范。"④ 儿童有着无限的可能性、开放性。儿童必须在文化的境域中开始"从无到有"的创造。这便使儿童有着漫长的童年期以及"幼态持续"的现象。有学者认为儿童的"幼态持续"是进化中的最优选择，"幼态持续使儿童有别于动物幼体，具有了崭新的可能性与创造性，甚至使幼儿成了其智慧形成、人格建立的根基"。"'幼年特征是后裔潜在适应的贮藏室'""个体发生的几个早期阶段是潜在适应的一个'蓄水池'。"⑤ 蒙台梭利也认为，"我们之所以富有，那是因为我们是儿童的后嗣，儿童始

---

① [美]罗恰特. 婴儿世界 [M]. 郭力平，等译. 上海：华东师范大学出版社，2005：1.
② [意]蒙台梭利. 蒙台梭利幼儿教育科学方法 [M]. 任代文，译. 北京：人民教育出版社，2001：48.
③ [德]马丁·布伯. 人与人 [M]. 张健，韦海英，译. 北京：作家出版社，1992：121.
④ [英]凯特·迪斯汀. 文化的进化 [M]. 李冬梅，何自然，译. 北京：世界图书出版公司北京公司，2015：80.
⑤ 刘晓东. "幼态持续"及其人文意蕴 [J]. 南京师大学报（社会科学版），2014（6）.

于一无所有,为我们提供了未来生活的基础。"① 也就是说,"未特定化"对儿童来说"无用"之用,是造物主对人类的特别恩赐。

儿童具有"未特定化""未成熟性",儿童也"提早"来到世界,这给儿童在文化中重新创造自我提供了先天条件。文化对儿童有着巨大的"再造"空间,甚至可以说,儿童在不同的文化中便生长为不同的个体。蒙台梭利曾叙述过一个令人深思的案例:一个法国的传教团,在一个原始的民族(文明水平尚处于石器时代)救了一个女婴,后来这个女婴能讲两门欧洲语言,具有西方人的举止行为,成人后在大学教生物学。"在这 18 年间她实际上是从石器时代跨入了原子时代。"② 由此可以看出,生命个体在文化境域中能无意识地发生巨大的创造奇迹。

(二) 儿童是文化的创造者

儿童需要文化的濡化,但这并不意味着我们可以"无视在任何文化的内部,个体精神都具有相对自主的潜力。即便是在最封闭的文化条件下,个人也不都是、不总是一些精准无误的遵守社会秩序和文化命令的普通机器"③。儿童不仅是文化的"消费者",也是文化的"生产者"。儿童具有先天的文化"基因","先验的结构整体"(生物人类学家格伦语),先天的认识能力

---

① [意] 玛丽亚·蒙台梭利. 童年的秘密 [M]. 马荣根,译. 北京:人民教育出版社, 2005: 69-70.
② 蒙台梭利. 蒙台梭利幼儿教育科学方法 [M]. 任代文,译. 北京:人民教育出版社, 2001: 390.
③ 倪胜利. 大德曰生——教育世界的生命原理 [M]. 桂林:广西师范大学出版社, 2006: 153.

（康德语）。因此儿童可以创造一个无比丰富的文化世界。儿童所创造的文化在人类文化的景观图中，是一道鲜活与亮丽的风景。儿童文化不仅更新了人类文化的样态，也更新了成人文化的价值体系。

1. 儿童创造文化

儿童也是文化创造的主体。儿童自身与世界有着"原初"与"源始"的联结性，这使得儿童文化成为一种有别于成人文化的独特文化存在。有研究者认为，"儿童文化现象最重要的特征是古而常青：它有悠远历史但却是从头开始生长的，是复演的但又是创新的，它是新与旧的和谐统一，它是历史与现实、文化与自然的和谐统一"[1]。儿童的文化有着自身的"深层语法"。儿童的文化是自然之道在儿童身上的彰显，是儿童生命的自我彰显。

在生命的交响乐中，儿童与文化"共舞"：跳跃的精神音符在儿童身上和谐地运作。儿童与世界、与自然契合，向着万物敞开，也向着文化生成。儿童自身便是活的文化"发动站"。儿童在"自然"之性的召唤下，在无意识的牵引下，自发地进行着文化的创造。文化创造甚至从儿童的诞生之日起便开始了。"事实证明，婴儿比人们从前以为的要聪明得多，认知上更为积极主动而非反应性的，对他们周围的近身的社会世界更为留意。他们断然不是栖身于一个'嗡嗡作响、熠熠流光的混沌'世界里：他们似乎从最初起就在寻找有预言价值的稳定性。"[2] 单单从文

---

[1] 刘晓东. 儿童文化与儿童教育 [M]. 北京：教育科学出版社. 2006：35.

[2] [美]克利福德·格尔茨. 烛幽之光：哲学问题的人类学省思 [M]. 甘会斌，译. 上海：上海人民出版社，2013：177.

化的载体——语言的发生来看,儿童在语言习得中彰显着巨大的创造性。儿童的语言经验中蕴含着自然惊人的秘密。自然赋予了儿童先天的语言能力,因此在短短的几年时间内,儿童能够习得惊人的语言信息。就此,有研究者认为:"自然语言可绝妙地类比成DNA,因为它为有先天倾向的接收者,提供了自我复制和解读的方式。"① 儿童不是由"外部的老师"教会语言,而是在"内部的老师"的指引下进行语言的建构。语言作为文化的载体,儿童诞生之初便积极地与语言"相遇""相恋",并最终形成自我独特的语言密码。

儿童身上有着"强力意志",并一直在显现与创造文化。美国学者伊迪丝·科波认为,儿童"更为直接地揭示出源自自然这个动力促使人类创造文化形式和意义,使得我们在进化史的背景中具有个性"。弗洛姆把创造性看作是人与世界的"交会":创造性就是有强烈意识的人与他或她的世界的交会。② 儿童与世界便是在"交会"中相遇。儿童的科学、儿童的艺术、儿童的梦想等,便是儿童与世界的"初吻",儿童对世界最初的凝视、聆听与爱的"痕迹"。这些痕迹是诗也是梦,它们是儿童的"血肉",也是文化的"精气"。儿童与世界在开放的相遇中展示着文化发生的秘密,这种"相遇"如同诗意而曼妙的约会,庄严而神圣的仪式。在"相遇"中,儿童创造自己的文化。如同有学者所言:"儿童在自己的生命里使文化史(神话、儿歌、思想

---

① [英]凯特·迪斯汀. 文化的进化[M]. 北京:世界图书出版公司北京公司,2015:82.

② [美]罗洛·梅. 创造的勇气[M]. 杨韶刚,译. 北京:中国人民大学出版社,2008:42.

史、科学史等)得到了整合,他使逝去的精神情怀(趣味、好奇等)再次复活。"① 因此,有儿童的地方便会有儿童的文化创造,"不论在什么地方,只有两个或两个以上的儿童聚集在一起,他们的玩耍中显示了他们自己关于游戏规则的秘密语码,我们就看到了儿童文化。"② 这种创造本身如同罗尔斯顿Ⅲ那个富有诗意的关于"开花"的比喻:"'开花'很容易联系到我们的价值,因为这种生物现象成了一个比喻,象征着生命在心理、理智、文化,甚至精神层次的一切朝向某种目标的努力。"③ 在文化创造中,儿童的精神也在静悄悄地"开花"。

儿童的本质在文化中展开。儿童在创造文化中也创造了自我。在文化中儿童才真正成为"人",成为"自己"。文化在个体身上"出生",个体在文化中"重生"。由此,儿童文化便展现了人类创造的尊贵与独特。除此之外,儿童文化在创造中也展现了人类的宇宙性,人与宇宙的神圣联结,如同迪丝·科布曾深刻地感受到的那样,"'知觉(心灵)和宇宙的生物综和'——'心灵和文化的结合'是儿童发展的基本动力。她看到,儿童的认知过程是自我和环境相互作用的活动。儿童的变化不是脱离关系、走向孤独的个人自主状态的过程,而是进入到对直接环境和知觉的宇宙学探索的过程,其中知觉在格式塔结构上总是不断变得复杂和丰富。儿童时期的经验是生物学和宇宙学的交汇点,正

---

① 刘晓东. 论儿童文化——兼论儿童文化与成人文化的互补互哺关系 [J]. 华东师范大学学报(教育科学版), 2005 (2).
② [挪] 让-罗尔·布约克沃尔德. 本能的缪斯——激活潜在的艺术灵性 [M]. 王毅, 等译. 上海: 上海人民出版社, 1997: 25.
③ [美] 霍尔姆斯·罗尔斯顿Ⅲ. 哲学走向荒野 [M]. 刘耳, 叶平, 译. 长春: 吉林人民出版社, 2000: 476.

如身体和宇宙参与了某种协调进行的过程一样。"① 在创造中，儿童的"心灵"与"文化"、"身体"与"宇宙"协调统一。儿童的文化创造本身便是天地间最为神圣最为荣耀的"工作"。

2. 儿童更新成人文化

儿童以崭新的生命与成人文化相遇，使成人文化获得更新。成人戴着先见的"眼镜"看世界，因禁在惯有的文化世界里，失去了鲜活与敏感；而儿童则用开放的心、清澈的眼"惊讶"于存在本身。儿童与文化相遇，便可化腐朽为神奇。"儿童一出生，自然和文化上的遗传就赋予了这个新的生命以各种法则。对成人来说，儿童这一神秘的生命有如乘飞碟而来的外星人，给我们带来了需要虔敬而认真破译的另一种文化的密码。"②

就文化的载体语言来说，罗兰·巴特认为，语言不是从外部禁锢身体，语言恰恰来自身体，它是爱欲的驱使。语言不是仅为了实用性的表达，而是在"爱欲"强烈驱使中的言说。语言有血有肉，有鲜活的生命气息。卢梭在《论语言的起源》一书中也谈到，人类最初的语言既是诗又是歌唱。随着音乐逐渐从语言独立出去，语法变得日益精密，句法更趋逻辑，语言失去了它的本性。语言的理性化、规则化与习惯化在给予成人一个特定的世界时，屏蔽了其他世界"涌现"的可能性。由此，活的语言变成了死的语言。尤其在日常生活中，语言渐渐成为一种习惯，在成人的日常生活中，语言也变成了一种朱光潜先生所谓的"常态"，"'常态'完全占住我们的意识，我们对于'常态'之外的

---

① [美] 斯普瑞特奈克. 真实之复兴：极度现代的世界中的身体、自然和地方 [M]. 张妮妮，译. 北京：中央编译出版社，2001：144.
② 朱自强. 论儿童文化的精神特质 [J]. 昆明学院学报，2013（1）.

形相便视而不见，听而不闻"。如此以来，成人往往仅仅成了"语言消费者"而不是"语言生产者"。然而，儿童却带着清新的气息从自然中来，儿童被自然所赋予的探索的热情、诗性的情怀往往冲破了成人世界的"常态"，从而赋予语言以崭新而灵动的精神。"在人世间所能听到的最崇高的赞美歌，就是从孩子的嘴里发出来的人类灵魂的喃喃话语。"儿童无意识地探寻与广阔世界的相遇，在相遇中无拘无束地表达，也正是在这个意义上，儿童有一百种语言。儿童初从世界而来，带着惊讶与新奇与成人世界固化的语言相遇，使得语言获得新的生机。周国平先生写过一个有趣的案例："在追踪她（作家女儿妞妞——笔者注）的语言发展的过程中，我渐渐明白，所谓大人教孩子说话仅是事情的一个方面，更重要的是孩子更新了大人对语言的感觉。对孩子来说，每一个新学会的词都是有生命的。被成年人功利的手触摸得污迹斑斑、榨取得奄奄一息的词，一旦经孩子咿呀学语的小嘴说了一遍，就是一次真正的复活，重新闪放出了生命洁净的光辉。"[1] 语言这一文化的载体通过儿童再一次"出生"，与人相遇。文化在儿童身上"复活"，从而实现文化与儿童个体生命的双重更新。

儿童不仅更新文化的载体语言，甚至更新作为文化的意义系统本身。文化作为一种被创造的意义系统，有着异化的可能。成人"堕入"已有的文化世界，在司空见惯中往往变得麻木、机械、重复，逐渐失去了与世界的深层联结，失去了清澈的惊讶与赞美。如爱因斯坦所言，他们的"眼睛是模糊不清的"。由此，

---

[1] 周国平. 妞妞——一个父亲的札记 [M]. 上海：上海人民出版社，1996：194.

成人的文化也会在沉寂中呈现出"死"的危机。儿童，作为鲜活的生命个体，作为自然崭新的力量，却给文化带来了蓬勃的生命力。经由儿童的眼睛，文化再一次"重生"，而成人也经历了"第二次诞生"，再一次找到真正的"生存"①。在这个意义上，成人文化需要儿童的更新，如同在故事《皇帝的新装》中需要儿童的"天真"来"道说神圣"。儿童带着自然赋予的财富，在占有了原有文化的同时，也创造着崭新的文化，使文化步入本真与澄明之境。正如有学者所言："儿童文化是与儿童不断发育的身心相联系的。在一定的文化背景中，儿童的成长是以基因这一生物学层面的逐步展开和表达为基础的，在这种逐步展开中，文化发生了；儿童的这种文化同原始人类文化从自然界的混沌未开中发生和演化一样，它是从自然层面上发生的，因而代表了文化中最本质、最核心、最基础、最具活力的一面，这种文化与自然最为亲近，因而本真、淳朴。"② 若是这个世界没有儿童，人类的文化世界将会是何等的沉寂与萧瑟？"我们的文化会忘记它需要儿童的存在，这是不可想像的。但是，它已经快要忘记儿童需要童年了。那些坚持记住童年的人将完成一个崇高的使命。"③ 顾城认为儿童是"灰色"的成人世界中的"鲜红"与"淡绿"，④

---

① 此处的"生存"是借用弗洛姆的书《占有还是存在》中的。
② 刘晓东. 儿童文化与儿童教育 [M]. 北京：教育科学出版社，2006：35.
③ [美]波兹曼. 童年的消逝 [M]. 吴燕莛，译. 桂林：广西师范大学出版社，2004：214.
④ 顾城的诗歌《感觉》："天是灰色的，路是灰色的，雨是灰色的，楼是灰色的，在一片死灰之中，走过两个孩子，一个鲜红，一个淡绿。"

庞德则认为儿童是"黑色"的成人世界里的"花瓣"。① 儿童代表了未来的一种全新的生命,一个全新的开端,一种全新的可能性。儿童文化作为"异文化",突破成人"同质文化"的同时也更新了成人文化;由此成人文化与儿童文化达到了"美美与共"。②

总之,儿童与文化之间既有着依赖又有着创造的关联。儿童不是仅仅反射太阳之光的月亮,儿童自身就是光体,散发着文化的光彩。儿童与文化之间不应是单线的关系,而应是双向的互动。在双向的互动中,个体生命与文化本身获得"双赢"。当然,现实境遇中,文化的传承性与人的创造性之间往往存在着所谓的"二律背反"。儿童要真正获得成长,"唯一的方式就是再现二律背反以及重建它得以产生的环境"③。这便是教育的使命。

三、自然教育与文化

人具有可完善性,人需要在文化中进一步成长。然而,在传统的教育中,教育受制于已有的文化,成为已有文化的"中转站",儿童是文化的"接收器"。或者说,正是这种可完善性使教育对儿童的制约"有机可乘"。教育拒绝了自然的引领而走向

---

① 庞德的诗歌《在地铁站》:"在地铁站,人潮中这些面容的忽现;湿巴巴的黑树丫上的花瓣。"在这里,"这些面容"指的是孩子的面容。

② 费孝通先生提出的不同文化间遵循的原则:"各美其美,美人之美,美美与共,天下大同。"参见:费孝通. 文化与文化自觉 [M]. 北京:群言出版社,2010:456.

③ [英] 齐格蒙特·鲍曼. 作为实践的文化 [M]. 郑莉,译. 北京:北京大学出版社,2009:146.

"伪"的道路。正如有学者所批判的那样:"可是如此这般地拒绝自然的引领,人类也就失去其保护及自然在开始给予人类的一切好处。人类眼见着自己被放逐,走上了一条永无尽头的道路,被抛给了沿路的所有危险。特别是在其最早的几篇论文中,卢梭不厌其烦地描写了这些危险。可完善性是人类所有洞见的源泉,也是人类所有舛误的来源,它是人类之德性,也是人类之罪恶的根源。"① 伊格尔顿曾呼吁道:"作为自我培养者,我们是自己手中的粘土,集救世主与精神上的再生者、牧师与罪人于一身……文化的优雅……不能粗暴地强加在天性之上。它更应该与天性自身内在的倾向合作,以使之超越其自身。像优雅一样,文化必须已经代表了人天性中的一种潜能。"② 进一步说,教育作为一种自觉的活动,不是将已有的文化"打包"给儿童,而是因着儿童创造新的"为儿童的文化"。所谓"为儿童的文化",是指遵循儿童的天性,创造符合儿童天性的文化。如同在瑞吉欧教育中所强调的:"这一文化中的一个突出的信条同儿童的形象有关,即相信儿童是有能力,富有见地的,等等。"③ 因为有了儿童,因为儿童,"为儿童的文化"与"儿童的文化"在教育场域中"相遇",从而真正创造一种新的文化。自然教育便是在新的文化信念推动下所从事的活动。

---

① [德]恩斯特·卡西勒. 卢梭问题[M]. 王春华,译. 南京:译林出版社,2009:94.
② [英]特瑞·伊格尔顿. 文化的观念[M]. 方杰,译. 南京:南京大学出版社,2006:5.
③ [美]尼丹东·沙因费尔德,凯伦·黑格,桑德拉·沙因费尔德. 我们都是探索者:在城市环境中运用瑞吉欧原则开展教学[M]. 屠筱青,戴俊毅,译. 南京:南京师范大学出版社,2014:234.

(一) 文化是"第二性"

自然教育意识到文化只是人的创造。人身上的自然是"质",文化是"文",对此,有学者认为:"自然和文明要结合得很好。质的方面偏胜,就会过于朴野;文的方面偏胜,则会陷于琐屑空疏。一定要文质彬彬,把自然的状态加以升华,在文明的层面复返归于自然,才能达到人格的完成(君子)。这就是一种教化。孟子的说法更全面:'大人者,不失其赤子之心者也。''赤子',是完全的自然。老子也讲复归于自然,复归于婴儿。但这个'复归',不是'回到'自然的状态,而是把婴儿的状态在文明的层面加以敞开,并保持住这份婴儿般的纯真。"[①] 也就是说文化是"第二性",人本身才是"第一性"的。

卢梭对社会、文化等"人为之物"均加以谴责,与鲁迅"吃人"的呐喊有着某种相似的逻辑,即意识到了已有文化对人的压迫性与异化性。作为他者生命流溢的文化形态成了"我"的"屏障",制约甚至异化了"我"的自然生命。文化与自然的张力便在此,即文化给人带来一个世界的同时也可能使人失去一个世界。"文化"很容易失去最初创造时的精神性而堕化为一种"习惯",并由此造成两种后果:一是人失去了与世界真实的感受而成为一种冷静的旁观者,或是带着一副厚厚的眼镜看到都是"符号"外衣包裹中的世界。这将导致人与世界最为原初的联结"断裂"。每个人都有文化的"痕迹",文化的积习悄然"化入"人自身。在人身上都有文化留下的拙劣痕迹。从某种意义上来

---

① 李景林. 教化视域中的儒学[M]. 北京:中国社会科学出版社,2013:6.

说，也许唯有儿童、"疯子"能够脱离文化的"先见"，使文化有了新的可能性。因此，若将已有的文化作为教育的根基必然存在"危机"，或者说用文化的"枝蔓"殖民人的"根性"本就是本末倒置。这样必然使人在"抱残守旧"中变成了一个机械僵化的文化机器，失去了人的灵性与生命。如此，人也许习得了文化的外壳，却失去了鲜活的文化的内核。人，一个宏大的宇宙性的存在，便在所谓的文化的"合谋"中被毁，作为"上帝之手"杰作的人却成了"人之手"的"劣品"。

当然，对文化的这种谴责并不是走向所谓的文化虚无主义，也并不否定文化给人所提供的意义空间；而是给文化建立一个新的逻辑起点，以便在文化中给新的生命留下创造"缝隙"与"裂口"，给文化的更新以及人自我的更新提供"合法"的依据，从而使更新成为可能。文化不能成为人的"制裁者"，人的天性应该成为文化"立法者"。国内有学者便认为："人性在其起源上就是'天'之所'命'……'天性'，这一概念揭示了人之存在中的原始、天真、单纯、质朴的那一面向，一切政教营为都必须充分地尊重这一向度，为个人的天性（自然本性）敞开空间。"[①] 自然是第一性的，文化是派生的，是"第二性"的。文化要以人的自然的开显为本。有学者曾这样说，"如果整个文化全面异化了，那我们就回到儿童那里去。如果儿童也被污染了，那么我们便回归到动物世界去、植物世界去（——让我们变成一群鸽子，飞到蓝天上，让我们变成一片狗尾巴草，逍遥地长在池塘边）。让我们回归到星空，让我们挖掘自身的心灵。荣格说得

---

① 陈赟. 天下或天地之间：中国思想的古典视域［M］. 上海：上海书店出版社，2007：9.

好：当文化的发展偏离了正途，偏离到一定程度的时候，出来纠偏的总是集体无意识，总是我们深层的天性，那里面有宇宙的法则，有《老子》所谓大美、大德、大智、大道、大序。那里面有诗意有神话，是我们心灵的真正核心，也是我们真正能安居的家。所谓种种文化上的回归、治愈，都是回到这个家，在那里疗伤与憩息。"①

已有的文化一方面成就人，一方面也可能禁锢人，文化的双重性使得文化与人的关系充满悖论与张力。这取决于文化以什么样的方式与个体生命相遇，文化如何在个体身上"着陆"。文化不应当是"占有"个体生命，而应当是滋养个体生命。文化在个体身上再一次"成为肉身"。也就是说，"成长并非是一种支解。成为大人并不意味着'杀死'从前那个孩童，而是把他藏在我们内心深处，这就是所谓的童心未泯，并在适当的时候重新得到他"②。

（二）教育以儿童自然天性为基

1. 童年的本体意义

儿童自身，儿童身上的自然是目的中的目的。在这里，目的不是一种功利性的目标，而是相对于工具性或手段而言，指一种自身便具有绝对的意义神圣的价值。从这个层面来说，儿童是康德所谓的"目的王国"的神圣存在者。教育不是将现有的文化

---

① 刘晓东. 论教育与天性 [J]. 南京师大学报（社会科学版），2003（4）.

② [意]伊泰洛·卡尔维诺. 你生活在哪个童话里？[J]. 魏怡，编译. 科学世界，2000（7）.

"填塞"给儿童,而是看到儿童的"富有",从而打开教育的新境界。

童年是一段"天真"的时光,"天真"有着积极而深邃的内涵。"'天真'是教育最辽阔的领地,可以容纳无穷的丰富与复杂,而我们还很不了解'天真'。很多东西不经意间错过了天真的热情,很多东西又被错置于天真的岁月,堵塞、迟滞了孩童的不难发现的可能性和惊人的潜质。"① 儿童不是一个"乞丐",他有"成堆的黄金和珠子"②。儿童的任务不是在"乞讨"中为未来准备,而是"享用"自身的财富并最终在"享用"中获得发展。正如杜威所言:"正像一座山不是为了作为山之顶点的山峰而存在的一样。一节音乐有一个结尾,但是前一部分并不因而就是为了这个结尾而存在的,好像到了结束的时候它就是将被抛弃掉的东西似的。同样,一个人只有在他曾经是一个儿童之后才是一个成人,但童年却并不是为了成年而存在的。"③ 儿童的身上蕴有宝贵的财富,先天的资源。"在漫长的进化过程中,人类获得了比其他任何物种都要丰富的先天信息资源。这些先天资源是人自身的自然,是天性,是进化史上历代祖先生命活动的积淀。儿童身上的天性资源(即童年资源)是一切人力资源、人文资源的源头,是老子主张'复归于婴儿'、孟子主张'不失赤子之

---

① 林少敏. 自由教育的高贵精神 [M]. 北京:北京师范大学出版社,2010:211.

② "孩子有成堆的黄金和珠子,但他到这个世界上来,却像一个乞丐。"摘自:[印度]泰戈尔. 新月集 飞鸟集 [M]. 郑振铎,译. 长沙:湖南人民出版社,1981:2.

③ [美]杜威. 经验与自然 [M]. 傅统先,译. 南京:江苏教育出版社,2005:65.

心'、宋明心学讴歌'童心'的原因所在。"① 因此，不是文化而是儿童自身要成为教育的目的。儿童蕴含着丰富的自然资源，是自然防御人类异化的恩赐。尼采认为人的生命要在回归中"变形"为真正的"婴儿"。婴儿是天真和希望，是一个新的开始，一个游戏，一个自转的轮，一个原始的动作，一个神圣的肯定。②

2. 天性的本体意义

"人之为人，是人的天性'先验'地规定的。"③ 美国社会生物学家威尔逊也意识到了天性的不可改良，他引用莱昂内尔·特里林在《超越文化》一书中的话说，在心智的某些方面"存在着一个坚硬的、最基本的、不可动摇的内核，它由生物性冲动、生物性需要和天生的理性所组成，是文化难以触及的，而且保留着迟早会行使的权力，即对文化作出判断、抵制并修正文化的权力"④。老子说要"复归于婴孩"；孟子说"大人者不失赤子之心"；而耶稣更是直接宣称："若不回转，变成小孩子的样式，断不能进天国。"在这里，"婴孩""赤子""小孩子"都代表着洗涤了"文""法""理"等外在限制、"任性而动"、天性饱满的人，代表着扬弃了外在固定残缺的人为破坏、内在自然充分绽放的人。因此，"在天性与文化所构成的矛盾中（现实中的人就

---

① 刘晓东. 童年资源：从贫乏的童年到丰饶的童年 [J]. 人民教育，2014（4）.

② 刘成纪. 物象美学——自然的再发现 [M]. 郑州：郑州大学出版社，2002：166.

③ 刘晓东. 论童年在人生中的位置 [J]. 南京师大学报（社会科学版），2013（6）.

④ [美] 威尔逊. 论人性 [M]. 杭州：浙江教育出版社，2001：72.

是在这一矛盾运动中成长的),人们往往强调的是以文化'化'天性。然而,天性是文化的根基和尺度,如果忽视了天性对人之生成和文化发展的规定与制约,那么,人与文化便会产生异化。要想生成健全的人和健全的文化,我们必须尊崇天性"①。

自然是人之母,人是文化之母;人脱胎于自然,依然且当然是自然的一部分;人和文化体现了自然的新形态。② 在教育中,儿童的天性,而不是文化本身在逻辑上成为首要,成为根基。对此,有学者指出,人的天性是文化、文明的出发点和目的;人是目的,儿童是目的,童心是目的。童心究其实质是人自身之自然的托载体。③我们甚至说,文化的每一次"春雷"般的更新,不仅源于作为文化载体的"人",向着古老幽深的自然家园的"返回"与"出发";也是人身上的自然的一种绽放。尊重天性,并不意味着拒斥文化。或者,从另一方面来说,自然教育就是朝向儿童同时也朝向文化的教育。儿童自身与文化之间具有一种"合规律性"与"合目的性"。自然是根源。天性在文化中展开,从而创造一种新型的文化。教育尊重甚至敬畏儿童,同时谨慎地提供一种可能性,让儿童在教育的场域中更好地发展自己,真正地成为自己。在文化的濡染与熏习中实现天性的舒展与绽放,这样人才是具有创造与生长的"个体"而不是屈从与盲从的"物体"。

对卢梭来说,痛斥文化并不意味着拒斥文化,而是在思考文化与自然、自然与文化之间如何找到平衡与契合。卢梭的"自然

---

① 金生鈜. 教育:思想与对话. 第1辑 [M]. 北京:教育科学出版社,2005:150-151.

②③ 刘晓东. 童年资源与儿童本位 [J]. 教育研究与实验,2013(4).

人"并不是不受文化濡化的抽象的人,而是在文化中丰盈其自然天性的人。如同有学者所评论的那样:"所谓自然人,实际上就是人自身种种天性或种种自然性(human nature)的集合……"①既"茁壮成长而又未曾受到文化污染"才是教育追求的最高境界。加德纳在谈到《儿童的一百种语言》时说道:"本书内容包括了对人类早期天性的深刻反思,以及在不同文化环境下这种天性被引导与刺激的方式。"② 在加德纳看来,瑞吉欧教育便是使儿童的天性在文化境域中得以引导的艺术;是作为儿童的自然在文化中的生长而不是被压制的艺术。教育敞开一个世界,打开一个空间,经营一份真正的文化境域,从而让儿童"内在自然"运行与涌现。而在这个过程,文化向着儿童"展开",儿童向着文化"生成",儿童与文化之间形成一种更为"亲密"、更为动态的创生关系。或者说,"要使新生一代与人类文化实现自为的现实的统一,只有通过教育才能奏效。实际上教育的全部旨趣就是使人个体与人类达成自为的统一,达成现实的统一"③。儿童身上的自然包含了一切文化原初原创性的根。因此,教育不是一种静态的文化符号,不是把已有的文化过滤、简化或重组"传递"给儿童;而是一种动态的文化发生学。

---

① 刘晓东. 论儿童是自然之子——兼论自然界对儿童的教育功能[J]. 教育导刊, 2005 (9).
② [美] 卡洛琳·爱德华兹, 等. 儿童的一百种语言(第3版):转型时期的瑞吉欧·艾米利亚经验[M]. 尹坚勤, 等译. 南京:南京师范大学出版社, 2014:1.
③ 刘晓东. 儿童精神哲学[M]. 南京:南京师范大学出版社, 1999:348.

（三）教育为儿童创造新的文化

人作为一种"残缺破碎"的"造物"，在其创造的文化中必然有某种缺漏；人若是在文化的压迫下被动生存，其鲜活的生命与崭新的意志必将枯萎。文化样态与人的自然生命之间存在着某种不可避免的张力与悖论。人类的发展恒定地存在着一个巨大的悖论：如何在外在的文化与内在的自我之间保持平衡。而教育则是消解这种"张力与悖论"，从而为儿童的自然发展提供帮助。在教育过程中要利用已有的文化资源，因着儿童重建一种适宜儿童天性的文化。如此一来，教育便不是使儿童成为旧有文化创造物的"奴隶"，成为"食用"文化的寄生虫或单一的文化"产品"；而是以既有的文化系统作为"桥梁"，使儿童经由祖辈绵延的类的生命之流进入更为广阔的世界。由此，教育便成为儿童的"庇护所"而不是"加工厂"。教育要重建一种更为自觉的"为儿童"的文化，一种使得儿童自身的文化在丰富中生长、发展、绽放的文化，一种更合目的、合规律以至于更合乎人性的本质的文化。人身上的自然是一切精神与文化的源泉、根基、母体。它是浩瀚的宇宙与洪荒的时间之"手"的杰作，是神圣的恩赐，是人身上巨大的宝藏，永不干涸的泉源。儿童的富足在于儿童天然地占有它、使用它。在教育中，不是让文化强占儿童的"空间"，而是让儿童在文化中"更自觉的、朝向他人与世界的广袤更敞开"。在文化中，让儿童存在，任儿童生长。在这里，"让"是一种克制，"让"敞开了一个空间；而"任"，也不是一种任其自生自灭的冷漠与旁观，而是坚信生命本身的力量，给生命自身留一个空间。

教育的过程便是文化发生的过程，也是一种新的文化构建的过程。"教育乃使人成为人的本质含义，就是以尽性的方式来化育人,使人达向生生。"① 教育的过程也是人与文化的双向生成过程。就此,朱小蔓也曾提出人所特有的"文化生命",并认为"这种生命所体现的是社会文化在个体身上的延续,它所展露的是不断生成新文化、剔除旧文化的历史过程,是创造文化的生命和展现生命的文化的统一"②。在双向生成中,儿童身上的自然是动力与源泉。在自由的创造中,"让儿童打破了一座座名叫平庸和习惯的高墙"③。如同有学者所言:"当我们谈论这些的时候,我们是说在创建我们自己的文化。"④ 教育不仅"延续"了文化,而是创造更新了文化,从而使人类的文化向着更高的阶段进化。

总之,文化是派生出来的,文化自身不是目的,儿童才是目的。文化不应成为摧毁本性的"外来之物",而应成全自然。因此,教育要在文化的谦逊中为人这一崇高的创造提供帮助。如此,从"另一个世界"来到"这个世界"的儿童,在教育中便突破了种种阻隔与束缚,避免了种种异化的试探与险境。教育将已有的文化"化为"成长资源以唤醒儿童身上更为巨大的动能与潜力,从而在创造新的文化形态中也完成自我的创造。在这个过程中,文化不断地超越现有的拘囿,生成新的样态。文化不是

---

① 唐代兴. 生境伦理的教育道路 [M]. 上海:上海三联书店,2014:36.

② 朱小蔓. 教育的问题与挑战:思想的回应 [M]. 南京:南京师范大学出版社,2000:9.

③ [意] 瑞吉欧儿童国际中心. 除了蚂蚁,什么东西都有影子 [M]. 周菁,译. 南京:南京师范大学出版社,2014:3.

④ [美] 尼丹东·沙因费尔德,凯伦·黑格,桑德拉·沙因费尔德. 我们都是探索者:在城市环境中运用瑞吉欧原则开展教学 [M]. 屠筱青,戴俊毅,译. 南京:南京师范大学出版社,2014:233.

简单的传递，而是不断地更新，如同"一把不断地刺向未来的利刃"，在"试图摆脱适应的束缚中展现人类创造性"①。在"大胆的创造"中，儿童将成为文化"积极而且有力的贡献者"②，成为新天地中的宏伟存在！

四、文化在自然教育中的路向

（一）文化"复活"化

文化尤其是文化经典具有提升精神、滋养心性的力量。正是意识到文化的意义与价值，目前教育界兴起了轰轰烈烈的"读经运动"。然而主要的问题在于，机械的诵读使得经典文化变成了一种静态的、固定的"知识"。如此以来，教育便成了文化"快递员"，儿童也成了文化的"中转站"。这不仅不能对儿童精神内在结构的转化提供帮助，也不能真正地弘扬文化本身。经典文化本是圣贤真实生命的生动表达，当文化从鲜活的生命"变异"为固定的文本存在时，便成了凝固的、封闭的存在。也就是说，作为文本存在的文化失去了个体生命的温润与鲜活，将温润而流动的生命时间定格为静止而固定的文本空间。再者，传统文化也不一定都是对儿童有"召唤力"的文化。教育需要通过"为儿童的文化"而对"传统文化"进行过滤。教师与经典相遇从而生成温润的"文化肉身"，由此，经典才不致以"死"的知识形

---

① ［英］齐格蒙特·鲍曼. 作为实践的文化［M］. 郑莉，译. 北京：北京大学出版社，2009：285.

② ［英］R. G. 柯林伍德. 精神镜像，或知识地图［M］. 赵志义，朱宁嘉，译. 桂林：广西师范大学出版社，2006：311.

式而是"活"的文化与儿童相遇。文"化"为教师的肉身,使之成为鲜活可感的存在。文成为生命,带着馨香的精神之气与儿童相遇,从而也成了儿童的"肉身"。儿童在与教师的共同生活中感受到文化的丰盈之境。

经典文化以文字的形态存在于历史的空间。文字本身只是文化的"替代"。有意思的是,但凡文化的开端,文化开创者都是"述而不作",孔子、苏格拉底、耶稣都是在真实的生活场景与生命气韵中诉说自己发现的"道"。自其门徒将其语录整理成文字后,便造成了各种争端与是非——这恰恰证明了德里达所谓的"写的危险在于它外在于说,它不在场"。德里达甚至引用卢梭的观念认为,寻找替代品或复制品的行为是最原初的原罪,替代(包括教育和文字等)是进步和堕落的根源,教育出的一代是文明的一代亦是被毁的一代。爱默生曾说过:"最初的学者将他周围的世界纳入内心,潜心地思考它。在经过一番新的整合之后,将这些思考倾吐出来。世界进入他内心的时候是生活,从他内心出来的时候是真理;它进入他内心的时候是转瞬即逝的行动,从他内心出来的时候是不朽的思想;它进入他内心的时候是俗务,从他内心出来的时候是诗。"[①] 文化并不是一代人传给一代人的固定的、静止的文字,不是抽离了生命气息的僵化的符号;而是要经历重新地创造过程,要在创造过程中使个体获得绽放、自身获得新生命。

文化作为超越时空的"类生命"的创造,需要再一次被唤醒,而教师也需要超越"个我"的限制而进入更为广阔的生命

[①] [美] R. W. 爱默生. 自然沉思录 [M]. 博凡, 译. 上海: 上海社会科学院出版社, 1993: 71.

空间，从而成为更为丰盈的自我。因此，在自然教育中，作为教师的自然之身需要在文化的存有中再次"出生"，实现文化与自我的共同"复活"，在实现文化的传承与更新的同时也实现自我的成长与发展。教师不是文化的"旁观者"，而是创造文化的"参与者"。教师参与到更为恢宏的文化创造中，心灵的火花在经典中点燃。文化成为活的生命而不再是无生命的文物。正如德国思想家斯宾格勒所说：文化是活的文明，文明是死去的文化。在他看来，文明在物质和精神活动中留下的痕迹，这些痕迹就具有物质形态或制度性的外壳。而文化是一种不断由内向外溢出的生命力量。① 作为符号的文本的复活，或者说文化需要重新"诞生"，通过个体生成新的文化形态。"前人的文化与生命同在，与生命相渗透的文化已随生命的消失而消失，我们仅是得到了它们的倒影，如果我转过身来，分开两腿，然后弯腰低头眺望河水，水中的映象便俨然是正相了……"② 因此，文化要"复活"为一个血肉之躯的"你"。教师首先是个生命体，洋溢着文化的馨香气息，与儿童共同生活，对儿童有着召唤与陶冶。真正的文化必须内化为个体的心灵，需要个体生命体验的发现、体认，在生活中确认和践履并且还原成为一种生命的气息。

教师通过文化修身，经典文化对其心性有了濡化与提升。文化在具体的生命身上"复活"并获得新生。教师在经典的润泽中展现出真正的生命气息。文化成为教师生命的展示、精神的气韵，从而在教育中构成一种独特的文化"风气"。如同有学者所

---

① 李河. 文化是一个故事 [M]. 广州：广东教育出版社，1997：81.
② 木心. 哥伦比亚的倒影 [M]. 桂林：广西师范大学出版社，2006：104.

言:"先秦以来形成的'无为'思想的关键就在于,努力消解种种人为建构的符号象征系统,而那种种符号系统将个人包裹在重重的观念、框架之中,以至于个人在很大程度上成了纯粹的承载者。在各正性命构成的总体背景视域中,真正的责任意识不是发端于词语的观念动员,也不是来源于稳定的秩序模式或制度体制的约束力量,毋宁说是在那种能够感动并滋养个人的流动着的'风气'中酝酿发生的,在这种'风气'中,眼、耳、鼻、口,也就是整个身心皆能有养。"① 教育也应该遵从"无为",创造使得儿童"整个身心皆能有所养"的生命境域。如此,儿童不是鹦鹉学舌般地机械地"啃"文化之"骨",而是真正切己地"嗅"到了精神的氤氲之"气"。越是经典的文化,越是文化创造者自我天性的饱满绽放,越代表着心性自然的生成。因此,不是将文化"塞"到儿童的头脑中,而是敞开一种文化境域,让儿童真实地感受与陶冶。文化——重要的是动态的"化"而不是静态的"文"。只有将文化转化为可感可触的气息,儿童才能与文化真正相遇。

在这种境域中,儿童与经典文化不是在粗糙与机械的传递中"横眉冷对",而是在温润而灵动的陶冶中"相看两不厌"。如同雅斯贝尔斯所说:"陶冶则意味着,在铸造和展开人的这一天然给定性过程中,通过人自身的活动、意识和他特有世界的形式与一般的形式接近。这样,这种一般形式在个体的构造中是作为唯

---

① 陈赟. 天下或天地之间:中国思想的古典视域 [M]. 上海:上海书店出版社,2007:22.

一的特征表现出来的。"① 文化以陶冶的方式获得了绵延，人携带着文化完成了精神的飞跃。由此，经典、教师、儿童真正"相会"，而这种相会本身便能创造出文化之花。

（二）文化环境化

文化环境化是将静态的文化转化为可见可触可感的环境。环境如同生命的氧气，滋养着儿童成长与发展。蒙台梭利曾说："教育并非教师教的过程，而是人的本能发展的一种自然过程。不是通过听，而是依靠儿童作用于环境获得的经验。"②"教育对儿童所产生的巨大影响是依靠环境作为手段，因为儿童吸收环境，从环境中吸收一切并将其具体化。"③ 儿童自己在与环境的建构中成长为独立、独特的个体。在此，环境不是指个体存在的场域，而是与个体相契合的"生态龛"。儿童与环境有着直接的交流与互动。对此，有学者也认为，这样的环境本身便是"生境"，个体在"生境"中展开、生长与发展。"涌现为个体开辟了生境，教育的作用就在于通过培育生境为个体生命的发展提供更为广阔的资源环境和发展空间。"④ 因此，教育的意义和价值便是甄别出适宜儿童的文化，使文化融入某种境域并在适合儿童

---

① ［德］雅斯贝尔斯. 什么是教育［M］. 邹进，译. 北京：生活·读书·新知三联书店，1991：104.
② ［意］蒙台梭利. 蒙台梭利幼儿教育科学方法［M］. 任代文，译. 北京：人民教育出版社，2001：340.
③ ［意］蒙台梭利. 蒙台梭利幼儿教育科学方法［M］. 任代文，译. 北京：人民教育出版社，2001：397.
④ 倪胜利. 大德曰生——教育世界的生命原理［M］. 桂林：广西师范大学出版社，2006：75.

的空间中得以显现。世界披着迷人的面纱，召唤着我们。教育不是"揭开面纱"，给儿童一个"冰冷"的知识世界。教育不是将文化窄化为知识，而是将文化还原为环境，以引出儿童的天性。

对于教育场域来说，甚至建筑都可以成为活的文化之物。亚历山大在他的《永恒的建筑方法》一书中坚持认为，如果我们生活的空间和地方是"活着的"，那么我们最好的、最真实、最健康的一面将被引发出来；如果我们生活的空间和地方是"死的"，那么我们受到的将是它的压抑。[①] "在一幢活着的建筑中，没有任何地方是用作生活的不同时刻的过渡站的。每一个地方都是一个让生活能够完全投入的地方；每一平方英寸都是有它一定目的并能够对人的某一时刻的生活提供支持的。正因为如此，这所有的部分应该是一个整体。"[②] 教育场域中的建筑也需要被有意地赋予意义，"不是单纯地对空间进行组合，它包含一种哲学，一种思维方式，思考教育、学习、教学和学习的关系，以及实际行动和动手操作在知识建构过程中的作用"[③]。也就是说，建筑本身是有生命力的鲜活的意义表达。

不仅建筑是"活"的，环境中的物也不应是机械、孤立、拼凑的死的存在，而是聚合着带有文化意蕴的"活"物。物对

[①] [美] 路易丝·博伊德·卡德威尔. 把学习带进生活——瑞吉欧学前教育方法 [M]. 刘鲲, 刘一汀, 译. 上海: 华东师范大学出版社, 2006: 222.

[②] [美] 路易丝·博伊德·卡德威尔. 把学习带进生活——瑞吉欧学前教育方法 [M]. 刘鲲, 刘一汀, 译. 上海: 华东师范大学出版社, 2006: 223.

[③] [意] 卡丽娜·里纳尔迪. 对话瑞吉欧·艾米利亚：倾听、研究与学习 [M]. 周菁, 译. 南京: 南京师范大学出版社, 2014: 61.

儿童精神具有无形的召唤力。儿童在与物打交道中，精神之光悄然绽放。儿童与物的相遇打开了儿童精神的管道。"道"的展开不是一种静止的、僵化的单向注入，而是在物的聚合中儿童与其发生触感的、动态性的生命互动。文化是以物而非知识的方式与儿童相遇的。非概念的、活泼泼的物，打开了文化的"生发境域"，与儿童直接相遇。在瑞吉欧教育中，"物品是循环利用的，它本身蕴涵着一种秩序、一种惊奇，它们是有生命的，是不断引人深思的。有多少只眼睛观察过它，有多少双手摆弄过它们，大家都能从中找到它的共性。这就是文化的意义，这是一种3至73岁的有着共同的价值观的人创造的文化"①。

再者，教育场域要成为儿童栖居的地方，成为儿童的家园。儿童不是"游历"，而是自由地"居住"。地方与地点不同。地方不仅仅是物理上的空间，也不仅仅是停留的位置，地方是精神发生的秘密泉源。"地方需要空间性的地点、需要某种空间性的容器。但是与地方相对的空间还包括几何学和地形学的抽象涵义，而地方却是'被赋予意义的空间'。"② 地方对儿童具有召唤性，促进儿童的生长，成为儿童的精神之所。环境的地方性也意味着环境在与儿童的相遇中是逐渐生长的、活的存在，意味着环境不单单是一个物理性的空间。环境成了儿童与教师共同的生命记号，而这些生命记号又建构了一个意义空间。瑞吉欧教育便很

---

① ［美］路易丝·博伊德·卡德威尔. 把学习带进生活——瑞吉欧学前教育方法［M］. 刘鲲，刘一汀，译. 上海：华东师范大学出版社，2006：141.
② ［美］路易丝·博伊德·卡德威尔. 把学习带进生活——瑞吉欧学前教育方法［M］. 刘鲲，刘一汀，译. 上海：华东师范大学出版社，2006：70.

注意制造记号和痕迹:"这些痕迹又像镜子一样告诉我们自己是谁。痕迹就像我们生命中的脐带一样,承载着我们的生命之源,创造着我们自己的经验联系,产生了我们自己存在的独特意义。"① 不仅如此,儿童在环境中还具有积极的创造性,"幼儿不但看到了自己的存在价值,拥有自己的主导权,同时也培养了创造环境的想象力和可能性。而环境中所拥有的性质和特性又不断地刺激幼儿,成为其创造力的活力源泉,在此层层相扣的连续互动的过程中,幼儿茁壮长大,环境也丰盈美丽"②。环境与儿童构成一种循环式的共建,以至于整个教育场域成为一个有生命的物体,"有脉搏的跳动,会变化、变形,在成长、成熟"③……

如此以来,环境本身便创建了一种新的文化,儿童在其间自由地成长,建构自己的生命。蒙台梭利曾就此指出:"在新环境发挥其魅力即为建设性活动提供动机的时候,所有能力就会联合起来,偏差就会消失。于是,一个独特的儿童——一个'新儿童'就会产生;它是儿童的真正'个性',它可以建设自己。"④

---

① [美]路易丝·博伊德·卡德威尔. 把学习带进生活——瑞吉欧学前教育方法 [M]. 刘鲲,刘一汀,译. 上海:华东师范大学出版社,2006:160.

② [意]洛利斯·马拉古齐. 孩子的一百种语言 [M]. 张军红,等译. 台北:光佑文化事业股份有限公司,1998:3.

③ [美]路易丝·博伊德·卡德威尔. 把学习带进生活——瑞吉欧学前教育方法 [M]. 刘鲲,刘一汀,译. 上海:华东师范大学出版社,2006:223.

④ [意]蒙台梭利. 蒙台梭利幼儿教育科学方法 [M]. 任代文,译. 北京:人民教育出版社,2001:527.

(三) 文化"活动"化

在活动中,儿童是意义的编织者,文化的创造者。"儿童是无聊的死敌,是对自然现象熟视无睹的死敌,也是被动呆板的死敌。儿童就像预言者,更准确地说,像全职研究员,不知疲倦地行动、思想和制造理论,这是他们首选的学习和占领世界以生活的方法。"①"儿童,特别是与其他儿童在一起的时候,是发明家,是'打破安全感的人',以及理论和行为的重新建构者,规避任何傲慢或可预见的方法。"② 在活动中,儿童展现自我的生命,并因此获得生长。缺乏活动必然影响儿童探索世界的原始热情与生命力,隔绝儿童与世界的关系之维。在活动中,儿童与世界建立了深层"链接",与世界发生"交汇"与对话。弗洛姆曾说,伟大的创造者都与世界有着深层的"交汇"。在活动中,儿童的身体是生成性的、流动的,处在与世界的复杂立体的交流互动中,视觉、听觉、触觉等感官与世界之间有了深层的敞开。所有的经验沉淀成身体的一部分。在活动中,儿童与世界之间不再是一种静止的"我—它"状态,而是一个动态的"我—你"对话,在生成之力的层次上实现人之"身"与世界之"肉"的深层交融。活动不仅仅是儿童的一种行动方式、一种技能,活动本身就是儿童存在的本质。在活动中,儿童自身的感官获得发展,儿童创造了自身,也创造了丰富的文化世界。

---

① [意] 瑞吉欧儿童国际中心. 除了蚂蚁,什么东西都有影子 [M]. 周菁,译. 南京:南京师范大学出版社,2014:36.

② [意] 瑞吉欧儿童国际中心. 除了蚂蚁,什么东西都有影子 [M]. 周菁,译. 南京:南京师范大学出版社,2014:49.

总之，自然教育回到儿童，在儿童身上看到丰富的财富，这并不是偏离文化而是在创造新的文化。如同在瑞吉欧教育中，因着儿童，通过已有文化，打开崭新的空间，从而创造了一种所谓的"童年期文化"。"在这个空间展开了在乌托邦理想下'创造童年期文化'的实践。而且这个立足于当地的文化实践跨越了地理疆界，成为了一个全球的网络——用卡丽娜的话来说，它建构了'一个新的文化布局'。这个网络为探索人类世界新模式打开了一扇门。"[①] 就此而论，自然教育不是否定文化，而是构建了一种"新的文化布局"。

[①] ［意］卡丽娜·里纳尔迪. 对话瑞吉欧·艾米利亚：倾听、研究与学习［M］. 周菁，译. 南京：南京师范大学出版社，2014：20.

第七章　自然教育：通向
理想社会之路

儿童就像弥赛亚，他降临到堕落的人间，是为了引导他们返回天国。

——爱默生

教育从根本上来说是对社会问题的回应，对教育问题的反思和探讨不能回避社会问题。柏拉图的《理想国》对教育问题的阐述和对理想社会的哲思是一体的。同样，卢梭在《爱弥儿》（1762）中提出合乎自然的教育，也在《社会契约论》（1762）中提出社会的原则；蒙台梭利不仅写下了《童年的秘密》，更著有《教育与和平》；杜威的《民主主义与教育》便是教育与社会问题的合论。博尔诺夫则更是直接地探讨不同的教育对社会产生的影响："积极的教育和消极的教育，一种是'制作'的教育，另一种是'顺其自然发展'的教育。前者是按手工劳动的模式来理解教育的，像手工劳动者根据已有的材料来制造产品一样，教育者也应当按照某种教育目的来造就儿童……后一种教育观认为儿童不是可以任意塑造的材料，而是按照内在规律发展的自然生物，教育除了排除障碍以及对这种发展提供自由活动的余地以外，没有更好的办法。"① 他进而指出，这两种教育观分别指向两种社会观，前者生成了专制的社会，而后者生成了民主的社会。"制作的教育"，是以社会的标准来要求儿童，使儿童被动地适应社会。因此，教育需要从"制作的教育"走向"顺其自然发展的教育"。儿童的自然教育是"顺其自然发展的教育"，看似是与社会无关，却具有革新社会甚至促成更为理想的社会形态的意义。

一、儿童是理想社会生成的动力源泉

理想社会的实现是人类由来已久的共同渴盼。对于理想社会的生成，不同的思想者有着理据不一的论说。政治家将理想社会寄托于合理的统治制度，经济学家将其指向一种物质基础。自然教育家，却将儿童看成是理想社会的衡量标准与理想社会生成的动力源泉。

（一）儿童是衡量理想社会的标准

衡量社会的标准不应该只是物质基础、政治制度等外在的尺度，还要有对儿童的认识这一内在的精神尺度。胡适曾说过，你要看一个国家的文明，只消考察三件事：第一，看他们怎样对待小孩子；第二，看他们怎样对待女人；第三，看他们怎样利用闲暇时间。② 也有学者指出："'儿童是成人之父'，健全的社会应

---

① ［德］O. F. 博尔诺夫. 教育人类学［M］. 李其龙，等译. 上海：华东师范大学出版社，1999：50-51.
② 高峰. 重新发现儿童［M］. 北京：教育科学出版社，2015：序.

当是以儿童为本位的社会。"[1] 据说，在芬兰的赫尔辛基有这样的召唤，"赫尔辛基：为儿童和童心未泯的人准备"。也就是说，赫尔辛基作为芬兰的首都，关注的焦点不是GDP，不是政治与稳定，而是为儿童和童心未泯的人做了多少准备。[2] 对儿童的认识和态度之所以能成为衡量理想社会的标准，在于儿童的美好形象和他们对于成人的警示作用。对此，陀思妥耶夫斯基在《卡拉马佐夫兄弟》写道："要爱孩子，因为他们是无罪的，如同天使一样让人感动，使人因他们而变得单纯。他们的存在好像是对我们的警示。"因此，唯有真正认识到儿童自身的神圣并尊重儿童的社会才会在"警示"中走向更新，也唯有由"童心未泯"的人构成的社会才能逐渐走向"童年的宁静，天国的宁静"般的理想形态。

（二）儿童使社会的更新成为可能

鲁迅先生曾颇有意味地描述了童年的闰土与成年的闰土。对于童年的闰土，文章诗意地写道："深蓝的天空中挂着一轮金黄的圆月，下面是海边的沙地，都种着一望无际的碧绿的西瓜，其间有一个十一二岁的少年，项带银圈，手捏一柄钢叉，向一匹猹尽力地刺去，那猹却将身一扭，反从他的胯下逃走了。"在这里，天空、海边、沙地、西瓜、少年、猹有着中国画的意境美；深蓝、金黄、碧绿充满了西方油画的色彩美；闰土、猹之间的动态"游戏"更是兼具了原始绘画的灵动与欢欣之蕴。与之相应的是

---

[1] 刘晓东. 儿童精神哲学 [M]. 南京：南京师范大学出版社，1999：391.

[2] 高峰. 重新发现儿童 [M]. 北京：教育科学出版社，2015：3.

成年的闰土,"他拣好了几件东西:两条长桌,四个椅子,一副香炉和烛台,一杆抬秤。他又要所有的草灰(我们这里煮饭是烧稻草的,那灰,可以做沙地的肥料),待我们启程的时候,他用船来载去。夜间,我们又谈些闲天,都是无关紧要的话"。从少年闰土到成年的闰土,展现了一个鲜活灵魂在悄无声息中被"吃"的命运。在作品的最后,鲁迅在"灰色"的哀感中也不忘留给读者一丝"称之为有"的希望——新生一代的孩子:"我们的船向前走,两岸的青山在黄昏中,都装成了深黛颜色,连着退向船后梢去。宏儿和我靠着船窗,同看外面模糊的风景,他忽然问道:'大伯!我们什么时候回来?''回来?你怎么还没有走就想回来了。''可是,水生约我到他家玩去咧……'"一句清脆的童音冲破了幽暗,一起玩、一起游戏的孩子——鲁迅在"孩子"身上看到了"若有若无"的希望。儿童作为刚刚开始发展的生命个体,使社会有了冲破"旧"的锁链的可能。最大的哀痛莫过于历史车辙徒然地压过一个又一个鲜活的生命,而生命内蕴的意义与价值却没有被发现。人类历史的进程如何避免生命的"复制"与苦难的"重蹈"?如何"肩住黑暗的闸门"?如果说鲁迅在提醒我们"救救孩子",孩子也在提醒我们"救救社会"。否则,"水生"也只能重复"闰土"的命运。

儿童进入世界意味着什么?儿童作为自然中的存在,带着新生的生命力来到社会。在《新月集》中,泰戈尔将儿童的世界比拟为"新月国",在《不朽颂》中,华兹华斯认为儿童带着"天国的光辉"。从"新月国"到带着天国光辉的儿童,他们是此世盼望和救赎力量的赐予者。而漫长的儿童期或许就是上帝为了更新社会"别有用心"的创造?正是在这个意义上,蒙台梭利认为儿童期的存在本身具有永恒的目的。杜威也有同样的见解:"社会生活日益复杂,需要一个较长的婴幼期,以便获得所需要的力量;这种依赖的延长就是可塑性的延长,或者就是要获得可变的和新奇的控制模式的力量。因此,这种延长能进一步地促进社会进步。"[1] 由于有了"较长的婴幼期,以便获得所需要的力量",社会就会避免陷入一种僵化的循环与单调的重复,而可能在一代代的儿童的到来中,逐渐走向新生。

已有的社会很容易在一种固化的状态下在"复制"中"前行"。儿童作为崭新的存在,以鲜活的生命召唤人对自我和社会的革新力量。蒙台梭利将儿童视为烛照幽暗现实的希望之光:"社会就像一列以令人眩晕的高速朝着某个遥远的目标前进的火车,构成这个社会的个人可以比作在车厢的包厢里熟睡的旅客。他们那处于睡眠状态的良心是真正进步的最大障碍……走向社会改革的第一步,也是最困难的一步是,唤醒这种沉睡的人性,强迫它听听正在召唤的声音。当今绝对需要的是,社会应该意识到儿童,并真诚地努力把儿童从他所在的巨大的危险深渊中拖出来。"[2] 若要冲破循环的锁链,必须有超越此世的价值之光的照亮。于是"儿童"诞生了。正如泰戈尔所言,"每一个孩子出生时都带来信息说:上帝对我们并未灰心失望"。

在《童年的秘密》一书的"导论"中,蒙台梭利便把童年当作社会问题来看待。"童年的社会问题使我们能正确地理解支配人的自然发展的规律。它给我们一种新的自我意识,并使我们

---

[1] [美]杜威. 民主主义与教育[M]. 王承绪,译. 北京:人民教育出版社,2001:54.

[2] [意]玛丽亚·蒙台梭利. 童年的秘密[M]. 马荣根,译. 北京:人民教育出版社,2005:207-208.

的社会生活有一种新的方向。"① 虽然历经两次世界大战,然而战争大规模杀戮的残暴并没有让蒙台梭利走向虚无与绝望,她依旧饱含着对人类的信心与希望写下了《教育与和平》这一教育思想史上的巅峰之作,为后世的教育带来永恒的启示和力量。蒙台梭利认为,和平不是一种消极的状态,没有战争只是和平的最低限度,而人类自身精神的内在唤醒才是和平的真正意蕴。她看到了教育的神圣使命,看到了人类更新的可能,把所有的希望寄予儿童。在她看来,"儿童自身隐藏着一种生机勃勃的秘密,它能揭开遮住人的心灵的面纱;儿童自身具有某种东西,一旦被发现它就能帮助成人解决他们自己的个人和社会的问题。"② 如果人们能够从儿童身上看到自然所赋予的宝贵财富,能够从儿童身上看到希望,那么儿童更新社会便不是奢谈。

(三) 儿童召唤着社会进一步更新

儿童召唤着社会进一步更新。儿童作为爱的源泉,召唤着父母和所有的成人,散发着更新社会的光芒。儿童使父母有了社会责任感。正如周国平先生在做了父亲后意识到的那样:"我独来独往,超然物外。如果世界堕落了,我就唾弃它。如今,为了你有一个干净的住所,哪怕世界是奥吉亚斯的牛圈。我也甘愿坚守其中,承担起清扫它的苦役。"③ 孩子和对孩子真挚的爱会唤起

---

① [意] 玛丽亚·蒙台梭利. 童年的秘密 [M]. 马荣根,译. 北京:人民教育出版社,2005:22.
② [意] 玛丽亚·蒙台梭利. 童年的秘密 [M]. 马荣根,译. 北京:人民教育出版社,2005:24.
③ 周国平. 妞妞——一个父亲的札记 [M]. 上海:上海人民出版社,1996:33.

父母革新社会的内在动力。"父母有一个很重要的使命。他们是能够通过联合一致地工作以改善社会,进而拯救他们孩子的唯一的人。他们必须意识到自然托付给他们的使命。"① 对此,有学者指出:"人类不屈不挠地向前发展的最根本的动力,就是有下一代。如果我们把下一代所有的发展的各种可能性、所有的想象力和创造力,甚至他的独特的生命体验都给剥夺、给扭曲了,现有的世界就是一个最好的世界,那人类还有没有发展的可能?还有没有不断自我调整、自我生长的可能性?当然,谁都不希望答案是否定的。我又想到对人类而言,对儿童的呵护、珍视,甚至对生命的敬畏,实际上是人类的一种宿命。这种宿命的力量,就使得人类不断地产生一种悲悯之感,不断地审视自己的所作所为,也只有这样才有可能使人类不断地从黑暗的时代走过来,并争取更好的可能继续走下去。"② 父母如果没有做到他们应该做到的,就像圣经里的彼拉多一样。③在圣经中,彼拉多掌握着审判和决定耶稣生死的大权,然而他最终将基督交给了代表着社会习俗的大众。可见,蒙台梭利认为,父母应该为孩子的成长创造可能性条件,"关心世界上为承认儿童的权利而进行的斗争"。

儿童作为爱的源泉,以儿童为中心,能够团结所有的力量,并最终实现对社会的革新。"一种自出生起通过和平革命将儿童作为唯一中心并为这一共同目的而联合一切的教育。父亲、母亲、政治家,所有的人都必须尊重和帮助这一棘手的形成工作;

---

①③ [意]玛丽亚·蒙台梭利. 童年的秘密 [M]. 马荣根, 译. 北京: 人民教育出版社, 2005: 209.

② 张文质, 林少敏. 保卫童年: 基于生命化教育的人文对话 [M]. 福州: 福建教育出版社, 2009: 17.

儿童是在内部导引的保护下,在深奥的心理秘密深处进行这一工作的。这是人类新的光明和希望之所在。"① 儿童不仅仅是被教育者,而是"上帝"带给人类的启示,带着解决社会问题的"密码"。当为儿童发展提供条件时,社会也因之获得发展。

二、自然教育与社会

(一)儿童本位与社会之善

自然教育以儿童为本位,教育的一切都是围绕着儿童和儿童自身的发展而进行。儿童个体有着自己独特而神圣的价值,教育必须基于儿童,帮助儿童自我建构与发展,进而实现自我。就此而论,教育不是适应当前的社会状态,也不是为了适应一个虚构的抽象的未来的社会。麦金泰尔曾提出:"教育者的责任就是要抵抗事实上将会控制他的社会潮流。"② 杜威更是旗帜鲜明地说:"教育的目的之一应该是教导人们忽视由他们的社会环境所强加在他们身上的那些无意识的偏见。"③ 若是把教育理解为一种社会适应,会使教育成为一种强迫的、外在的过程,结果把个人的自由隶属于一个预定的社会和政治状态之下。④

---

① [意]蒙台梭利. 蒙台梭利幼儿教育科学方法 [M]. 任代文,译. 北京:人民教育出版社,2001:349.
② 金生鈜. 教育:思想与对话. 第1辑 [M]. 教育科学出版社,2005:3.
③ 刘铁芳. 回到原点:时代冲突中的教育理念 [M]. 上海:华东师范大学出版社,2006:110.
④ [美]杜威. 学校与社会·明日之学校 [M]. 赵祥麟,任钟印,吴志宏,译. 北京:人民教育出版社,2005:4.

第七章 自然教育：通向理想社会之路

我们也可以从卢梭的思想中得到启示。卢梭一直致力于人性的探索，他看到社会对人的压制，因此，他认为，教育的唯一目的便是培养自然人。自然人不是不受教育，而是不被异化。也就是说，卢梭"并不要把人拉回自然状态，而是要人借助于回首跂望来省察传统社会的偏差与缺陷"①。人要"返回自身"，要成为完全的自然与绝对的善。而"返回自身"与"返回自然"是一致性的。"返回自然"，不是简单地指回到大自然中，也不是回到原始的境域中，"自然人"是剥落"人伪"的外衣所呈现的永恒的人的形象。这是一个除"异己"的过程，也是人性复归的过程。因为，在惯常的观念中缺失了自然之维，人在社会的"知识"和"意见"的胁迫中被"制作"，而天性却被包裹在层层叠叠的习俗与先见之中。卢梭试图去构想一种教育，"我们可以构想一种教育，使其能够预见并且抵制社会腐化的不良影响。只不过，为了使这样一种教育得以实行，教育者必须了解自然，或者如同卢梭，本身就是一个'自然的人'。他不仅应该熟知人的原始本性，还应该清楚人改变本性的种种缘故"②。"熟知人的原始本性"，便可以"顺应"本性发展的方向；而"清楚人改变本性的种种缘故"便能够避免走进异化的循环。"《社会契约论》就是这条原则的例证，同时它也表明了卢梭一直坚持的另一条原则：'人性往而不返。'自然人无法脱离社会，而是必须重新创造社会以重新创造自身。这样，接下来《爱弥儿》中的教育方

---

① ［德］卡西尔. 卢梭·康德·歌德［M］. 刘东, 译. 北京：生活·读书·新知三联书店, 2002：31.

② 刘小枫, 陈少明. 卢梭的苏格拉底主义［M］. 北京：华夏出版社, 2005：15.

案也就顺理成章了：它简要地描述了'拥有文明人一切优点，却不沾染其一丝邪恶……的自然人'的成长过程。"① 换句话说，教育不是让儿童从自然人到社会人，而是自然人走向更高阶段的自然人，换句话说，教育不是从 A 到 B 的"异化"过程，而是从 A 到 A1、A2 等的生成过程，在生成中逐渐获得更新却又不失去自我的本性。因此，自然人不是一种静止的状态，而是一种不断生成的过程，如同卡西尔所说："自然人不是我们最早的野蛮远祖，而是最后的人，我们正走在成为这最后的人的旅途之中。"②

为此，教育不能从社会外在限定规则以制约儿童；而是从儿童自身发展出发，通过儿童的发展更新社会。这使得教育史出现了一个基本的扭转。教育不再以已有的社会为标准塑造儿童，如同卢梭强调的，"我们就绝不可以把纯粹是人工的和习俗的当代社会结构当成其早期教育的唯一源泉。我们不应强迫受教育者去遭受习俗的拘束，而应唤醒他们的独立意识。我们不要促使他们去为别人的目的效劳，而要开导他们把自身当作目的，并且根据这种观念去行动。只有当他们在这个意义上获得了内在自由以后，才可以进入社会，而且也只有这样，他们才能沿着正确的道路为社会作出贡献：因为唯有自由的人才是真正的公民"③。唯有如此，教育才能在使人获得发展的同时也培养了人对已有社会

---

① ［德］恩斯特·卡西勒. 卢梭问题［M］. 王春华，译. 南京：译林出版社，2009：16.
② ［德］恩斯特·卡西勒. 卢梭问题［M］. 王春华，译. 南京：译林出版社，2009：19.
③ ［德］卡西尔. 卢梭·康德·歌德［M］. 刘东，译. 北京：生活·读书·新知三联书店，2002：39-40.

的"免疫力",进而在适应社会的同时不被社会所同化甚至能够更新社会。教育应该有它特有的"善",个体终极的善,也就是说,在逻辑上,教育总是从个体、从儿童自身出发。如同杜威所宣称的:"我们的信仰最终是对个人及其潜力的信仰。"[①] 教育正因为坚守特有的"善",最后才能达成真正的社会之"善"。因为独特的"善"使教育场域中形成了一种崭新的共同体。

(二) 儿童与社会内在一致

1. 儿童是社会存在

虽然自然教育在逻辑上是以儿童为本,以儿童为先,以儿童为目的,但这绝不意味着对社会之维的忽视。正如有研究者所论,"当我们说'以儿童为目的'的时候,并不是以'儿童'这个抽象的概念为目的,而是以现实生活中整体的儿童为目的。这个整体的'儿童'既是他自己,也是社会的一分子,人类的一分子。正如法国哲学家埃德加·莫兰所说:'我们必须把人设想成一个个体、社会、种类三位一体的概念,而且还不能让其中的某一项成为另一项的附属品或为其做出牺牲'"[②]。儿童不是孤立的存在,也不是抽象的存在,儿童是具体的现实存在,是作为一个整体而存在的。因此,以儿童为目的并非忽视了社会的需要,"二元论哲学忽视了儿童的整体性,忽视了儿童与社会的统一性,它既把社会性从人身上剥离,又去除了社会的属人的性

---

① [美] 斯蒂文·洛克菲勒. 杜威:宗教信仰与民主人本主义 [M]. 赵秀福,译. 北京:北京大学出版社,2010:452.

② 蒋雅俊. 儿童、经验与课程:课程哲学研究 [D]. 南京:南京师范大学,2012.

质。至此，个人、社会成了现实生活中并不存在，而只存在于理念、抽象世界的空泛概念"①。对此，杜威也曾说："受教育的个人是社会的个人，而社会便是许多个人的有机组合。如果从儿童身上舍去社会的因素，我们便只剩下一个抽象的东西；如果从社会方面舍去个人的因素，我们便只剩下一个死板的、没有生命力的集体。"② 从这个意义而言，儿童与社会不是对立的，而是有着内在的一致性。

二元对立的哲学思维将社会抽象化，个人孤立化，使两者处于对立与冲突中。若用整体有机的哲学思维进一步思考的话，个人与社会并不是二元对立、剑拔弩张的两极。杜威便曾批判道："个人发展和社会效率这两个教育目的分开，是对民主主义的致命打击；采用比较狭隘的效率，就丧失效率的正当理由。"③ 社会是人的社会，是人的共同体；人是社会中的人，是社会生活中的一员。个人与社会是一致的。从这个意义上而言，所谓的儿童本位与社会本位有着内在的统一性。儿童更新了原来的社会，儿童是社会的一员，是社会积极的建构者。以儿童的内在发展为目的的自然教育，看似遵循的是"反社会"的哲学理念，其实却在更广泛的意义上真正地实现了社会的发展。教育不是"儿童本位"与"社会本位"之间的较量，而是二而一、一而二的辩证关系。"社会所实现的关于它自身的一切美好的想法，就这样希

---

① 蒋雅俊. 儿童、经验与课程：课程哲学研究 [D]. 南京：南京师范大学，2012.

② [美] 杜威. 学校与社会·明日之学校 [M]. 赵祥麟，任钟印，吴志宏，译. 北京：人民教育出版社，2005：5.

③ [美] 杜威. 民主主义与教育 [M]. 王承绪，译. 北京：人民教育出版社，2001：134.

望通过各种新的可能途径开辟给自己的未来。这样，个人主义和社会主义是一致的。社会只有致力于构成它的所有成员的圆满生长，才能尽自身的职责于万一。"① 社会为个人发展开辟道路，个人是社会共同体的参与者；两者本来就是有机的存在。虽然自然教育是儿童本位的，但是以儿童为本的教育反而能更好地促进社会发展。其实，儿童与社会如同数学中的函数关系，A 是 B 的函数，A 的变化必然引起 B 的变化。教育应该有它特有的"善"，正因为这独特的善使得教育场域中形成了一种崭新的共同体。人类已经形成的共同体，与新的共同体之间的"能量交换"。因此，个人的发展与社会不是对立的，甚至是同一枚硬币的两面。个人得到发展，社会也必然实现更新。正如有学者所言："天赋的人性资源得到最大的保全、占有和实现，学校与社会自然而然便生机勃勃。于是，社会理想变成理想社会，天上的国降临于地上……"②

以儿童的发展为本，那么为儿童发展所做的工作恰恰也是一个为社会发展所做的贡献。瑞吉欧教育奉行的便是这一理念：重新建立福利和民主，把早期教育机构看作文明社会的论坛，看作一个共同体——提供机会给未来的儿童和成人，进行在社会的、文化的、政治的、经济的方面有意义的讨论，在这里，儿童的生活和工作被认为是对共同体的贡献。③"我们将儿童早期教育机

---

① [美]杜威. 学校与社会·明日之学校[M]. 赵祥麟，任钟印，吴志宏，译. 北京：人民教育出版社，2005：25.

② 刘晓东. 儿童本位：从现代教育的原则到理想社会的生成[J]. 全球教育展望，2014（5）.

③ [瑞典]冈尼拉·达尔伯格，等. 超越早期教育保育质量[M]. 朱家雄，等译. 上海：华东师范大学出版社，2006：95.

构看作是一种公民的权利，一种文明社会里的内容，一种教学的机会，而且也是一个强大的文明社会、民主和福利国家所需要的组成部分。"① 自然教育作为一种思想理念，看到了人身上新的力量源泉与创造动能，看到人身上潜在的更新社会的可能。儿童本位看似是教育学原则，其实它也是文学、艺术、社会、文化、政治等领域的共同观念。② 自然教育不是把教育作为工具，作为社会发展的工具，而是真正消除了个人与社会的二元对立，通过将目光转移到人（儿童）身上，使儿童天性的完全绽放与社会发展之间产生"水到渠成"的关联。人只有在社会中，在与他人的交往中，才能真正实现自我。卢梭并不是要爱弥儿成为一个孤独的自然人，相反是要他成为新的"公民社会"的成员。个体先于社会是一种逻辑上的先，而不是时间上的。从时间的维度而言，两者是共生的、内在的、统一的，即所谓"成人达己，成己达人"。

2. 儿童的本能活动与社会活动的一致性

儿童的本能活动与社会活动是一致的。杜威曾提出儿童具有社交本能，在教育过程中，心理上的本能活动与社会活动之间有着内在的联结。只有遵循儿童的发展，儿童才能真正成长为社会的公民。在教育这一动态的生成过程中，人逐渐成为向着自然的个体与社会的个体发展。如此，自然的展开与社会的生成逐渐达到一种完美的契合，或者它们本身便是一体的。他用水分子的构

---

① ［瑞典］冈尼拉·达尔伯格，等. 超越早期教育保育质量［M］. 朱家雄，等译. 上海：华东师范大学出版社，2006：95.

② 刘晓东. 儿童本位：从现代教育的原则到理想社会的生成［J］. 全球教育展望，2014（5）.

成打了个形象的比喻:"氢原子"与"氧原子"对于水分子的存在而言都是不可缺少的构成成分,它们的关系是不能被分离的。一旦我们在水和氢或氧之间作出对立性的区分,实际上就表明"水"这样一种组合是不存在。① 儿童的本能活动与社会活动是一体的,共同彰显作为整体存在的儿童的不同维度。

蒙台梭利也发现儿童具有"社会内聚力",儿童之间的团结是自发的产物,她把受无意识力量的导引和受社会精神的鼓舞这一现象称为"社会内聚力"。② 教育顺应儿童发展便出现自发的"社会内聚力"。"这种团结感不是任何教育灌输的,与任何形式的模仿、竞争或个人利益都完全无关。它是自然赋予的,也是儿童通过自己的努力所达到的。"③ "这种自然的社会团结只是儿童发展的最后阶段,几乎是社会胚胎的神圣而又神秘的创造。"④ 为此,蒙台梭利认为,"儿童受其天性之需要的驱使而活动,为

---

① 转引自:张立成,张梅. 从杜威的政治哲学看个人、社会、共同体的关系[J]. 哈尔滨工业大学学报(社会科学版),2007(5). 笔者在引用时做了改正,原文将 H_2O 翻译为水,因为水(宏观的角度)是由水分子(微观的角度)构成,而水分子才由氧原子与氢原子构成。所以 H_2O 不能直接翻译为水,而应是"水分子"。或者若是将 H_2O 直接翻译为水的话,后面的氢与氧便不能翻译为"氢原子"与"氧原子",而应是"氢元素"与"氧元素"。

② [意]蒙台梭利. 蒙台梭利幼儿教育科学方法[M]. 任代文,译. 北京:人民教育出版社,2001:557.

③ [意]蒙台梭利. 蒙台梭利幼儿教育科学方法[M]. 任代文,译. 北京:人民教育出版社,2001:558.

④ 如同她曾经提出的"精神胚胎"一样,在此,蒙台梭利用了"社会胚胎"一词。她用"胚胎"来象征儿童这种自然的社会团结倾向。这是一个有趣而缺少关注的提法。参见:蒙台梭利. 蒙台梭利幼儿教育科学方法[M]. 任代文,译. 北京:人民教育出版社,2001:559.

人类社会作准备建立在儿童的活动的基础上，从狭义上讲，同织布的机架相似。最后，为了同一个目标它们相互联系起来"①。从儿童出发，儿童的发展本身便能形成社会所需要的品质。

教育首先是为儿童而不是为社会，结果反而能更新社会。对此，巴什拉也有着精彩的论说，"我会毫不犹豫地向你们提出学校至上这个主题。人们反复说，学校的责任是使孩子准备好投身于生活。人们还没完没了地使用一个好斗的隐喻：应当武装好我们的青年一代去迎接生活的斗争。总之，学校是为社会而建造的"。巴什拉接着说："但是，如果我们颠倒这命题，如果我们能说社会是为学校而构成的话，那么，在人的内心该是多么明快，多么可亲！学校是一种目的，学校就是目的。我们的全部身心都对未来的一代负有责任。"② 然而，如此坚定的"学校至上"并不是忽略了社会，反而是"不是为了拥有一个不同的学校，而是为了一个不同的社会"③。可见，在巴什拉看来，教育不是让个人因外在的社会而被塑造，而是个人的自然发展成为真正的目的，自然发展的人来构建健康的社会。儿童本位才能真正实现社会本位，若仅仅以抽象的社会作为标准压制儿童，反而无法实现

---

① 在这里蒙台梭利使用了一个比喻，她把儿童的社会内聚力比喻为织布的"经"，社会是"布"。"没有经，布就织不出来。"换句话说，蒙台梭利认为儿童的自发的社会内聚力对社会发展是必要前提。若是没有个体的社会内聚力，再好的政府与法律也不能形成理想的社会秩序。参见：蒙台梭利. 蒙台梭利幼儿教育科学方法［M］. 任代文，译. 北京：人民教育出版社，2001：561.

② ［法］巴利诺. 巴什拉传［M］. 顾嘉琛，等译. 上海：东方出版中心，2000：515.

③ ［意］卡丽娜·里纳尔迪. 对话瑞吉欧·艾米利亚：倾听、研究与学习［M］. 周菁，译. 南京：南京师范大学出版社，2014：187.

真正的社会本位。也就是说，儿童是第一位的，儿童的解放才能成全社会的完善。

总之，如康德所说，孩子们受教育，应当不仅适合当前的状态，而且适合人类未来更好的状态，亦即适合人性的理念及其整个规定。这个原则极其重要。① 当然，在这里所谓的"适合人类未来更好的状态"与"适合人性的理念及其整个规定"是一种合一的关系。换言之，儿童本位的自然教育看到儿童身上丰盛的"财富"，遵从儿童的成长规律，使儿童获得了发展；如此以来，它不仅不与社会冲突，反而是更新社会，生成理想的社会。

三、自然教育革新社会

儿童是更新社会的力量源泉，基于儿童的自然教育能够真正革新社会、促进理想社会的生成。对此，杜威不止一次强调："教育是达到分享社会意识的过程中的一种调节作用，而以这种社会意识为基础的个人活动的适应是社会改造的唯一可靠的方法。"② "我认为教育是社会进步和社会改革的基本方法。"③

理想社会的追寻是人类永恒的话题。在历史中不乏怀着对理想社会的期盼而进行的各种革命、改良和试验。其中，革命是一种极端、暴力、一蹴而就的改革方式，这种方式只能强制性地让

---

① 李秋零. 康德著作全集（第9卷）：逻辑学、自然地理学、教育学[M]. 北京：中国人民大学出版社，2010：447.
② [美]杜威. 杜威教育论著选[M]. 赵祥麟，王承绪，译. 上海：华东师范大学出版社，1981：11.
③ [美]杜威. 学校与社会·明日之学校[M]. 赵祥麟，任钟印，吴志宏，译. 北京：人民教育出版社，2005：13.

社会"改头换面"。而教育作为一种独特的人的活动，是更为独特的社会革新方式。教育对社会的更新不是静态的"是什么"的更新，而是处于动态的"生成中"的更新。也就是说，它不是一蹴而就的，而是逐步生长的，"生长、改善和进步的历程较之静的收成和结果更为重要"①。教育不是一种流血牺牲，不是一种"打碎"，而是一种重建，是一种从人性出发的活动。如同蒙台梭利所说："我们视之为非暴力的、不流一滴血、最终将暴力完全排除在外的革命——因为即使有一点点暴力的阴影，幼儿的心理生产力（psychic productivity）也会葬送殆尽。"② 教育是与暴力革命不同的和平革命，是内在的革命。教育不是将理想的社会看作是预定的模式，而是在人性完成中使之逐渐生成。由于人不是一种"本质先定""一切既定"的存在，那么，教育便是人的第二性。"假如要形成一个人，就必须由教育去形成。"③ 教育使人性发展越来越好，进而人类社会更加完善。"教育将越来越好，每一个后来世代都将向着人性的完善性更趋近一步；因为在教育背后，隐藏着人类本性的完善性的重大秘密……设想人的本性将通过教育而发展得越来越好，而且人们能够使教育有一种合乎人性的形式，这是令人陶醉的。这为我们展示了未来更加幸

---

① [美] 杜威. 哲学的改造 [M]. 许崇清，译. 北京：商务印书馆，2009：95.

② [意] 蒙台梭利. 蒙台梭利幼儿教育科学方法 [M]. 任代文，译. 北京：人民教育出版社，2001：349.

③ [捷] 夸美纽斯. 大教学论 [M]. 傅任敢，译. 北京：教育科学出版社，1999：24.

福的人类的前景。"① 从这个意义而言，新人的产生必须通过教育。走向理想的社会，必须首先着眼于理想的人，而理想的人的培育只能是通过教育。正如卢梭便是通过自然教育来达成一个理想社会。"在他的早期著作中，除掉彻底倒转和后退外，就找不到任何出路；他要求'人之为人'再一次自我转变为'自然之人'。然而，继此纯然否定之后，接踵而来的却是，卢梭又希望通过其政治和教育理论，去完成崭新的和积极的建设。"② 教育最为深刻之处，就在于立足人性的更新，从至高的人的尊严出发去更新社会。

在文学作品中有不少"乌托邦"式社会的想象与描述，在哲学中也不乏对"乌托邦"式社会的建构与论证。教育中的理想社会与此不同，它不是一种浪漫的想象，而是基于现实人性的考量，并由此而使理想成为真正的现实。在教育史上，从裴斯泰洛齐创办的孤儿院、贫民学校到福禄贝尔创办的幼儿园，从蒙台梭利的"儿童之家"到如今盛行的瑞吉欧学校，它们都真实的革新了社会。在蒙台梭利创办的"儿童之家"诞生之前，位于罗马的圣罗伦佐贫民区几乎是个被遗忘的社会边缘地带，那里，贫穷、黑暗、愚昧、悲惨，"遍地满了罪恶"③。美国国际蒙台梭利协会教育委员会主席为蒙台梭利的《童年的秘密》一书所作

---

① 李秋零. 康德著作全集（第9卷）：逻辑学、自然地理学、教育学[M]. 北京：中国人民大学出版社，2010：444.

② [德] 卡西尔. 卢梭·康德·歌德[M]. 刘东，译. 北京：生活·读书·新知三联书店，2002：69.

③ 蒙台梭利用"新耶路撒冷"来象征"儿童之家"创办后的情景，因此，笔者便选用了《圣经》中形容"旧耶路撒冷"是"遍地满了罪恶"来形容"儿童之家"创办前的情景。

的序言中这样写道：

1907年1月6日，在罗马的一个地区，开始了一项将扩展到全世界的工作，该地区曾以它的居民犯罪、无知、文盲和贫困见著报道而出名。这天，在大约五十个贫穷儿童和一群罗马知名人士中，有一名女医学博士，她就是意大利第一位女医学博士蒙台梭利，正在为当天的主显节做弥撒，念着《圣经·新约》中的《使徒书》——"旭日东升，光煦艳丽！因为你的光芒显现，主的光辉也降临你身。"结束后，蒙台梭利说："也许这个儿童之家能成为一个新的耶路撒冷，当它在弃民中成倍地增多时，将使教育焕然一新。"①

在这里，"儿童之家"虽然只是设在贫民公寓的一间屋子里，被称为所谓的"楼中学校"，然而却不仅仅是一个"小小"的孤立的教育场所。蒙台梭利认为"也许这个儿童之家能成为一个新的耶路撒冷"。那么，什么是"新耶路撒冷"？"新耶路撒冷"象征着什么呢？"新耶路撒冷"一词出自《圣经·新约》最后一篇《启示录》，是与"旧耶路撒冷"相对的意象。"旧耶路撒冷"在圣经中指的是当时遍满罪恶的耶路撒冷社会，与之相对，"新耶路撒冷"则是指向未来，是一种盼望，象征着真正有别于此世的完全崭新的社会样态，是所有罪恶都被完全消解的圣洁的新天地。在"新耶路撒冷"这个恢宏的意象中，我们看到在"儿童之家"创办之初，蒙台梭利就满怀盼望地看到它不仅仅带来儿童的发展，还将使"罪恶之地"变成"圣洁之城"。换言之，"儿童之家"将使社会获得更新甚至洗礼。"儿童之家"

---

① ［意］玛丽亚·蒙台梭利. 童年的秘密［M］. 马荣根，译. 北京：人民教育出版社，2005：9.

的发展恰如蒙台梭利所希望的那样。"它的发展趋势是把过去蕴藏着罪恶、危险的贫民住宅区变成一种教育、文化、娱乐中心。"① 它改变了父母的精神面貌,改变了住宅环境。它不仅唤醒了孩子的父母,也召唤着社会人士加入社会改良中。"儿童之家"本身成了一个"光源",照亮了幽暗的贫民窟,也给人们带来了希望。也许正是蒙台梭利对儿童、进而对社会、对整个人类的贡献,使她在1949年、1950年、1951年连续三年获得诺贝尔和平奖候选人的资格。

风靡各国的瑞吉欧·艾米利亚教育是如何产生的呢?"这些都始于一个特殊的地点和时间——1945年的瑞吉欧·艾米利亚。那是法西斯独裁主义和二战结束的时候,一种迫切需要改变现状,创建一个崭新的、更加公正的世界的共同愿望促使人们同心协力,开始用自己的双手为儿童建造学校。"② "事实上,战争中的觉醒带给我们的第一个哲学观是赋予'存在'、'以澄明的心灵与目标作选择'以及'仰望人类的未来'三者之间一个属于人性、高尚、民主的意义。"③ 如同经历了世界大战却依旧深怀着"教育与和平"的盼望的蒙台梭利,马拉古齐在战争的废墟中从儿童身上"发现"希望。"质朴而又开放的理念来源于儿童。那些关于儿童和为了儿童的东西都是向儿童学习的结果。我们知道这些是多么真实,而同时又是多么不确定。但是我们需要

---

① [意]蒙台梭利. 蒙台梭利幼儿教育科学方法 [M]. 任代文,译. 北京:人民教育出版社,2001:99.

② [美]亨德里克. 学习瑞吉欧方法的第一步 [M]. 李季湄,施煜文,刘晓燕,译. 北京:北京师范大学出版社,2002:3.

③ [美]爱德华兹,等. 儿童的一百种语言 [M]. 罗雅芬,等译. 南京:南京师范大学出版社,2006:55.

这种主张和指导原则，它赋予我们力量，并将最终成我们集体智慧的重要部分。"① 因为儿童，不仅瑞吉欧小镇得到改变，社会也得到大大地更新；瑞吉欧教育深深地影响并将继续影响着新的社会的生成。从中可以看出，只有教育才是"社会改造的唯一可靠的办法"②。

四、自然教育与理想社会的生成

（一）新人

日本近代改革家福泽谕吉认为："人的本性本来是趋于文明的，所以只要不伤害天性就可以了，文明的真谛在于使天赋的身心才能得以发挥尽致。"③ 而马克思学说中的共产主义社会也与福泽谕吉所谓的文明社会有相似的逻辑，即人的自然能力完全绽放。"在马克思看来，彻底的自然主义即彻底的人本主义，彻底的人本主义即彻底的自然主义。这种彻底的人本主义的理想社会，因其是彻底自然主义的，所以是人的天性充分保全和实现了的，从而进一步证明，它又是彻底人本主义的。"④ "作为完全发展了的自然主义的共产主义，与人文主义等同，而作为完全发展

---

① ［美］亨德里克. 学习瑞吉欧方法的第一步［M］. 李季湄，施煜文，刘晓燕，译. 北京：北京师范大学出版社，2002：3.
② 吕达，刘立德，邹海燕. 杜威教育文集. 第1卷［M］. 北京：人民教育出版社，2005：15.
③ ［日］福泽谕吉. 文明论概略［M］. 北京编译社，译. 北京：商务印书馆，1959：14.
④ 刘晓东. 童年资源与儿童本位［J］. 教育研究与实验，2013（4）.

了的人文主义的共产主义，则与自然主义等同；它是对人与自然、人与人之间的冲突的真正解决——是对生存与生存、客体化与自我肯定、自由与必然性、个体与物种之间的冲突的真正解决。它是历史之谜的答案，并且知道自己就是答案。"① 在这里，社会的终极的善显现出来，理想的社会便是"自然人的共同体"。自然人不是没有经过教育的原始存在，而是通过教育其自然天性完全绽放的人。对此有学者曾说："人性得以自然发展与茁壮成长，人的天赋资源得以最大保全且得以实现其自身；李贽的'童心'社会与文化、卢梭的'自然人'共同体、马克思的'全面发展的人'与'向人的本性复归'的理想社会，将更加清晰地进入人们的视野，并成为未来人的现实生活。那时，社会与文化将会拱卫童心（或人自身的自然），人——不失其赤子之心的人，也即是赤子之心或童心自身——成为社会与文化的目的，'全面发展的人'（已经自我实现或正在走向自我实现的'赤子'或'自然人'）将会建成最富有人性，对自然和社会有最大程度的友善，最能体现公平正义，最具生长、发展和创新潜力的美好社会。"② 如此以来，理想的社会便代表了人类理想绝对的真、终极的善与最高的美。

理想社会的出现，必须有理想的新人产生。新不是外在的变更，而是精神深处"静悄悄的革命"。外在的制度、政治或社会虽然也是"新人"产生的条件，但却不是决定性因素。"真正的

---

① [德]莫尔特曼.创造中的上帝——生态的创造论[M].隗仁莲,等译.北京：生活·读书·新知三联书店,2002：61.
② 郑素华.儿童文化引论[M].北京：社会科学文献出版社,2015：3.

新人的出现，而不是只改变服装，要求以精神上的发展和改变为前提条件。没有内在的精神性核心和在其中发生的创造过程的存在，任何新社会制度都不会造就新人。"①"新人"必须经过自然教育的洗礼：儿童内在的精神力量获得发展，那么儿童就会成为真正的"新人"。自然教育以儿童为本，并将儿童的天性引向完全，使儿童在永恒与无限的意义上成为真正的人、自然人，完全意义上的"新人"。"一个新的形象已出现在我们眼前。它不只是一所学校或一种教育方法，而是人本身：是在自由发展的能力中呈现其天性的人，是成人的心理压迫不再对他产生影响、不再限制其内部功能和压抑其精神、其伟大之处可以显而易见的人。"②"'新人'的出现将不再成为事件的牺牲品，而是由于其远见卓识将能够指导和塑造人类的未来。"③ 因此，坚守自然教育不仅实现儿童自身的发展，也将实现理想社会。

（二）共同体

人必然是处于"共生"中，理想的社会不是自然人的个体的孤立存在，而是一个有着生命联结的自然人共同体。真正的共同体不仅是"同"，还在于"共"，在于"体"。所谓"共"，是一种生命的内在联结，所谓"体"是指生命与生命之间成为一个鲜活的有机体。许多社会组织中，人与人之间只是一种表面

---

① ［俄］别尔嘉耶夫. 精神王国与恺撒王国［M］. 安启念，周靖波，译. 杭州：浙江人民出版社，2000：108.
② ［意］蒙台梭利. 蒙台梭利幼儿教育科学方法［M］. 任代文，译. 北京：人民教育出版社，2001：340.
③ ［意］蒙台梭利. 蒙台梭利幼儿教育科学方法［M］. 任代文，译. 北京：人民教育出版社，2001：341.

"同"在，一种相互冷漠的松散联合。在旧的教育中也是如此，人与人之间虽然"共学"，但却是以心智的模式化、交往的表面化等方式机械地存在着。人与人之间不仅缺失真正的精神纽带与内在联结，甚至成为"敌对"。"很多势力教育一些人成为主人，却教育另一些人成为奴隶。这两方面的不同的生活经验模式，不能自由交流，每一方面的经验都失去意义。"① 在强迫与"规训"下，儿童个体生命便无法得到正常的成长，学校所构建的社会也将是一个机械的惰性机构；而一个基于儿童发展而组建的生命的共同体，却是具有内在联结的共同体。它是一个新型的小社会，不仅实现了对社会的更新构建，也成为社会发展的理想"模型"。

要成为"共"，必然要有共同的生活。共同体不是机械的人的组合，也不是强制的社会的压迫，而是在"共同"生活中积极的建构深层的精神联结。卢梭在谈论社会契约时认为，契约不是一种机械的规定，而是一种自由的精神。"根据卢梭的看法，我们正是在这一点上先要探寻真正的'社会契约'概念。因为这样一种契约必须不是把死物，而是把自由行动着的活人联系在一起。所以，'社会契约'就不能是某种从外部向这些意志强加的东西；人们必须亲自去建构和创造它。"② 杜威在论述民主主义社会时认为，民主的基础是信仰人性所具有的才能；信仰人类

---

① [美] 杜威. 民主主义与教育 [M]. 王承绪, 译. 北京: 人民教育出版社, 2001: 94.
② [德] 卡西尔. 卢梭·康德·歌德 [M]. 刘东, 译. 生活·读书·新知三联书店, 2002: 37-38.

的理智和信仰合伙和合作经验的力量。① 在自然教育中，围绕儿童、儿童的生活构成了教育中的"共同资源"。这便使得儿童与儿童、儿童与教师、教师与教师以及其他人员之间由于儿童而建立一种真正内在的联结。

在自然教育中，在与他人的共同生活中"涌现"出有序的理想的社会形态，教育场域就成为一种所谓的"自组织"。"自组织"是在没有外来强迫的情况下，组织内部自发演化为一种有序的结构。"与自组织相对的是'他组织'或'被组织'，它不能自行组织、自行创生、自行演化，不能够自主地从无序走向有序，而只能依靠外界的特定指令来推动组织向有序发展，从而被动地从无序走向有序。而这种有序常常由于不能自主地获得新的资源而导致系统解体。"② "自组织"处于一种动态的"涌现"与生成中。"自组织"的社会不是通过强力控制下所形成的表面和谐的社会，而是通过"看不见的手"所形成的具有动态平衡的社会。如此，在自然教育中，个人的发展遵循"自组织"并由此生成了一种更好的共同体。

（三）爱和自由的精神品质

理想的社会，不仅要有理想的个人、有内在联系的共同体，还要有精神之光。一个没有爱的社会，很难说是理想的社会，而一个没有自由的社会，更是奢谈理想。爱与自由可以说是理想社

---

① ［美］杜威. 人的问题［M］. 傅统先，邱椿，译. 上海：上海人民出版社，2006：46.
② 倪胜利. 大德曰生——教育世界的生命原理［M］. 桂林：广西师范大学出版社，2006：67.

1. 爱

在自然教育中,强调一种真正的爱。真正的爱是一种永恒的力量之源;在爱中感受儿童的精神世界,因此更加去爱,以至于爱成了教育的最终的推动力。同时,爱还是教育中的唤醒力量。"因为智力的灌输并不适合于内在力量的调动,那种力量使他的内心感觉到自身的价值,认识到蕴藏在他天性中美好的天性。在裴斯泰洛齐看来,这种力量的发展不是靠思考时的智力,而是靠爱所激起的心灵的力量。"① 体力、智力、心力(或者说手、脑、心)的和谐,"这种和谐借助联系万物的、等同于爱的'共力'得到保证,最终又涉及教育和培养,它们寓于爱,借助爱,到达爱"②。1809年,裴斯泰洛齐在致全体教职工的讲话中说道:"我试着通过我的行动把人的天性提到最崇高、最无私的境界。我试着通过爱使行为高尚起来,在爱的神圣的力量中我看到了把人类变得无限美好和不朽的基础,它就在他们的天性中。我把我天性中拥有的各种精神的、艺术的和明智的因素都看作是心灵的资源,心灵升华为爱的媒介。我认识到,只有提高人的素质,才有可能使人类变得仁义至上。仁爱是培养我们天性的唯一的和永久的基石。"③在这里,爱成了教育最终的基石。爱使人走出封闭的自我,从而建构一种生成着的生活。爱不再是一种牺牲,一种

---

① [瑞士] 阿·布律迈尔. 裴斯泰洛齐与当代教育 [M]. 顾正祥, 译. 北京:中央编译出版社,2013:56-57.

②③ [瑞士] 阿·布律迈尔. 裴斯泰洛齐与当代教育 [M]. 顾正祥, 译. 北京:中央编译出版社,2013:103.

单向的付出；付出式的爱与牺牲式的爱是一种"匮乏的爱"，它不仅使施爱者有回报的期望，也使受爱者有压迫之感。"我指的是另一种爱，它不再是个人的或物质上的爱。为儿童服务就是为必须解放自身的人的精神服务。"① 真正的爱是"满溢的爱"，是生命之爱；由此，爱反而在分享中更为富足更为丰盈。在"分—给"之中——分—享——那是生命的给出，不是减少，而是增多，那是——爱—爱的真谛在于愈给愈多，这个彼此的"分享"中——既是分出—给出也是接受—享有——形成了生命的共在！② 施爱者在"施"中获得欣悦，受爱者在"受"中得到富足，双方在爱中不断更新。在这样的爱中，创造了一个"共同的世界"，"该世界聚集为一个新的实有，一个新颖的世界"。

在自然教育中，在儿童身上看到了爱的源泉，进而也唤醒了成人的爱。从而使爱不仅是一种情感，更是一种创造。如同蒙台梭利所指出的："我们称之为爱的这种力量是宇宙间最大的力量。其实把爱说成是一种力量是不恰当的，因为它不只是一种力量，还是创造本身。"③ "爱是为了某种目的和因为特殊的理由而馈赠给人类的礼物。在这一点上，它类似于宇宙意识（cosmic consciousness）给予生物的每样东西。我们必须珍爱、发展和扩

---

① ［意］蒙台梭利. 蒙台梭利幼儿教育科学方法［M］. 任代文，译. 北京：人民教育出版社，2001：604.
② 夏可君. 幻像与生命——《庄子》的变异书写［M］. 上海：学林出版社，2007：41.
③ ［意］蒙台梭利. 蒙台梭利幼儿教育科学方法［M］. 任代文，译. 北京：人民教育出版社，2001：611.

充它。"① "爱不只是照亮黑暗的电灯,也不只是传播声音的以太波,爱胜过人类已经发现和学习利用的任何能量,是宇宙间最强大的力量。"② 从人之为人的本质上,我们也可以看到,人不是封闭的孤立存在,相反人唯有在"共在"的爱中才能真正成长。"每一个自我,只有统摄产生与一共同周遭世界的关联,'才能自为与为他的成为通常意义上的一个人,一个在人的联合体中的人。'"③ 在爱中,生成了新的生命新的社会。

儿童是爱的聚焦点,儿童能够唤醒内心最温软与最美好的部分。"儿童是每一个人的温情和爱的感情汇聚的唯一焦点。一谈到儿童,人的内心就会变得温和、愉快。整个人类都享受他所唤起的这一深厚情感。儿童是爱的泉源。我们一触及到儿童便触及爱。"④ 基于儿童进行的教育必须唤醒每个人身上爱的"基因",并进而成为爱的"细胞",爱的有机体。由此,社会也成为充满爱的社会。

2. 自由

真正的自由不是指为所欲为的自由,而是在遵循内在法则中获得的真正的自由。儿童作为自然存在,有着自身的自然法则;当教育遵从自然法则,便能使儿童获得真正的自由,"儿童的意

---

① [意] 蒙台梭利. 蒙台梭利幼儿教育科学方法 [M]. 任代文,译. 北京:人民教育出版社,2001:615.

② [意] 蒙台梭利. 蒙台梭利幼儿教育科学方法 [M]. 任代文,译. 北京:人民教育出版社,2001:616.

③ 陈立胜. 自我与世界——以问题为中心的现象学运动研究 [M]. 广州:广东人民出版社,1999:163.

④ [意] 蒙台梭利. 蒙台梭利幼儿教育科学方法 [M]. 任代文,译. 北京:人民教育出版社,2001:609.

志与自然的意志是一致的,儿童在一条一条地遵循自然的规律"①。"人类的成长只有通过自由和环境经验才变得现实可行。"②。跟随儿童,在儿童的自由绽放中,教师自身也获得自由,甚至可以说自然教育与自由教育本身有着内在的一致性。

在自然教育中,自由意味着让儿童成为他自己。所谓的自由可以理解为自己成为自己的理由、根据;所谓自然是指让儿童自己成为自己。自由是"待开显"的自己,尚"隐藏"着的自己。从自由到自然,乃是"自然而然"的"存在"的"过程"。③ 黑格尔也认为"人必须在周围世界里自由自在,就像在自己家里一样,他的个性必须能与自然和一切外在关系相安,才显得是自由的"④。传统的知识中心的教育使儿童与教师处于双重的奴役中,"奴役和依赖的危险不仅在于'白白地浪费生命',导致软弱无能,而且在正常人的个性发展中也明显地表现为令人遗憾的堕落和退化。""人类生存不过是一种材料、物品和原料而已,全然没有其自身的运动原则。这种僵化的状况也影响了本能、对本能的抑制和改变。原来的动态本能现在变为静态的了,自我、超我和本我之间的相互作用凝聚成了机械反应。"⑤ 而自然教育发现

---

① [意]蒙台梭利. 蒙台梭利幼儿教育科学方法[M]. 任代文,译. 北京:人民教育出版社,2001:419.

② [意]蒙台梭利. 蒙台梭利幼儿教育科学方法[M]. 任代文,译. 北京:人民教育出版社,2001:420.

③ 叶秀山. 哲学作为创造性的智慧——叶秀山西方哲学论集(1998—2002)[M]. 南京:江苏人民出版社,2003:103.

④ [德]黑格尔. 美学第一卷[M]. 朱光潜,译. 北京:商务印书馆,1979:322.

⑤ [美]赫伯特·马尔库塞. 爱欲与文明——对弗洛伊德思想的哲学探讨[M]. 黄勇,薛民,译. 上海:上海译文出版社,2005:78.

了儿童身上的法则，从而使儿童成为自己、实现自己，获得真正自由。自由不只是摆脱了内外、身心的一切压制。"'自由'乃是'由''自己'，'出自''自己'，而不是'他者'。"① 自然教育真正地让儿童成为自己，反而能够真正实现一种和谐与秩序，在秩序中建构起理想社会的准则。

有趣的是，自由与秩序有着内在的一致。理想的秩序不是来自外在压力下的"被迫"与"伪装"，而是在自由中的"自发"与"真诚"。在自由中，儿童反而形成了真正的秩序。对此，蒙台梭利有过深刻的论述。她认为不是用外在的方式，而是在自由中才能获得真正的秩序。"用奖励和惩罚所激起的努力是被迫的而不是自然的，可以肯定地说，这绝不会给孩子带来自然的发展。正如赛马场的骑师跳上马鞍前塞给马一块糖，或马夫用鞭子抽马以及用缰绳的张弛使马作出他所需要的反应；然而，这决不会使它们像在草原上自由奔驰的马那样自然壮观。"② "纪律必须通过自由获得……如果纪律是建立在自由的基础上，那么纪律就必须是积极主动的。我们并不认为当一个人像哑巴一样默不作声，或像瘫痪病人那样不能活动才是守纪律的，他只不过是一个失去了个性的人，而不是一个守纪律的人。"③ 在外在"压迫"或"诱导"下形成的秩序本身便具有暂时性和外在性，一旦"逃逸"了控制力量与诱导因素，秩序便自发消散。因此，真正

---

① 叶秀山. 哲学作为创造性的智慧——叶秀山西方哲学论集（1998—2002）[M]. 南京：江苏人民出版社，2003：108.

② [意] 蒙台梭利. 蒙台梭利幼儿教育科学方法 [M]. 任代文，译. 北京：人民教育出版社，2001：66.

③ [意] 蒙台梭利. 蒙台梭利幼儿教育科学方法 [M]. 任代文，译. 北京：人民教育出版社，2001：112.

的纪律必须是内发的，必须是在自由中形成的。"遵循内部向导的指引，儿童们忙于从事某种给他们带来宁静和欢乐的活动（每个人的活动各不相同）。在儿童群体中从未见到过的另一种现象出现了。那就是'纪律'的形成，它是自发产生的。这比其他任何事情对公众想象力的震惊都要大。自由中的纪律解决了一个迄今未能解决的问题。答案是通过给与自由而获得纪律。这些儿童自由地选择其工作，每个人都沉浸在一种与众不同的任务之中，但是，他们都属于一个群体，他们有着良好的纪律。在过去40年里，这一点在世界各地都得到了证实，它表明，当儿童置身于一种可以开展有组织的活动的环境中时，他们会发展起一种新的品质。换言之，他发展起一种全人类共有的心理类型。"[①]在真正的自由中才能形成一种高贵的品格，进而成为一种真正的精神品质。如同蒙台梭利所言："这种自由将进一步把我们从虚构的责任与危险的幻想所造成的痛苦的重压下解救出来。"[②] 这里所谓的秩序是一种有着内在精神和谐的秩序，而不再是在一个拘束之下表面的"纪律"（实质则是混乱）。

在自然教育中，爱与自由的精神共同构成了闪耀的多棱镜，照亮教育场域。教育因此成了人类的希望之梯。我们可以借用薇依对圣洁的解释来描述自然教育的美韵。薇依对圣洁一词作了独特的解读，在她的理解中，圣洁超越了一般的道德意涵而有了更为宽广的精神意蕴。在她看来，"一种新型的圣洁是一种迸发，

[①] ［意］蒙台梭利. 蒙台梭利幼儿教育科学方法［M］. 任代文，译. 北京：人民教育出版社，2001：526.

[②] ［意］蒙台梭利. 蒙台梭利幼儿教育科学方法［M］. 任代文，译. 北京：人民教育出版社，2001：623.

第七章 自然教育：通向理想社会之路

一种发明：每样东西各就其位，一切都保持一定的比例，这几乎是宇宙和人类命运的新默契。这就披露了至此仍被厚积的尘土所覆盖的很大一部分真理和美"[1]。这种各尽其性、各在其位的秩序美构成了理想社会的精神内蕴，也正是自然教育的诉求。

总而言之，自然教育作为一种思想资源，看到了儿童身上新的力量源泉与创造动能，看到了儿童身上潜在的更新社会的可能，并由此而建立一个有别于"此世"的新的国度。如此，社会不再是一种循环意义上的传承，而是在"转身"的改变中获得了更新。正如有学者所说："童心主义或儿童本位的哲学既是自然主义的，也是人本主义的，它是一种解放的哲学；它不只是关涉教育改革，而且关涉政治、社会和文化的进步，关涉到未来理想社会的生成。"[2] 新的教育便会产生新的社会，使更适宜于人、更美好的社会理想成为现实。教育帮助儿童成为他自己，让儿童成为丰盛的人，成为进入更为广阔的社会的人，从而使社会形成一种良性的循环，逐步走向更新与完善。由此，不仅仅社会获得更新，人类也可因此实现最终的合一。

说到底，人类的全部盼望在于——在对儿童召唤的回应中来建构和平与爱的共同体，走向"一个更美丽的时代"："让我们共同来欢迎这一个更美丽的时代的黎明。在这时代里，那前此向外驰逐的精神将回复到它自身，得到自觉，为它自己固有的王国赢得空间和基地，在那里人的性灵将超脱日常的兴趣，而虚心接

---

[1] [法] S. 薇依. 在期待之中 [M]. 杜小真，顾嘉琛，译. 北京：生活·读书·新知三联书店，1996：50.

[2] 刘晓东. 儿童本位：从现代教育的原则到理想社会的生成 [J]. 全球教育展望，2014 (5).

受那真的、永恒的和神圣的事物,并以虚心接受的态度去观察并把握那最高的东西。"① 由于儿童,我们可以如此盼望!

---

① [德] 黑格尔. 哲学史讲演录第一卷 [M]. 北京大学哲学系外国哲学史教研室, 译. 北京:生活·读书·新知三联书店, 1956: 3.

结　语

教育的使命首先是认识儿童。"要把教育提到一种科学的高度，这一科学起源于并以对人类本性最深刻的了解为基础。"① "儿童教育思想在未来的进一步的发展，依然要依赖于对儿童世界的深入认识。对儿童的认识程度将制约教育思想的发展水平，也制约着儿童教育工作成功的程度，同时也制约着儿童在受教育过程中能够获得多少的欢乐。"② 儿童有着自身生长的逻辑，因此教育不是嫁接，也不是移栽，而是生长，是儿童内在自然的展开。

教育始于儿童，由此，教育步入了新的境界。如此说来，幼儿教育不是"小儿科"，也不只是一个小小的学科分支，而是关乎儿童（人类）创造的崇高的科学与艺术。称之为科学，是因为发现儿童认识儿童需要科学的探究精神，蒙台梭利就曾以科学家来比拟教师。称之为艺术，是因为每个儿童都是一个宇宙，教

---

① ［英］伊丽莎白·劳伦斯. 现代教育的起源和发展［M］. 纪晓林，译. 北京：北京语言学院出版社，1992：169.
② 刘晓东. 儿童文化与儿童教育［M］. 北京：教育科学出版社，2006：184.

育不是机械的、僵硬的规则而是遵循自然赋予的神圣法则。裴斯泰洛齐曾说："人的全部教育就是促进自然天性遵循它固有的方式发展的艺术。"① 教育接应自然，协助自然，也促进自然发展。教育以促进儿童自然天性发展为起点与归宿。幼儿教育指向人，指向人之初的创造；幼儿教育是根基，一切教育的改革又必须从幼儿教育中找到灵感。

自然教育是教育思想的"原点"，我们需要向这一"原点"不断地回归并从中汲取营养。回归不是故步自封，也不是回到具体的时间之点，而是回归到思想史的逻辑出发点。正如有学者所认为的，所谓"原点"，并不是一个时间的概念，而是一个理论的概念。不是从历时性的角度，而是从共时性的视角而言，"原点"是指看问题的"立足点""出发点"，是一种基本的思维方式。② 这个"出发点"虽然存在于具体的时间之中，却又超越具体时间而存在于一切时间之中，并因此指向未来时代，具有永久性的意义。"原点"的现实意义就在于，它有可能指引人类走出现代的"泥淖"，迎接光明的未来。③自然教育便是教育史中的"原点"，任何时代，教育的更新无一不是接应了这一"原点"的思想与精神，并由此获得发展。自然教育不仅指向历史之维，更指向了真理之维，因此我们需要不断地回归到这一"原点"去找寻教育的真谛。回归也不是一种简单的"达到"，更不是一种机械的"模仿"，而是站在当今的境域中，带上自然教育的眼

---

① ［瑞士］裴斯泰洛齐. 裴斯泰洛齐教育论著选［M］. 夏之莲，等译. 北京：人民教育出版社，2001：30.

②③ 蒙培元. 人与自然——中国哲学生态观［M］. 北京：人民出版社，2004：408.

睛、心灵与情怀,重新去发现一片新的天地。

自然教育需要我们有坚定的守望情怀。所谓守望,不是坐观的漠然也不是浪漫的幻想,而是在现实的幽暗中依旧坚守着神圣的信仰。毋庸置疑,在现今处境中,儿童教育实践中存在着这样或那样的冲突与困境。于是,很多教育研究者总会抱持着一种所谓的现实主义原则,放弃了对教育"应然"的追求,更不用说守望的情怀了。如此以来,所谓的现实主义便将教育限定在既有的制度与文化的"井底",从而使教育失去了"广阔的天空"。有学者批判道:"一个只看到自己眼皮底下的直观事物的人并不是真正的现实主义者,他充其量只是个死抱住教条不放的人,因为他看到的不是真实存在的整个大统世界,而仅仅是被本人利益及个人地位所限定的一个人为的小圈子;真正的现实主义者是一个能登高望远、全面客观地洞察现实的人。"[①] 教育理念若失去超越的情怀,必然进一步生成新的现实的"幽暗",由此教育成了恶性循环。因此,正如真正的理想主义离不开现实,真正的现实主义也绝不应该拒斥理想。这正如在现实中我们永远画不了一个绝对理念意义上的"圆",但这并不意味着我们放弃追寻"圆"的理念以及每次"画圆"所做的尝试。康德在《纯粹理性批判》中写道:"柏拉图的《理想国》一直被当成是纯粹想象的尽善尽美境界的一个显著例证。它已经是一个绰号,专用来指那些好作空想的思想家的头脑中的想法……然而,我们最好还是竭力去搞清它的真实含义,而不要借口说它是不可实现的而将其视为无用,弃若敝屣,这种借口是卑下而极有害的。因为对一个哲

---

① [俄]弗兰克. 社会的精神基础[M]. 王永,译. 北京:生活·读书·新知三联书店,2003:9.

学家来说，最有害最无价值的事情莫过于庸俗地诉诸所谓相反的经验了。"理念先于经验而存在，并且与实然相悖，因而才是现实世界理想的指归。教育既需要有对现实的审视之态，也需要对"应该"有着盼望情怀，"永远处于为'应该'所驱使的状态"①。自然教育便表达一种对理想教育思想的追寻。因此，自然教育应成为教育哲学中的理念。或者，自然教育本就有一种守望的姿态。之所以守，是因为它是神圣的真，至高的善；之所以望，是因为在现实境遇中的"缺无"。"一种教育理论的草案是一个美好的理想，即便我们不能马上实现它，也无损于此。即便在实施它时出现重重障碍，人们也不必马上就把理念视为幻想，败坏它的名声，把它当做一个美好的梦。一个理念无非是关于一种经验中尚不存在的完善性的概念。例如，一个完善的、按照正义的规则治理的共和国的理念。它因此就是不可能的吗？我们的理念首先必须是正确的，然后它才根本不是不可能的，无论有多少障碍还在阻碍它的实施。"② 也许，这种盼望永远在远方，但怀着盼望的信念，"彼岸理想"的信仰之光将会烛照"此岸现实"的"幽暗"。如同裴斯泰洛齐所坚信的："我重复一遍，我们的理想既到处可见，又无处可见。就其完美性而言，它不存在于任何地方；作为一个努力的目标，因为它已部分地表现出来了，所以它又是无处不在的。"③ 在坚守理想时，理想已经部分

---

① 张世英. 境界与文化——成人之道 [M]. 北京：人民出版社，2007：222.

② 李秋零. 康德著作全集（第9卷）：逻辑学、自然地理学、教育学 [M]. 北京：中国人民大学出版社，2010：444.

③ [瑞士] 裴斯泰洛齐. 裴斯泰洛齐教育论著选 [M]. 夏之莲，等译. 北京：人民教育出版社，2001：444.

地显现出来。

　　回归与守望就字面之意来说，分别代表两种不同的姿态，甚至是两个相反的方向。回归指往后方，而守望却是指向前方。然而在这里，却可以用这两个词代表对自然教育共同的追求。因为，作为一种教育理论之"真"，无论是向前还是往后，都代表一种绝对的善，换言之，"真理的时空"与现实的"二维世界"不同，它超越了现实的方向，而指向永恒的"一"。谈及回归，是带着自然教育的历史绵延的情怀；谈及守望，是对自然教育的根基有着坚定的信仰。在回归中有一种审慎，审慎地用历史烛照现实；在守望中有一种祈愿，祈愿是用未来对现实的所有牵引。在回归与守望中，避免现实的教育在"妄为"的链接上无限地"繁衍"与"生养"，以至于完全遮蔽教育真正的源头与方向。在回归中守望，在守望中回归，两种不同的姿态共同构成了对自然教育之路的守护。在回归与守望中，幼儿教育的理论与实践都逐步获得更新。"自然一方面是出于自己本性的自己如此（自由），是一种理想的状态，另一方面又是必然如此，那么，一切人为的文化价值和理想设定只要出乎自然，合乎自然，那当然是不证自明，不用证明了。"[①] 为此，每一次的回归与守望，每一次在儿童身上的"驻足"都必然会发现意想不到的惊喜。在教育历史长河中，每一个伟大的教育家都是采撷了儿童身上的"珍珠"并由此穿成了教育之屋的"项链"，在熠熠生辉中烛照现实的教育。从夸美纽斯、卢梭、裴斯泰洛齐、福禄贝尔、杜威、蒙台梭利或者是瑞吉欧教育家们，他们都因看到儿童身上的自然资

[①] 赵志军. 作为中国古代审美范畴的自然 [M]. 北京：中国社会科学出版社，2006：25.

源,从而使教育成了一道独有的"亮丽风景"。教育一旦"转身",新的世界便会"诞生",人类将由此进入新的历程。今天,这样的情怀也召唤着我们,走向儿童,走向新的教育。就此而言,教育是一种永恒的回归,这不是西西弗斯般无望的重复,而是怀着盼望走在不断完善的路上。卡丽娜在访谈中说:"瑞吉欧是一个有寓意的和象征性的地方。和瑞吉欧的联系让人们看到希望,相信改变是可能的。它让你拥有梦想,而不是成为一个乌托邦。因为乌托邦是好的,但太完美,而梦想则是你可以拥有一个晚上的东西。"① 因为儿童,我们怀着梦想。

教育会越来越好,人类将会越来越好——让我们瞩目在儿童身上:虽然我们深陷沉沦中,在儿童那里却有通往天国的阶梯。是否有新的途径供我们遵循?是否有新的人类能让我们寄托所有的希望?是的,答案在幼儿身上。② 因为,儿童不仅仅是肉体性存在,更是未来的启示者、引领者。蒙台梭利曾说:"儿童被赋予了各种未知的能力,这些能力能够引导我们走向一个光辉灿烂的未来。"③ "儿童是在塑造人类本身——不仅仅是一个种族、一个社会阶层或一个社会集团,而是整个人类。"④ 福禄贝尔也认为,儿童"与整个人类相联系,并创造着、包含着和表明着人类

---

① [意] 卡丽娜·里纳尔迪. 对话瑞吉欧·艾米利亚:倾听、研究与学习 [M]. 周菁,译. 南京:南京师范大学出版社,2014:6
② [意] 蒙台梭利. 教育与和平 [M]. 庄建宜,译. 台北:及幼文化出版股份有限公司,2000:161.
③ [意] 蒙台梭利. 蒙台梭利幼儿教育科学方法 [M]. 任代文,译. 北京:人民教育出版社,2001:336.
④ [意] 蒙台梭利. 蒙台梭利幼儿教育科学方法 [M]. 任代文,译. 北京:人民教育出版社,2001:348.

新生命的永不停息的再现。"① 回到儿童，新的教育、新的生活、新人类、新的社会、新的和平将会到来！

---

① 单中惠. 让我们与儿童一起生活吧：幼儿园之父福禄培尔 [M]. 上海：华东师范大学出版社，2008：99.

附 录

论儿童与大自然之间的"我—你"关系[①]

摘要：儿童与大自然之间所具有的神圣的关联乃至于神秘的融合可以用"我—你"关系来定位。这种关系特征是非对象性、相融性及"无意识性"。只有尊重儿童与大自然之间这种"我—你"关系，才能捍卫儿童精神的神圣性与完整性。

关键词：儿童；大自然；"我—你"；教育

如果我们把儿童视为生机勃勃的生命存在，看作承载着人类生命进化史的精神存在，那么我们就会发现儿童与大自然有着神圣的关联甚至于神秘的融合。正如歌德（Johann W. Goethe，1749—1832）所言："大自然！我们被她包围和吞噬……我们生活在其中，对她却不熟悉……她全然生活在孩子之间……"[②] 儿童初从大自然中来，他们携带着天真、质朴、纯净的气息，因此与大自然有着灵魂上的契合与天然和谐的关联。也就是说，尽管

---

① 此文曾发表于《徐州师范大学学报》（教育科学版），2010（03）。选入此书时有增减。

② 狄特富尔特，等. 哲人小语——人与自然［C］. 周美琪，译. 北京：生活·读书·新知三联书店，1993：17.

儿童来到世界之后被剪掉了与大自然母体之间的"脐带",但他们身上还葆有着原初的"天人合一",我们可以用"我—你"关系来界定儿童与大自然之间的这种关联。那么,何谓"我—你"之关系呢?下面我们先探讨这一关系的内涵。

一、"我—你"关系的内涵

"我—你"关系是现代德国著名的宗教哲学家马丁·布伯(Martin Buber,1878—1965)在论及人与世界的关系时提出。他指出,人置身于二重世界之中,因之他拥有两种截然不同的人生:人筑居于"它"之世界,也栖身于"你"之世界。也就是说,与世界有着"我—它"及"我—你"两种关系。前者是指将周围的"在者"当作与"我"相分离的对象,与我相对立的客体,通过对它们的经验而获得关于它们的知识并使之为我所用。用马丁·布伯的原话来说就是:"在'它'之世界,因果性君临一切。每一被感知的'物理事件',每一可在自我经验中发现的'心理事件'不是原因便是结果,二者必居其一。"[1] 而后者是指"在者",不再是被认识与欲求的客体,"我"以整个存在,我的整个生命,我的真本自性来接近"你",与你融合。"我"通过"你"而成为真正的"我"。借用马丁·布伯的原话来说就是:"'我'与'你'自由相遇,相互作用,不为因果律

---

[1] [德]马丁·布伯. 我与你[M]. 陈维刚,译. 北京:生活·读书·新知三联书店,2002:44.

所缚，不为因果性所染。"① 无独有偶，著名的心理学大师埃里希·弗洛姆（Erich Fromm，1900—1980）也提出过与上述两个概念本质上类似的概念："占有"与"存在"。他把"占有"与"存在"归结为人类的两种生存方式，并指出"占有"所确立的是"我—它"的关系，而"存在"是"我—你"的关系。进一步来说，"占有"的存在方式是基于主客体相互分离的基础上，将客体看作是主体的认识对象与占有物的方式，而"存在"的生存方式是基于主客体融合的认识论基础上的方式——"在这种生存方式中，人能够生产性地发挥他的能力，并与世界融合同一"②。在此种生活方式中，人虽然一无所有，也毫无占有之贪念，但却充满了精神的自由与快乐，因此又可以说是人已经拥有了整个世界。这也正如"美国当代哲学家、神学家梯利希（P. Tillich，1886—1965）说的：'我—自我与世界的相互依赖，就是基本的本体论结构，它包含了其他的一切……没有世界的自我是空的，没有自我的世界是死的。'所谓'空的'就是没有内容的魂不附体的幽灵之意，所谓'死的'就是无灵魂的躯壳之意。"③ 简而言之，这种"我—你"关系是指人与世界之间突破了"小我"的界限，而进入了与"大我"的一种神圣的融合。

儿童是宇宙之子、自然之子，与大自然有着更为深邃与亲密的联系与契合，这种联系与契合可以说与布伯所提出的"我—

---

① [德]马丁·布伯. 我与你[M]. 陈维刚，译. 北京：生活·读书·新知三联书店，2002：44.
② [美]弗洛姆. 占有或存在——一个新型社会的心灵基础[M]. 杨慧译. 北京：国际文化出版公司，1989：17.
③ 张世英. 哲学导论[M]. 北京：北京大学出版社，2002：4.

你"之关系具有内在的一致性。其实,将人与大自然的关系用"我—你"关系来比拟,早有学者在探讨古希腊的自然观时加以使用:"从历史根源上来说,人与自然共同从同一源头涌出。那时(笔者注:古希腊时期),人与自然是一个事物的不同表现,不存在任何的界限。人与自然的关系就是'我—你'关系。从古希腊后期直到17世纪,是人逐渐与自然分离,将自然称为'它'的过程……到了17世纪以后,人才逐渐失去了对自然称呼'你'的能力,自然完全对象化。"① 作者又进一步指出,"按照马丁·布伯的观点,此时(笔者注:古希腊时期)自然与人是处于'我—你'关系之中"②。除此之外,他在阐述享受乡村生活的人们与自然之间的关系时也曾用"我—你"关系来比拟:"儿童与生活于乡村简朴生活中的人们(文化意义上的原始人)由于身上还具有灵性而成了成年人——人类(the man)返回自然的中介。乡村生活中的人们生活于自然之中,他们与大自然的交往是面对面的、直接的、不需要任何的中介,他们与大自然因而表现了'我—你'的关系。"③

虽然学界目前尚未指明儿童与大自然之间同样是这种"我—你"关系,但我们根据儿童与原始初民之间较为深刻的相似性,以及儿童与大自然之间较为独特的融合性可以推知:儿童与大自然的关系像古希腊初民一样是"我—你"关系。而且从儿童在

---

① 苏文菁. 华兹华斯诗学 [M]. 北京:社会科学文献出版社,2000:1-2.

② 苏文菁. 华兹华斯诗学 [M]. 北京:社会科学文献出版社,2000:4.

③ 苏文菁. 华兹华斯诗学 [M]. 北京:社会科学文献出版社,2000:54.

大自然中的外在行为表现来看，他们在大自然中嬉戏，不只是在认识自然，更是在体验它、拥有它——甚至说儿童与自然有着一种完全意义上的融合，尽管这种融合是无意识的、不自觉的。就此意义而言，儿童与大自然的关系就是一种"我—你"的关系。更重要的是，儿童在认知、感受大自然和对大自然的情感取向方面表现出非对象性、相融性和无意识性的特征，这些特征尤其可以说明儿童与大自然之间存在"我—你"的关系。下面我们就通过儿童与大自然之间表现出的一些关系特征来探讨这种"我—你"关系。

二、儿童与大自然之间的"我—你"关系特征

儿童与大自然之间的"我—你"关系特征首先表现在二者之间呈现出非对象性关系。在成人那里，大自然是被认识、被改造、被利用的对象，是满足"我"之利益、需要和欲求的工具；成人与大自然的接触，往往先是与其确立"主体—客体"式的认识而后才与之建立这样那样的关系。而儿童对大自然却没有任何的"非分之想"，相反，在儿童那里，大自然是其用全部的情感与本能与之融合为一的整体，大自然对儿童来说是一种非对象性的精神存在。具体地说，这种非对象性是指大自然对儿童来说，不是或者说不仅仅是用其理智去认识的客体，更是其用全部的本能的情感去接近、体验的"你"——另一个自我！正所谓"'你'便是世界，便是生命，便是神明。我当以我的整个存在，我的全部生命，我的真本自性来接近'你'，称

述'你'"①。儿童对大自然的体验是完整而纯粹的，大自然对儿童来说不是"认识或理论的对象化的整体"，而是"具体生活的非对象性的整体"（哈贝马斯语）。正如马丁·布伯所说的那样："孩童并非首先知觉到对象，尔后建立与它的关系；相反倒是，建立关系之努力率先出现。孩童之手形成拱穹，以让相遇者安卧其下，其后而生的便是关系，即先于任何语词的无言地言说'你'。仅当元始体验分崩离析，相融之双方各成一体之时，'物化'及'我化'方才出现。泰初即有关系。它为存在之范畴，欣然之作为，领悟之形式，灵魂之原本；它乃关系之先验的根，它乃先天之'你'。"②确实如此，当儿童与大自然接触时，首先是完全地感受大自然，全身心地拥入大自然的怀抱，而后才是认识与了解——是先呼之于"你"而后再称之为"它"。进一步说，在儿童那里，与大自然没有所谓的谁是主体、谁是客体的区分界线，有的只是我是你、你也是我的浑然一体的超越。显而易见，大自然之于儿童并不是成人眼中所谓的"唯物"存在，而更多的是一种精神意义上的融合。

在印度诗人泰戈尔的美丽的诗句里，我们也能感受到儿童与大自然之间的这种非对象性特征："我牢记我的童年，那时太阳初升，好像我的游戏的小伙伴，常常带着每天早晨的惊喜之情闯进房间，直奔我的床边；那时，对奇迹的信念，每天在我的心里像鲜花般开放，我满怀单纯的喜悦，凝望着世界的脸，那时昆虫

---

① [德]马丁·布伯. 我与你[M]. 陈维刚，译. 北京：生活·读书·新知三联书店，2002：6.
② [德]马丁·布伯. 我与你[M]. 陈维刚，译. 北京：生活·读书·新知三联书店，2002：23.

鸟兽，寻常的莠草、青草和云彩，各有其最充分的、奇迹般的价值；那时，夜间潺潺的雨声带来了仙境的梦，黄昏里母亲的声音说出了繁星的意义。""童年时期，'雨水滴答滴答掉在河里'形成的环形物，对我来说像入迷的咒语一样神秘莫测，对那种图景的迷恋至今难以忘怀。"① 在这里，"滴答滴答的雨水"，对"我"来说不再是普通的物的存在，而是像"入迷的咒语"一样进入了"我"的心灵深处，与"我"的灵魂产生了交融，从中我们看到，童年的泰戈尔完全是把自然作为神秘的非对象性的存在来感受的。

正是这种非对象性，使得儿童能够更纯粹、更完整地体验大自然。相比较而言，成人的对象性思维已使其失却了与大自然和谐交流与对话的"天赋"，所以我们只有"变得像儿童"，用一颗纯洁的童心才能真正地拥有大自然。诗人荷尔德林（Holderlin，1770—1843）在他的作品中深情地写道："这样我渐渐地沉浸于自然，几乎漫无止尽。为了更亲近它，我多么愿变成孩童，我多么愿不知而无知而变得像纯粹的光一样，为了更亲近它！啊，在它的和平它的美之中感觉到我，这一瞬间在我面前远远胜过充满思想的岁月，胜过上下求索的人们的一切探索！"② 这里，诗人用"无知""纯粹的光"等生动的词语鲜活而深刻地揭示了儿童与大自然之间的这种"我—你"的关系：成人已经把自然客观化、对象化，而儿童的心灵本身尚没有受到文化的沾

---

① [印] 泰戈尔. 泰戈尔论文学 [M]. 倪培耕，等译. 上海：上海译文出版社，1988：109.
② [德] 荷尔德林. 荷尔德林文集 [M]. 戴晖，译. 北京：商务印书馆，1999：149.

染和异化，因而最为完整地保存着人类的自然感性；儿童与大自然是一体的，只有儿童才更亲近大自然，也只有在儿童那里才能寻觅到与大自然的真正和谐相通。正是因为儿童与大自然这种和谐的"我—你"关系，才使得人们在怀念与追忆童年时，无不沉醉于在大自然美景中"嬉戏"的快乐之中；甚至可以说，童年的记忆往往是与大自然联系在一起的，大自然是童年记忆永不褪色的"背景"。

其次，儿童与大自然之间的"我—你"关系特征还表现为二者之间的相融性。正如布伯所言，"我们已洞若观火地瞥见：原初词之精神实在产生于自然实在。'我—你'源于自然的融合，'我—它'源于自然的分离"①。而儿童与大自然的"我—你"关系也表现在儿童与大自然的和谐相融。也就是说，大自然不是作为外在于儿童的现成的东西而被凝视、认识，而是首先作为人与之起作用、有关联的整体展示出来的。儿童在走近大自然之前，早已与之融合在一起；儿童与大自然的交融是最初被给予的，而不是通过认识之后达成的。

起初，人居母腹之时，与大自然就是完全相融的。儿童隐匿在母体的子宫，从更宏伟、更深远的意义上，我们也可以说儿童是孕育在大自然的"子宫"里。诚如布伯所言，"母腹中婴儿之人生乃是纯粹自然之相融，身体朝夕相接，生命相互奔流。婴儿的生命地平线形成之时，其似乎奇妙地伫立于脱离于承负它的母亲之生命地平线，因为他并非仅只栖息于她的子宫内。此相融深蕴着宇宙性"②。这种"栖息于她的子宫内"便"深蕴着宇宙

---

①② [德]马丁·布伯. 我与你[M]. 陈维刚，译. 北京：生活·读书·新知三联书店，2002：21.

性",更使得儿童与大自然的融合更加纯粹、深远、宏伟与神圣。

不仅尚未脱体之儿,已经出世之子也与大自然有着神圣的相融性。华兹华斯曾经说过,儿童降临于世,离大自然最近,与大自然有着最为亲密的关系,因此他将儿童看作人类重返自然的桥梁,救渡人类的天使。布伯也指出,儿童已出生(脱离了大自然),但却有着与大自然融合的渴念,"此融合化身为幽潜之渴念而隐匿于人心。有人把精神与理智混为一谈,将其视为自然之附庸,但它实则是自然最为绚丽的芳卉(尽管它极易遭受种种疾患的摧残);在此类人眼中,这种渴念不过意味着人蕲求回归,但它实则是人仰慕宇宙汇融,希望勃发为精神之今生与其本真的'你'相融"①。也就是说,当儿童诞生之后,在他的潜意识之中依然渴念与大自然之相融,乞求回归"天国"。布伯接着又详尽地描绘了儿童这种渴念的状态:"如同一切将降临斯世的生命,每一孺子皆栖居在宏大母亲之子宫内,寄身于无形无相,浑然一统的原初世界中。一旦脱离她之躯体,我们便相互分离,奔入各自的人生。"②客观上说,儿童与大自然是"相互分离"的,但是儿童却被恩赐了"充足的时间",在这充足的时间中,儿童却远比成人与大自然有着更为深刻的相融与相契。这种儿童与自然、与上帝的灵魂更为接近的思想在华兹华斯的《永生的信息》中有着生动的阐述:

我们的诞生其实是入睡,是忘却:
与躯体同来的灵魂——生命的星辰,
原先在异域安歇,

---

①② [德]马丁·布伯. 我与你[M]. 陈维刚,译. 北京:生活·读书·新知三联书店,2002:21-22.

此时从远方来临；
并未把前缘淡忘无迹，
并非赤条条身无寸缕，
我们披祥云，来自上帝身边——
那本是我们的家园；
年幼时，天国的明辉闪耀在眼前，
当儿童渐渐成长，牢笼的阴影
便渐渐向他逼近，

乃至他长大成人，明辉便泯灭——
消融于暗淡流光，平凡日月。①

诗中的"家园"可理解为人类诞生的"伊甸园"，那里流淌着清泉、生长着繁茂的树木、挂满了鲜美的果实，人与自然有着诗意的融合（见《旧约·创世纪》）。虽然对大多数的成人而言，他们的明慧已"消融于暗淡流光"，但对于人之初的儿童来说，"天国的明辉闪耀在眼前"，因此儿童与大自然之间依然保留着这种深刻的融合性。也正是这种融合，使儿童在"无我"中找到了"他生命的真正结论"，并"返回到在无限爱的怀抱中与万物合一"②。

再者，儿童与大自然之间的"我—你"关系特征还表现为儿童对于大自然的"无意识性"。就某种意义而言，儿童与大自

---

① ［英］华兹华斯，［英］柯尔律治. 华兹华斯、柯尔律治诗选［M］. 杨德豫，译. 北京：人民文学出版社，2001：265-266.

② ［印度］罗宾德拉纳特·泰戈尔. 泰戈尔集［M］. 倪培耕，编选. 上海：上海远东出版社，1997：405.

然的亲和关系并不是后天经验的结果,而是先验的、是与生俱来的,甚至可以说这是"上帝的旨意"。换句话来说,这种亲和关系是一种本能的展开,是无意识中的"选择"。关于意识与无意识,弗洛伊德(Frend Sigmund,1856—1939)曾经提出过"冰山理论":人的意识组成就像一座冰山,露出水面的只是一小部分(意识),但隐藏在水下的绝大部分却对其余部分产生影响(无意识)。著名的精神分析学家卡尔·荣格也曾提出"集体无意识"及"原型"等深层心理学概念并以此来证明儿童的种种"神秘"的本能反应趋势。如果借助于两位精神分析心理学家的伟大点拨,我们也可以说,儿童与大自然的关系是一种集体无意识、是一种原型。"它们是生命演进史中世世代代的个体与周围世界交互作用时沉积下来的,是人在认识上和情感上对永恒事物和典型事件概念化了的但同时又如诗如梦的规定。"① 原型使儿童在潜意识中跨越了个体的界限,而生活在广阔而宏伟的天地里——这个天地里有日月星辰,有风雨雷电,也有神灵鬼怪。而这一切的发生却又是秘密的、悄悄的,是无意识的,可以说,大自然对儿童有着一种神秘的吸引力。刘晓东在其《儿童精神哲学》封面上借用高太极小朋友不经意间创作的画并在此书的后记中解释说:"这幅画既有三才天地人,又有三光日月星,极为生动地表现了儿童心目中的世界图景,也表现了儿童精神世界的宏阔、梦幻和诗意。"② 由此,我们可以把该画的创作进一步解释

---

① 刘晓东. 儿童精神哲学 [M]. 南京:南京师范大学出版社,1999:422.

② 刘晓东. 儿童精神哲学 [M]. 南京:南京师范大学出版社,1999:438.

为这是儿童与大自然无意识中相互融合的结果，是儿童对大自然的"前生记忆"的无意识的涌现。

同样，从著名的生物学家、社会生物学的创始人威尔逊（Edward O. Wilson，1929—2021）的童年经历中亦可看到这种"无意识性"。他谈到他童年时代对大自然的热爱和探索时特别谈到童年的自己是怎样地沉迷在天堂海滩的："一个小孩来到深水边缘，满心期待地准备迎接新奇事物。他就像是远古以前的成年原始人，一个贪婪的古代原人，来到比如说马拉维湖（Lake Malawi）湖滨，或者是莫桑比克海峡（Mozambique Chavel）边。"并且，"同样的经验一定在成千个世代中，重复了无数次。"接着他将儿童对自然水域的热爱和探究称为一种"原型"，是所有儿童与生俱来的一种近似本能活动倾向。① 由此可见，不仅儿童对自然水域的热爱，我们可以称其为原型，推而广之，儿童对整个大自然、自然事物的无意识的、无目的的爱我们皆可称之为"原型"。而"每种原型皆是一次对世界的开启，一次进入世界的邀请"②。也正因为如此，儿童有着被哲学家称道的那种"对世界的坦率开放"③。同时又因为这种开放，儿童拥有比成人更为宏伟更为美丽的世界！

---

① ［美］爱德华·威尔逊. 大自然的猎人［M］. 杨玉龄，译. 上海：上海科学技术出版社，2001：9.

② ［法］加斯东·巴什拉. 梦想的诗学［M］. 刘自强，译. 北京：生活·读书·新知三联书店，1996：124.

③ 刘晓东. 儿童精神哲学［M］. 南京：南京师范大学出版社，1999：423.

三、结　语

综上所述，儿童与大自然之间本有着天然而神秘的"我—你"关系，他们与大自然本有着和谐与统一，有着"神与物游"的自然倾向。海德格尔把世界分为了天、地、神、人，而大地，这个"一切涌现者返身隐匿之所"，则是人类从"伊甸园放逐"后永恒的、诗意的居所（注：这里的大地就是指大自然之意）。对儿童来说，尤为如此。儿童的精神与大自然有着神圣的融合，儿童与大自然有着潜意识中的生命的交流。儿童与大自然的这种深层的融合使儿童不再是单一的个体存在，而是与绵延的生命进化、与自然万物融为一体的宇宙性的存在。正像巴什拉（Gaston Bachelard）所说："当人类世界让他安宁，孩子感到他是宇宙的儿子。"① 儿童是宇宙的儿子，他们与宇宙有种天生的合一性。也正由于这种合一，使得"童年的生命是与万事万物相互开放、相互通融、直接交流的"②。儿童与大自然有着原初的统一与融合，儿童对大自然有着天然的交流欲求。就像罗尔斯顿Ⅲ经过缜密的调查研究后所总结的那样："我们的遗传基因已为这种与自然的交流做了准备，但这种交流又是如此新颖，使每个人差不多都很独特。孩子会因重新发现人类所赖以进化的自主的能动性而兴奋异常，但他们主要的兴奋点还是在于自己内在于自然过程的

---

① ［法］加斯东·巴什拉. 梦想的诗学［M］. 刘自强，译. 北京：生活·读书·新知三联书店，1996：124.
② 刘晓东. 儿童精神哲学［M］. 南京：南京师范大学出版社，1999：423.

感觉，他们感到自己与自然的联系多于对抗，浪漫多于悲剧。摆弄一根小棍，将石头掷进小溪，生一堆火，带着狗在田野上奔跑，或是观看麻雀——所有这些都能使他们感到自然的戏剧是那么神奇，同时也感到人类能在此戏剧中扮演的角色也同样很神奇。"① 儿童与大自然的联系是如此深刻，体验是如此美妙，甚至说大自然是儿童精神世界不可或缺的部分；儿童通过"你"（大自然）而成为"我"，在与大自然的相遇和交互中实现其精神的圆润和完满。

总之，只有尊重儿童与大自然之间这种"我—你"关系，让儿童自由地栖居在自然界中，方能捍卫其精神的神圣性与完整性。在大自然中，儿童就是天生的诗人，是生命的歌者，是美丽的精灵。只有回归大自然，儿童才能找到他们的乐园；在与自然的嬉戏与交融中，他们会注意和感受花草树木的"一举一动"和"一笑一颦"，于是他们便会自觉地建立起自己"心灵的大教堂"：大自然的静美与神秘会在他们心灵深处产生强烈的共振——自由、自在、安宁、平和以及本能的幸福感如清冽的泉流在其心头静静流淌。这种美妙的感受与体验将对儿童的精神成长产生深远的影响。因此，让儿童回到大自然中去，在自然的安宁之中，去体验人与自然及自然本身所具有的和谐和平衡，去享受着大自然对其稚嫩心灵的陶冶以及大自然对其灵性精神的爱抚。在这种陶冶与爱抚之中，儿童拥有了"符号世界"所无法给予的意义世界。儿童的精神也因此获得了本体意义上的超越与飞升。

① ［美］霍尔姆斯·罗尔斯顿Ⅲ. 哲学走向荒野［M］. 刘耳，叶平，译. 长春：吉林人民出版社，2000：471.

教育学视野中的儿童与大自然关系辨析[①]

摘要：儿童与大自然本有着神秘而又深刻的融合关系。这种融合是儿童精神成长的"基点",可借助"母—子"和"我—你"的关系模式来论述。就此意义而言,把大自然还给儿童,让儿童在与大自然的"神游"中重获"神性",这应该成为儿童教育的本质。

关键词：儿童；大自然；教育

儿童初从大自然中来,他们携带着天真、质朴、纯净的气息,因此与大自然有着灵魂上的契合与天然和谐的关联；与之相对照,成人则由于被社会化、物质化和制度化而失去了与大自然坦诚交流的心胸,与大自然之间存在着某种程度的自觉甚或不自觉的"遮蔽",以至于在儿童教育过程中对儿童与大自然之间的亲密关系往往熟视无睹。也就是说,儿童与大自然之间有着我们应遵从和迎合而不是与之相悖而行的相融与相契。下面笔者将从人与大自然的关系谈起,继而再具体论说儿童与大自然之间亲密

---

① 此文曾发表于《学前教育研究》,2012（11）,收入此书时作者稍有修订。

的融合关系。

一、人与大自然的关系

在探讨儿童与大自然的关系之前,我们有必要先简要谈论一下人与大自然的关系。

自然一词在中国最早见于《老子·二十五章》:"人法地,地法天,天法道,道法自然。"在此,人、天、地皆统一于"道",而"道"却又归于自然。有学者对此评析道:"这是说人的存在——不只是身心的发生学来源,而且包括人之生活的方式和内容——是取法自然的。显而易见,人是自然的产物;人来之于自然界,又要回归到自然界。"[①] 那么人类的起源与自然宇宙究竟有何关系呢?对此,人类目前已经做出肯定:人体是宇宙诞生、演变和进化过程中迄今为止最高级也最美妙与神奇的"物种"——它是宇宙"全息"[②] 统一的载体或者缩影,潜含着大自然的全部奥妙。正所谓"人者,天地之心也""人体虽小,暗含天地"。而这种"暗含",则意味着人与大自然有着原初意义上的无可分离的融合性,也即是《文心雕龙·物色篇》中所谓的"天、地、人三才一体,人与对象心物完全交融"。

对于这种天人合一同源、物我交融的神秘体验,古今中外学者多有论述。譬如,《庄子·天地》中有言:"天地与我并生,

---

① 刘晓东. 儿童文化与儿童教育 [M]. 北京:教育科学出版社,2006:13.

② "全息"概念最早形成于物理学领域,后扩展到其他领域。概括地说,"全息"就是指部分包含整体的信息。详见:严春友. 精神之谜 [M]. 中国社会科学出版社,1991:23–32.

万物与我为一。"而英国浪漫主义诗人华兹华斯（William Wordsworth，1770—1850）也曾说，人与大自然是从同一源头而来的；他的大部分呼唤人类回归大自然的诗作正是此主张的形象化诠释。再如，卢梭（Jean Jacques Rousseau，1712—1778）曾谈及人与自然的和谐："被春天唤醒的大地，身着婚礼长裙，在江河的奔流、百鸟的啼啭中，在这三界一体的和谐中，展现给人类一幅充满生机、福泽和妩媚的图景，这是人的心目永远不会厌倦的唯一图景。一个喜欢静观和沉思的人，心灵越是敏感，就越容易在这种和谐使他产生的欣喜中陶醉。一种甜蜜而深邃的幻想便会攫住他的感官，他就会带着滋味无穷的沉醉消融在他自觉与之浑然一体的这个广袤而美丽的大自然中。于是，一切个别物体他都看不见了，他所看见的，感受到的无一不在整体之中。"① 泰戈尔（Rabindranath Tagore，1861—1941）则更进一步说："从我的存在的一个极端看，我与石头、木块是一致的，在这点上，我必须承认普遍法则的作用，那是我赖以生存的深潜在下面的根本基础。潜在于我的存在中的这种力量牢牢地被束缚在整个世界的包围中，束缚在和万物完全的同一中。"② 当然，也正是由于人与"万物"的这种"完全的同一"性，人类精神与宇宙精神之间才产生了伟大的和谐。

由于这种同一性与融合性，我们沉浸于大自然之中便会感到一种"似曾相识"般的愉悦。诚如爱默生（Ralph Waldo Emerson，

---

① ［法］卢梭. 一个孤独的散步者的遐想［M］. 张驰，译. 长沙：湖南文艺出版社，1992：105.

② ［印度］罗宾德拉纳特·泰戈尔. 人生的亲证［M］. 宫静，译. 北京：商务印书馆，1992：44.

1803—1882)所言:"……在这片宁静的风景中,尤其是在远处的地平线上,人看到了某种与他自己的本性一样美丽的东西。田野和树林给予人的最大的快意要数它们向我们显示的人与植物之间那种玄奥的关系……这风中招摇的树林给予我的感受就类似于我在这个时候的心情。可以肯定,令人产生这种快乐的力量不在自然当中,而在人身上,或者说,在于二者的和谐之中。"① 也正是由于"两者之间的和谐",我们或多或少都有这样的体验:当身处浩渺无垠的宇宙与静默无边的大自然的怀抱之中,我们便会油然生出与大自然浑然如一的超脱与宁静之感,更不由地涌出温暖而亲切的归家之感。也就是说,人类的精神与大自然是和谐相应的,两者之间有着神圣的统一性;大自然不仅是外在于我的客观存在,更是内在于心的"我"的一部分。难怪有论者会说:"'在它的和平在它的美之中感觉到我',因为那是自然对自然的感知,是自然的自我认识,是我的自然本质,是真我的真发现。"② 大自然与"我"之间确实有着"你中有我,我中有你"的内外辩证统一关系。

总之,人与大自然有着天然的和谐也即人们通常所谓的"天人合一",同时人也具有对这种神秘关联的感受能力。然而对于成人而言,由于其大多沉溺于尘世之中,遂逐渐失却了感受大自然的那份纯真,也失去了与大自然契合的灵性,以至于与大自然产生了所谓的"限隔"。由此我们可以说,是人们自身造成了自

---

① [美] R. W. 爱默生. 自然沉思录 [M]. 博凡,译. 北京:中国社会科学院出版社. 1993:6-7.

② 刘晓东. 儿童文化与儿童教育 [M]. 北京:教育科学出版社,2006:61.

然界的异己性和陌生性，正所谓"宇宙不曾限隔人，人自限隔宇宙"（《象山全集》卷三十四）。然而作为"成人之父"的儿童，在刚出生之后不久仍然保留着合乎上帝灵魂的天性，能够时时在自然界看到、感受到华兹华斯所谓的"天国的荣光"——可以说，儿童与大自然之间存在着神圣的融合性。下面我们就进一步探究儿童与大自然之间的这种融合性。

二、儿童与大自然之间的关系

（一）儿童与大自然之间的"母—子"关系

从纵向的角度也即历时性的角度来看，儿童与大自然的融合表现为两者之间具有深层的"母—子"关系。具体来说，这种"母—子"关系是指就人类发生学层面的意义而言，大自然是儿童之母，儿童作为大自然之子，其肉身和精神皆诞生于绵长的自然进化史。在此，我们将儿童的肉体与精神分开讨论，并不意味着将肉体和精神对立起来，而仅仅是顾及论述的层次性。事实上，"生物发生与精神发生的相互交织、相互融合的情况在儿童身上是显而易见的。儿童的肉身具有精神性（文化性）。"[①]

首先，按照进化论的观点来说，儿童的肉身是自然进化史的产物。马克思曾经说过："五官感觉的形成是以往全部世界史的产物。"[②] 进而言之，由于儿童的肉身是进化的精华，所以其

[①] 刘晓东. 儿童精神哲学［M］. 南京：南京师范大学出版社，1999：343.

[②] ［德］马克思. 1844年经济学—哲学书稿［M］. 刘丕坤，译. 北京：人民出版社，1979：79.

"肉身里有最大的理性"（尼采语）。对于儿童肉体中所潜藏的"理性"，我们可以从"普适性"和"永恒性"两个方面来论证。首先，所有的儿童，虽然出生在不同的时代、不同的地域，却具有一种"普适性"，即"所有的儿童在出生时是相近似的，他们以一种相同的方式，按照同一的规律发展"①。也正是在这种类的普适性的基础上，皮亚杰（Jean Piaget，1896—1980）所阐释的儿童智慧的几个不同的发展阶段理论才可以在不同的国域皆成立。当然，儿童的发展不仅具有"普适性"，也具有一定的"永恒性"。泰戈尔就曾经在阐明儿歌的经久不衰时阐释了儿童的永恒性，他这样写道："伴随国家、时代、教育和风俗的变化，成年人多少有些新的变化，但今天的孩子像几千年前的孩子一样，那种无变化的永恒性，以孩子的形式诞生在连绵不断的人类家庭里；今天，它仍像亘古时代那样新鲜、温柔、纯朴和甜蜜。这种生活常青的原因是，孩儿是自然的创造，而成年人的大部分则是由自己双手塑造成的。"② 也就是说，正是由于大自然的"创造"使儿童具有一定的永恒性，于是无论世事如何变迁，今天的儿童与昨天的儿童，甚至与明天的儿童相比，都会有着"共同性"。无独有偶，曹文轩也有过类似的论述："今天的孩子，其基本欲望、基本情感和基本的行为方式，甚至是基本的生存处境，都一如以前；这一切'基本'是造物主对人的最底部的结构的预设，因而是永恒的。"③ 确实，儿童的肉身就是"道"之

---

① ［意］蒙台梭利. 蒙台梭利幼儿科学教育方法［M］. 代任文，译. 北京：人民教育出版社，2001：405.

② ［印］泰戈尔. 泰戈尔论文学［M］. 倪培耕，等译. 上海：上海译文出版社，1988：109-110.

③ 曹文轩. 追随永恒［M］. 北京：北京大学出版社，1998：202.

所成——这种道是天道，是自然之道，它源于神秘的进化力量；这种"道"是神秘的，同时也是客观实在的，是深隐于人性中的根。也正是在这个意义上，荣格说："我向来觉得，生命就象以根茎来维持住生命的植物。它真正的生命是看不见的，是深藏于根茎处的。"① 儿童"肉体理性"所表现出来的特征也告诉我们："如果我们研究生命，而不仅仅是研究某个班中的某个儿童，那么我们面对的就决不是一个有待于被报道、评分、分等级、分类、贴标签的儿童，而是一个活生生的遵循着一种发展模式的有机体。"② 总之，儿童的发育及其成长有其自身普适规律性，这从一个层面证明了儿童的肉身不是遽然而至，而是自然漫长进化的产物。

当然，不仅儿童的肉身是大自然进化的结果，儿童的精神也是进化的产物。也正是在这个意义上，马克思曾说"五官感觉的形成是以往全部世界史的产物"。而且，"不仅是五官感觉，而且所谓的精神感觉、实践感觉（意志、爱等等）"③ 皆是如此。接着马克思还说"历史可以从两方面来考察，可以把它划分为自然史和人类史。但这两方面是密切相联的；只要有人存在，自然史和人类史就彼此相互制约"④。如此看来，处于一定的"人类

---

① ［瑞士］荣格. 回忆·梦·思考——荣格自传［M］. 刘国彬，杨德友，译. 沈阳：辽宁人民出版社，1988：17.
② ［意］玛利亚·蒙台梭利. 童年的秘密［M］. 江雪，编译. 天津：天津人民出版社，2003：5.
③ ［德］马克思. 1844年经济学—哲学书稿［M］. 北京：人民出版社，1979：79.
④ ［德］马克思，［德］恩格斯. 马克思恩格斯全集第3卷［M］. 中共中央马克思恩格斯列宁斯大林著作编译局，译. 北京：人民出版社，1979：20.

史"时期的人的精神或文化的状态，总是基于了生物性的肉身生成的"自然史"的前提之下。这也就是说，儿童的精神是通过进化而预先确定了的，是先验的；也就是说它是与种族的往昔相联系。换句话来说就是：儿童的精神里潜隐着人类种族的"原始遗传"或者遗留物，携带着集体无意识及本能。即儿童的精神中蕴藏着看不见的"根茎"，而这根茎就是自然进化的结果，是世代祖先经验积淀的精华，因此，儿童的身上蕴含着"天机"。难怪我国当代作家、儿童文学家冰心曾发出这样的感慨："小孩子！他细小的身躯里，含着伟大的灵魂。"从某种意义上来说，儿童的灵魂是进化的精华，是宇宙精神的载体。这也即是说，儿童的精神不仅仅是一种现实的具体存在，还是一种潜在的先验存在；是一本玄妙的天书、一部深邃的史诗。也正缘于此，刘晓东曾在他的《儿童精神哲学》的封面上写道："儿童不只是诗意地栖居于大地之上/还诗意地鱼游于历史的长河之中/儿童的游戏/儿童的梦想/儿童的艺术/儿童的思想/儿童的全部生活/都是史诗/都是描绘生命历史/描绘精神历史的诗篇。"[①] 在此，儿童不仅仅是一种具体存在，更是一种类存在、精神存在。以一言而蔽之：儿童是进化的精华，儿童的身上隐匿着进化的秘密，儿童精神的存在本就是宇宙哲学的一种具体化诠释。

总之，我们说儿童的肉身和精神皆源于大自然的进化，就此而言，大自然是儿童更为宏大的母亲，儿童与大自然有着更为亲近更为密切的"血肉之亲"。同时，大自然是外在于我的"非我"，亦是内在于心的"根我"——儿童与大自然有着深层次的

---

① 刘晓东. 儿童精神哲学 [M]. 南京：南京师范大学出版社，1999：面封.

神圣的交融与呼应。儿童的意识与宇宙意志有着根本性的统一，亦有着神秘的息息相通。著名的精神分析学家卡尔·荣格（Carl Jung，1875—1961）就曾经有过这样的体验，他曾写道，当他回到他孩提时村野的石屋中时，"'我是在自己真实的生命中，最深沉地感到我自己……有的时候，我感到自己似乎在大地上铺展开来，进入了万物中，在每一棵树里，在浪花飞溅里，在白云里，在往来奔走的动物里，在季节的变换中生活着。在这几十年中，塔里的每一件东西都变得有自己的形体，每一件东西都跟我产生了某种联系……就是包围着我的寂静，似乎也都是我能听到的东西，我算是'跟自然取得一点和谐'"①。

总而言之，儿童是生物进化的精华，所以他先验地存在着与大自然的深层的和谐。也正是由于儿童与自然之间的和谐，使得儿童对大自然有着的天然感受力；在大自然中，儿童拥有是一个远远大于客观现实的世界——如同原型所揭示的那样，"童年原型使其突破了单个人的存在，从而进入绵远的生命进化历史。儿童的世界是由整个生命进化史构成的。他们拥有的世界是一个比现实更为宏大的世界"②。在儿童那里，他是与自然界中祖祖辈辈的生命相联系的。

（二）儿童与大自然之间的"我—你"关系

从横向的角度也即共时性的角度来看，儿童与大自然的融合又体现为两者之间有着原始意义上的"我—你"关系——儿童

---

① ［美］霍尔姆斯·罗尔斯顿Ⅲ．哲学走向荒野［M］．刘耳，叶平，译．长春：吉林人民出版社，2000：472.
② 刘晓东．解放儿童［M］．新华出版社，2002：158－159.

被剪掉与大自然母体之间的"脐带"后来到世界,因此天生与大自然有着原初意义上的"天人合一",也即说与大自然有着所谓的"我—你"关系。那么,何谓"我—你"之关系呢?"我—你"之关系是现代德国著名的宗教哲学家马丁·布伯(Martin Buber,1878—1965)在论及人与世界的关系时提出。他指出,人置身于二重世界之中,因之他拥有两种截然不同的人生:人筑居于"它"之世界,也栖身于"你"之世界。也即是说,与世界有着"我—它"及"我—你"两种关系。前者是指将周围的"在者"当作与"我"相分离的对象,与我相对立的客体,通过对它们的经验而获致关于它们的知识并使之为我所用。而后者是指"在者"不再是被认识与欲求的客体,"我"以整个存在,我的整个生命,我的真本自性来接近"你",与你融合。"我"通过"你"而成为真正的"我"。借用马丁·布伯的原话来说就是:"'我'与'你'自由相遇,相互作用,不为因果律所缚,不为因果性所染"[①]。简而言之,这种"我—你"关系是指人与世界之间突破了"小我"的界限,而进入了"我—你"之"大我"的一种神圣的融合性。

儿童是宇宙之子、自然之子,与大自然有着更为深邃与亲密的联系与契合。将人与大自然的关系用"我—你"关系来比拟,早有学者在探讨古希腊的自然观时加以使用:"从历史根源上来说,人与自然共同从同一源头涌出。那时(笔者注:古希腊时期),人与自然是一个事物的不同表现,不存在任何的界限。人与自然的关系就是'我—你'关系。从古希腊后期直到17世纪,

---

① [德]马丁·布伯. 我与你[M]. 陈维刚,译. 北京:生活·读书·新知三联书店,2002:44.

是人逐渐与自然分离,将自然称为'它'的过程……到了17世纪以后,人才逐渐失去了对自然称呼'你'的能力,自然完全对象化。"① 作者又进一步指出,"按照马丁·布伯的观点,此时(笔者注:古希腊时期)自然与人是处于'我—你'关系之中。"② 除此,他在阐述享受乡村生活的人们与自然之间的关系时也曾用"我—你"关系来比拟:"儿童与生活于乡村简朴生活中的人们(文化意义上的原始人)由于身上还具有灵性而成了成年人——人类(the man)返回自然的中介。乡村生活中的人们生活于自然之中,他们与大自然的交往是面对面的、直接的、不需要任何的中介,他们与大自然因而表现了'我—你'的关系。"③ 我们根据儿童与原始初民之间较为深刻的相似性,以及儿童与大自然之间较为独特的融合性可以推知:儿童与大自然的关系像古希腊初民或现今村民一样是"我—你"关系。而且从儿童在大自然中的外在行为表现来看,他们在大自然中嬉戏,不只是在认识自然,更是在体验它、拥有它——甚至说儿童与自然有着一种完全意义上的融合,尽管这种融合是无意识的、不自觉的。就此意义而言,儿童与大自然的关系就是一种"我—你"的关系。

在成人那里,大自然是被认识、被改造、被利用的对象,是满足"我"之利益、需要和欲求的工具;成人与大自然的接触,

---

① 苏文菁. 华兹华斯诗学 [M]. 北京:社会科学文献出版社,2000:1-2.

② 苏文菁. 华兹华斯诗学 [M]. 北京:社会科学文献出版社,2000:4.

③ 苏文菁. 华兹华斯诗学 [M]. 北京:社会科学文献出版社,2000:54.

往往先是与其确立"主体—客体"式的认识而后才与之建立这样那样的关系。而儿童对大自然却没有任何的"非分之想",相反,在儿童那里,大自然是其用全部的情感与本能与之融合为一的整体,大自然对儿童来说是一种非对象性的精神存在。对儿童来说,大自然不是或者说不仅仅是用其理智去认识的客体,更是用其全部的本能的情感去接近、去体验的"你"——另一个自我!正所谓"'你'便是世界,便是生命,便是神明。我当以我的整个存在,我的全部生命,我的真本自性来接近'你',陈述'你'"①。儿童对大自然的体验是完整而纯粹的,大自然对儿童来说不是"认识或理论的对象化的整体",而是"具体生活的非对象性的整体"(哈贝马斯语)。当儿童与大自然接触时,首先是完全地感受大自然,全身心地拥入大自然的怀抱,而后才是认识与了解——是先呼之于"你"而后再称之为"它"。进一步说,在儿童那里,与大自然没有所谓的谁是主体谁是客体的区分界线,有的只是我是你、你也是我的浑然一体的超越。显而易见,大自然之于儿童并不是成人眼中所谓的"唯物"存在,而更多的是一种精神意义上的融合。

从印度诗人泰戈尔《海边》那美丽的诗文中,我们便能感受到儿童与大自然之间的这种"我—你"关系:"孩子们在无边的世界的海滨聚会。头上是静止的无垠的天空,不宁的海波奔腾喧闹。在无边的海滨,孩子们欢呼跳跃地聚会着。他们用沙子盖起房子,用空贝壳做游戏。他们把枯叶编成小船,微笑着把它们飘浮在深远的海上。孩子在世界的海滨做着游戏……"在此,儿

---

① [德]马丁·布伯. 我与你 [M]. 陈维刚,译. 北京:生活·读书·新知三联书店,2002:6.

童与大自然静谧而神圣地相融为一体，这份静美震颤着心弦；儿童对大自然没有掠夺之欲与占有之心，而只是在自然中"存在""体验"；大自然的静美与神秘在他们的心灵深处产生强烈的共振——自由、安宁、平和以及本能的幸福感如清冽的泉水在其心头静静流淌。无疑，儿童与大自然之间这种和谐而美妙的"我—你"关系将对儿童的精神成长产生深远的影响。

三、儿童与大自然之间关系的教育启示

（一）让儿童真正地融入大自然

在此我们提倡让儿童真正地融入大自然中，是指教育要回归大自然，要让儿童融入神秘的、非人工的或者相对原始的自然界中。当然，就像爱默生所说的那样，由于"世界给人的影响广大而深远，人对自然的改变毕竟微乎其微。所以我仍可以把人改造过的自然称作'自然'"①。我们这里所谓的"原始的自然界"也意味着其所经受的改造必须是"微乎其微"的。因为只有这种真正的大自然才能给儿童以独特的感受，也才能与儿童的精神世界有着深层次的契合。一个幼儿园的老师曾经写了这样一段独特的见闻："某幼儿园的围墙边有一个角落，那里凹凸不平，长着一些树和花草……一次我去这所幼儿园听课。活动期间，许多孩子们不是在花坛边欣赏，也不是在水泥地上嬉戏，而是聚在那块'卫生死角'里：有的看蚂蚁搭桥，有的在找蜕皮的昆虫，

---

① ［美］R. W. 爱默生. 自然沉思录［M］. 博凡，译. 北京：中国社会科学院出版社. 1993：1-2.

有的在掐蒲公英，还有的在议论什么虫子在叫……"① 的确，精致的花坛与人工的水泥地对儿童来说，只是外在于生命的物质存在，而只有那种未开垦的"凹凸不平的一角"才是儿童精神的天堂。可以说，我们探视大自然的眼光常常过于狭隘了，甚至是仅将其简单视为种植花草或领养宠物。就像著名的教育家蒙台梭利所批判的那样："大自然逐渐被我们的概念窄化成种些小花草，和豢养这些我们赖以为食、为工具或为防御的家禽和家畜。此外，我们的心灵、心智也萎缩到躲进对比和矛盾的港湾里；我们发展出一种'对大自然的爱'的暧昧情怀，把照顾那些命中注定要成为食物的可怜动物视为一种乐趣或赞叹，欣赏被囚禁在笼内的美丽鸟儿和它们的叫声。难道人们不相信即使把海沙放到如一个小盘子的容器，对孩子也有很大的助益？人们常常想到海边是相当有教育性的，因为沙子就像被放在容器般的出现在那里。"② 殊不知，当沙子被"移植"到容器中，它已失去了其原有的自然氛围，这样以来，它与海滩上的沙子虽为同一种物质，意义却完全不同：对儿童来说，容器里的沙子仅仅只是沙子，它只是一种物质存在；而海边的沙子，在儿童面朝大海的那一瞬间，沙子与大海、天空、白云等构成的是一种意境，一种能给他带来精神上体悟的深远境界。因此，我们说只有让儿童真正融入大自然，他才能体悟到温暖的在家的感觉，他的精神上才能得到润泽与滋养。简而言之，"孩子确实需要融入大自然，

---

① 钱芬. 把真正的大自然还给孩子 [J]. 早期教育，2003（10）.
② [意] 蒙台梭利. 发现儿童 [M]. 吴玥玢，吴京，译. 台北：及幼文化，2001：128.

而不仅知道大自然"①。

近年来在国外兴起的"韦尔多"幼儿园所遵循的一个重要的教育原则,就是让儿童真正融入大自然——"在与自然的直接的接触中,孩子们体验着对自然的谨慎和尊重。与植物、动物、土地和水的情感和亲密最终演变成在自然中的'在家'的感觉"②。就某种意义而言,这种在家的感觉所带给儿童心灵与精神上的熨帖是任何其他教育所不可企及的。而这就是真正契合生命、与生命相融的教育,这种教育也许不能培养出"有知识、有文化、有道德、有纪律"的充满理性的人,但却能熏陶出充满诗意情怀和生命感悟的富有灵性的人——理性的人只是在活着,低头走着人生的路,他只是某个国家的公民;而灵性的人却在生活着,仰头追问着浩瀚的星空,在某种程度上我们可以说,他是宇宙的公民。

(二) 保护孩子对大自然的好奇之心

让儿童真正融入大自然中之后,作为成人的我们还有一个重要的职责,那就是要保护儿童对大自然持久的好奇心。

事实上,儿童本身就有着对大自然热烈的爱和强烈的好奇心,只是我们成人已失去了"对美与畏惧的直觉",往往无视儿童的这种好奇甚或是在有意无意间扼杀了儿童好奇的胚芽。对此,现代生态运动的发起人蕾切尔·卡逊(Rachel Carson,

---

① [意] 蒙台梭利. 发现儿童 [M]. 吴玥玢, 吴京, 译. 台北: 及幼文化, 2001: 127.

② Ulla Grob-Mengues, 王峥. 文化与幼儿教育的欧洲视角: 走向自然 [J]. 学前教育研究, 2004 (C1).

1907—1964）曾不无感慨地说：

一个孩子的世界是新鲜的、美丽的，充满了惊喜与激动。不幸的是，我们大多数人在长大前就失去了清澈的眼神，对美与畏惧的直觉渐渐暗淡。如果我能影响为所有孩子主持洗礼仪式的善良的仙女，我将请求她赐给每个孩子一份礼物：持续一生的好奇心，帮他在今后的生活中排解乏味、保持清醒。现在的孩子所拥有的一切都是人造的，远离我们力量的自然源泉。

……

我真诚地相信：对于一个孩子，对于想要指导孩子的父母，"知道"不及"感受"一半重要，如果事实是将来产生知识和智慧的种子，那么所感受的情感和印象就是种子发芽需要的肥沃土壤。孩子的早期成长正是为这片土壤作准备。一旦唤起某种情感——美感、对新事物和未知的兴奋、同情、痛苦、尊敬和爱——他们就获得了相应的知识。如此一来，也就有了更长远的意义。为孩子铺路引发他们的求知欲比培养他们掌握知识更重要。[①]

确实，大自然的神秘所激发的好奇对儿童来说有着更为长远也更为深邃的意义。甚至可以说，对美的直觉、对自然的敬畏以及由这种直觉和敬畏所引起的好奇，对儿童及其走向成人后的世界皆有着生命本体的意义。而对于一个依旧保存着天性的儿童来说，自然界以前是什么样子，宇宙来自何方或它是否总是在这儿，鸟儿为什么会飞翔，白云没有脚怎么会走等等这近似于自然哲学的问题却都是他们探索的目标——而这样的好奇不单单给了

[①] ［美］保罗·布鲁克斯. 生命之家：蕾切尔·卡逊传 [M]. 叶凡, 译. 南昌：江西教育出版社，1999：197-198.

儿童探究世界的动力，更重要的是它给了儿童安身立命的根基。试想，倘若失去对大自然的好奇，儿童的精神世界将会造成多大的缺憾。

那么，如何保持儿童这种天然的好奇心呢？首先，我们应该让儿童先自由地体验与感受大自然。瑞谢尔·卡逊在她的《奇迹的意义》一书中宣称，当把令人兴奋的自然世界介绍给儿童时，"感受它远比了解它重要"。《与孩子共享自然》一书的作者也倡导说，为了让儿童更好地融入自然，必须"先看、先体验，然后再说"。正是这种自由忘我地"注意"，这种全神贯注，将会激发起儿童强烈的好奇心和探知欲。其次，不能让抽象的自然知识阻隔了儿童对大自然的好奇。在儿童与自然直接交流之时，我们不能强迫儿童去学习所谓的抽象的自然知识，或者迫使他们去死记硬背动植物的名称。儿童需要体验大自然的神奇而不仅仅是具有自然的知识；因为从某种程度上来说，自然知识只是人类探索的结果，动植物名称也仅仅是人为的符号而已，而对大自然中所潜隐的神秘之道，以及对其自身与大自然之间神秘的融合性的体验与感受，比任何的"知识"与"符号"都更具生命意义。

就像有学者经过缜密的调查研究后所总结的那样："我们的遗传基因已为这种与自然的交流做了准备，但这种交流又是如此新颖，使每个人差不多都很独特。儿童会因重新发现人类所赖以进化的自主的能动性而兴奋异常，但他们主要的兴奋点还是在于自己内在于自然过程的感觉，他们感到自己与自然的联系多于对抗，浪漫多于悲剧。摆弄一根小棍，将石头掷进小溪，生一堆火，带着狗在田野上奔跑，或是观看麻雀——所有这些都能使他们感到自然的戏剧是那么神奇，同时也感到人类能在此戏剧中扮演的角色也同样很神奇。"① 儿童与大自然的联系是如此深刻,体验是如此美妙,甚至说大自然是儿童精神世界不可或缺的部分。儿童通过"你"(大自然)而成为"我",在与大自然的相遇和交互中实现其精神的圆润和完满。让儿童自由地栖居在自然界中方能捍卫其精神的神圣性与完整性。倘若割裂了儿童与大自然融合之无穷联系,失去了与大自然的"坦诚开放",儿童将会失却"天赋"的"神性"——儿童本有的神圣、虔诚与好奇的"胚芽"更会失去成长的土壤。从这个意义上来说,把大自然还给儿童,让儿童在与大自然的"神游"中重获"神性",这应该成为儿童教育的本质。

---

① [美]霍尔姆斯·罗尔斯顿Ⅲ. 哲学走向荒野[M]. 刘耳,叶平,译. 长春:吉林人民出版社,2000:471.

参考文献

一、著作类

1. [法] 埃德加·莫兰. 复杂性理论与教育问题 [M]. 陈一壮, 译. 北京: 北京大学出版社, 2004.

2. [美] R. W. 爱默生. 自然沉思录 [M]. 博凡, 译. 上海: 上海社会科学院出版社, 1993.

3. [法] 昂利·柏格森. 创造进化论 [M]. 肖聿, 译. 北京: 华夏出版社, 2000.

4. [俄] 别尔嘉耶夫. 精神王国与恺撒王国 [M]. 安启念, 周靖波, 译. 杭州: 浙江人民出版社, 2000.

5. [德] O. F. 博尔诺夫. 教育人类学 [M]. 李其龙, 等译. 上海: 华东师范大学出版社, 1999.

6. 边霞. 儿童艺术与艺术教育 [M]. 南京: 南京师范大学出版社, 2000.

7. [美] 波兹曼. 童年的消逝 [M]. 吴燕莛, 译. 桂林: 广西师范大学出版社, 2004.

8. 储昭华. 大地的涌现: 关于自由与自然之间关系的思考 [M]. 北京: 中国社会科学出版社, 2003.

9. [美] 斯普瑞特奈克. 真实之复兴: 极度现代的世界中

的身体、自然和地方[M]. 张妮妮, 译. 北京: 中央编译出版社, 2001.

10. [美] 理查德·洛夫. 林间最后的小孩——拯救自然缺失症儿童[M]. 自然之友, 译. 长沙: 湖南科学技术出版社, 2010.

11. 陈立胜. 自我与世界——以问题为中心的现象学运动研究[M]. 广州: 广东人民出版社, 1999.

12. 陈赟. 天下或天地之间: 中国思想的古典视域[M]. 上海: 上海书店出版社, 2007.

13. [加] D. 保罗·谢弗. 文化引导未来[M]. 许春山, 等译. 北京: 社会科学文献出版社, 2008.

14. [美] 杜威. 学校与社会·明日之学校[M]. 赵祥麟, 等译. 北京: 人民教育出版社, 1994.

15. [美] 杜威. 民主主义与教育[M]. 王承绪, 译. 北京: 人民教育出版社, 2001.

16. [德] 恩斯特·卡西尔. 人论[M]. 甘阳, 译. 上海: 上海译文出版社, 2003.

17. [俄] 弗兰克. 社会的精神基础[M]. 王永, 译. 北京: 生活·读书·新知三联书店, 2003.

18. [俄] 弗兰克. 人与世界的割裂[M]. 方珊, 等译. 济南: 山东友谊出版社, 2005.

19. [德] E. 弗洛姆. 生命之爱[M]. 罗原, 译. 北京: 工人出版社, 1988.

20. 高清海, 等. 人的"类生命"与"类哲学": 走向未来的当代哲学精神[M]. 长春: 吉林人民出版社, 1998.

21. 高峰. 重新发现儿童[M]. 北京: 教育科学出版社, 2015.

22. ［美］霍尔姆斯·罗尔斯顿Ⅲ. 哲学走向荒野［M］. 刘耳，叶平，译. 长春：吉林人民出版社，2000.

23. ［美］赫伯特·马尔库塞. 爱欲与文明——对弗洛伊德思想的哲学探讨［M］. 黄勇，薛民，译. 上海：上海译文出版社，2005.

24. ［德］海德格尔. 在通向语言的途中［M］. 孙周兴，译. 北京：商务印书馆，2004.

25. 黄武雄. 学校在窗外［M］. 北京：首都师范大学出版社，2009.

26. 贺麟. 文化与人生［M］. 北京：商务印书馆，1988.

27. ［德］荷尔德林. 荷尔德林文集［M］. 北京：商务印书馆，1999.

28. 黄进. 儿童游戏文化引论［M］. 南京：南京师范大学出版社，2012.

29. ［法］加斯东·巴什拉. 梦想的诗学［M］. 刘自强，译. 北京：生活·读书·新知三联书店，1996.

30. 金生鈜. 理解与教育：走向哲学解释学的教育哲学导论［M］. 北京：教育科学出版社，1997.

31. ［英］R. G. 柯林伍德. 精神镜像，或知识地图［M］. 赵志义，朱宁嘉，译. 桂林：广西师范大学出版社，2006.

32. ［美］卡洛琳·爱德华兹，等. 儿童的一百种语言（第3版）：转型时期的瑞吉欧·艾米利亚经验［M］. 尹坚勤，等译. 南京：南京师范大学出版社，2014.

33. ［捷克］夸美纽斯. 大教学论［M］. 傅任敢，译，北京：教育科学出版社，1999.

34. ［德］伊曼努尔·康德. 论教育学［M］. 赵鹏，何兆武,译.上海:上海人民出版社,2005.

35. [英]凯特·迪斯汀.文化的进化[M].北京:世界图书出版公司北京公司,2015.

36. [意]卡丽娜·里纳尔迪.对话瑞吉欧·艾米利亚:倾听、研究与学习[M].周菁,译.南京:南京师范大学出版社,2014.

37. 李河.文化是一个故事[M].广州:广东教育出版社,1997.

38. [法]卢梭.论人类不平等的起源和基础[M].李常山,译.北京:商务印书馆,1982.

39. [法]卢梭.爱弥儿[M].李平沤,译.北京:商务印书馆,2008.

40. [德]兰德曼.哲学人类学[M].阎嘉,译.贵阳:贵州人民出版社,1988.

41. 李孺义."无"的意义:朴心玄览中的道体论形而上学[M].北京:人民文学出版社,1999.

42. [美]罗伯特·波格·哈里森.花园:谈人之为人[M].苏薇星,译.北京:生活·读书·新知三联书店,2011.

43. 李景林.教化视域中的儒学[M].北京:中国社会科学出版社,2013.

44. 刘晶波.社会学视野下的师幼互动行为研究:我在幼儿园里看到了什么[M].南京:南京师范大学出版社,2006.

45. 刘晓东.儿童精神哲学[M].南京:南京师范大学出版社,1999.

46. 刘晓东.儿童文化与儿童教育[M].刘晓东,北京:教育科学出版社,2006.

47. 刘晓东. 解放儿童 [M]. 北京：新华出版社，2002.

48. 刘小枫，陈少明. 卢梭的苏格拉底主义 [M]. 北京：华夏出版社，2005.

49. 鲁枢元. 自然与人文：生态批评学术资源库 [M]. 上海：学林出版社，2006.

50. ［美］罗洛·梅. 创造的勇气 [M]. 杨韶刚，译. 北京：中国人民大学出版社，2008.

51. ［意］洛利斯·马拉古齐. 孩子的一百种语言 [M]. 张军红，等译. 台北：光佑文化事业股份有限公司，1998.

52. ［德］马克思. 1844年经济学哲学手稿 [M]. 北京：人民出版社，1979.

53. ［德］马丁·布伯. 我与你 [M]. 陈维纲，译. 北京：生活·读书·新知三联书店，2002.

54. ［德］马丁·布伯. 人与人 [M]. 张见，韦海英，译. 北京：作家出版社，1992.

55. 蒙培元. 人与自然——中国哲学生态观 [M]. 北京：人民出版社，2004.

56. ［意］玛丽亚·蒙台梭利. 童年的秘密 [M]. 马荣根，等，译. 北京：人民教育出版社，2005.

57. ［意］蒙台梭利. 蒙台梭利幼儿教育科学方法 [M]. 任代文，译. 北京：人民教育出版社，2001.

58. ［意］蒙台梭利. 教育与和平 [M]. 庄建宜，译. 台北：及幼文化出版股份有限公司，2000.

59. ［美］尼丹东·沙因费尔德，凯伦·黑格，桑德拉·沙因费尔德. 我们都是探索者：在城市环境中运用瑞吉欧原则开展教学 [M]. 屠筱青，戴俊毅，译. 南京：南京师范大学出版社，

2014.

60. [美] 罗恰特. 婴儿世界 [M]. 郭力平, 等译. 上海: 华东师范大学出版社, 2005.

61. [瑞士] 让·皮亚杰. 教育科学与儿童心理学 [M]. 傅统先, 译. 北京: 文化教育出版社, 1981.

62. 彭锋. 完美的自然——当代环境美学的哲学基础 [M]. 北京: 北京大学出版社, 2005.

63. [瑞士] 裴斯泰洛齐. 裴斯泰洛齐教育论著选 [M]. 夏之莲, 等译. 北京: 人民教育出版社, 2001.

64. [英] 齐格蒙特·鲍曼. 作为实践的文化 [M]. 郑莉, 译. 北京: 北京大学出版社, 2009.

65. [挪] 让-罗尔·布约克沃尔德. 本能的缪斯——激活潜在的艺术灵性 [M]. 王毅, 等译, 上海: 上海人民出版社, 1997.

66. [意] 瑞吉欧儿童国际中心. 除了蚂蚁, 什么东西都有影子 [M]. 周菁, 译. 南京: 南京师范大学出版社, 2014.

67. [德] 舍勒. 人在宇宙中的地位 [M]. 李伯杰, 译. 贵阳: 贵州人民出版社, 2000.

68. [苏] B. A. 苏霍姆林斯基. 育人三部曲 [M]. 毕淑芝, 等译. 北京: 人民教育出版社, 1998.

69. 单中惠. 让我们与儿童一起生活吧: 幼儿园之父福禄培尔 [M]. 上海: 华东师范大学出版社, 2008.

70. [荷] 勒迈尔. 以敞开的感官享受世界——大自然、景观、地球 [M]. 施辉业, 译. 桂林: 广西师范大学出版社, 2009.

71. 唐代兴. 生境伦理的教育道路 [M]. 上海: 上海三联

书店，2014.

72. ［印度］罗宾德拉纳特·泰戈尔. 泰戈尔谈教育［M］. 白开元，编译. 北京：商务印书馆，2010.

73. ［美］爱德华·威尔逊. 生命的未来［M］. 陈家宽，等译. 上海：上海人民出版社，2005.

74. 王树人. 回归原创之思——"象思维"视野下的中国智慧［M］. 南京：江苏人民出版社，2012.

75. ［德］弗里德里希·席勒. 审美教育书简［M］. 冯至，等译. 上海：上海人民出版社，2003.

76. 夏甄陶. 人是什么［M］. 北京：商务印书馆，2000.

77. ［德］卡尔·雅斯贝斯. 历史的起源与目标［M］. 魏楚雄，俞新天，译. 北京：华夏出版社，1989.

78. ［德］雅斯贝尔斯. 什么是教育［M］. 邹进，译. 北京：生活·读书·新知三联书店，1991.

79. ［荷］约翰·赫伊津哈. 游戏的人［M］. 多人，译. 杭州：中国美术学院出版社，1996.

80. 姚伟. 儿童观及其时代性转换［M］. 长春：东北师范大学出版社，2007.

81. 虞永平. 学前课程与幸福童年［M］. 北京：教育科学出版社，2012.

82. ［英］伊丽莎白·劳伦斯. 现代教育的起源和发展［M］. 纪晓林，译. 北京：北京语言学院出版社. 1992.

83. 张世英. 哲学导论［M］. 北京：北京大学出版社，2002.

84. 张世英. 境界与文化——成人之道［M］. 北京：人民出版社，2007.

85. 朱小蔓. 教育的问题与挑战：思想的回应［M］. 南京：南京师范大学出版社，2000.

二、期刊类

1. 金生鈜. 为什么需要教育哲学——为教育的应然研究做一个哲学辩护［J］. 教育理论与实践，2004（1）.

2. 刘晓东. 童心哲学史论——古代中国人对儿童的发现［J］. 南京师大学报（社会科学版），2015（6）.

3. 柳延延. 现代人的精神追求［J］. 上海师范大学学报（哲学社会科学版），2001（3）.

4. 李泽厚. 教育学是未来社会最主要的中心学科［J］. 教师月刊，2011（1）.

5. 祁润兴. 人性：自然奠基、人文化成与价值创造——先秦儒学人性论的现代诠释［J］. 孔子研究，1997（1）.

6. 虞永平. 从物质环境中感知幼儿园课程文化［J］. 教育导刊（幼儿教育版），2008（7）.

三、硕博论文类

1. 蒋雅俊. 儿童、经验与课程：课程哲学研究［D］. 南京：南京师范大学，2012.

2. 罗瑶. 福禄培尔"幼儿园（Kindergarten）"概念的诞生——历史源流、时代精神和思想意蕴［D］. 南京：南京师范大学，2014.

3. 张天晓. 自然价值的重估与诗意的栖居——罗尔斯顿环境伦理思想研究［D］. 长沙：湖南师范大学，2007.

后　记

本书由博士毕业论文整理而成。

一晃，博士毕业已有6年了！

如今，我再一次逐字逐句地阅读曾经写下的论文，写论文那段日子的情景随着眼前的文字交叠闪现。我还记得曾在南京师范大学11舍偷偷摸摸煮过面条，在随园图书馆没日没夜找过书……我还记得随园的海棠，尤其是华夏图书馆旁的那株海棠，春天来的时候，开得欢快，一树的花疏落有致地在枝头雀跃；还记得随园的银杏，100号楼两侧的那两棵，秋天到的时候，绽放得耀眼，一树的叶热热闹闹地在枝头"欢唱"（等它们落时又另有一番景致）。冬天的时候，若是沿着文学院前的台阶，拾级而上，有时我会碰到一只流浪猫，忽然从脚边跑过；台阶的上面，是一小段笔直的路，路的两边是柏树，路的尽头则肃然地立着鲁迅先生的雕像。从山下一路慢慢走上来，迎着鲁迅先生的目光那一刻，也是如同读了此君的文章一般，被深邃"袭击"得久久回不过神来。清晨，春夏秋冬随便哪一天的清晨，只要能起得很早，在随园的随便哪个位置，静默地聆听，随园的鸟儿都会献上最动听的音乐。随园确乎是如诗又如画，如今隔着岁月的河，再回首，随园的日子确乎是似真又似梦了！

后 记

沉寂而又孤寥、痛苦却也充实的读博生活，那些日子，梦也似的，一去不复返了！幸而还有这些文字，它们是通向记忆最清晰的路标。顺着它们，当下的我仿佛找到了回去的路。在博士毕业论文的后记中，我曾写道：

感谢这段生活赋予我的思考。论文写作"非常态"的"幽闭"，使我得以走出日常；正是这种"出走"，才让我跃出"井底"而看到了被遮蔽、被遗忘的"天空"。无数次，论文写作至夜半，黑夜中的"月光"赋予我与"日光之下"迥异的感受。这种"非常态"的生活聚合成无形的力量，"胁迫"着我去感悟、思考、探索远比论文更为丰富的存在。感谢能够与经典相遇。论文写作也让我有机会重读教育经典，走进夸美纽斯、卢梭、裴斯泰洛齐、福禄贝尔、蒙台梭利、杜威……熠熠生辉的字句，如同清泉般涌动着不竭的精神之水；他们的思想与情怀也一次次洗礼了我。

博士毕业以后，工作，又生了二胎，我被蓬勃热闹的日常生活团团包围，"沦陷"在一日又一日冗杂与琐屑生活中。曾经"幽闭"的那段日子，那份自由与孤独，都是现在渴慕却再也难及的"奢侈品"了。我因此更加庆幸，在最好的年华，遇见了最美的校园，遇见了最好的导师，遇见了那么多经典的书。

2004年到2007年读硕士，在随园；2013年到2016年读博，在随园。随园六年，导师一直都是刘晓东老师。2004年9月，我刚从化学专业跨入学前教育专业，仍记得刘老师的提醒，读书要读经典，让自己心灵靠近那些伟大经典。2013年9月，我再次回到随园，依旧记得刘老师的提醒，多读书，不一定是教育类，但一定要读经典，让自己的心灵丰富起来。刘老师"圈定"的读书范围十分广泛。当然，刘老师让我们读书，却从来不让我们"死读书"。书是人写出来的,作者与读者皆是人。唯有读者(人)心灵丰富了才能接近那个心灵丰富的作者(人)。否则,读书也只是"读读"而已。刘老师不仅嘱咐我们要用心读书,还提醒我们文章要从心而生。文章不是"挤"出来的,不是为了某种外在目的写出来的,而是丰沛生命自然而然的"流出",是文章自身逻辑下水到渠成的生成。

我深知这份小小的书稿,离刘老师所说的标准还相距甚远。所以,从刘老师说出书,到如今也有一年多了,我迟迟不敢交出来。第一次出书,忐忑不安。一直想着能不能再修改一下,再完善一些……好几次了,我读完放下,再读又放下,总归还是无处着笔。倒不是说之前写得多么完美,只是时过境迁,再也难进入原来的"思维体系"了。算了,就这样吧,鼓足勇气,"豁出去"了!手中的"砖",不管是大是小,是重是轻,也要敢于抛出去,万一要是引出"玉"了呢!即便是"石沉大海",至少也留下了抛出的弧线与"落水"的扑通声吧!在南京师范大学留下的文字,完完整整地交给南京师范大学出版社;在刘老师指导下写的论文,恰好能放在刘老师主编的丛书里。我想,这是对随园那段生活最好的安放吧!

从硕士阶段起,我就对自然教育很感兴趣。在最初的思考中,我将自然教育"锁定"在儿童教育与大自然方面。那时候,我刚刚跨入学前教育专业。步入学前教育专业,我一次次地回忆童年时期的乡村生活。麦田、树林、路边的草、园子里的菜,都无不"装点"着我的精神世界。所以,我的硕士论文便以儿童与大自然为题。读博后,随着刘老师的不断点拨,我越来越发现自然有着更为丰盈的意蕴。若是把自然的意蕴窄化为大自然,不仅忽视了儿童身上的自然,也忽视了自然与文化之间的关联,自然教育更为宽广的意涵也在无形中被遮蔽了。因此，博士论文以自然为核心词，算是对硕士论文的继续与更新。自然一词的意蕴则更为广阔，不仅指大自然，也指人身上的自然。

这本小小的书稿承载着我对南京师范大学那段生活的怀念，也是这些年我"思考的痕迹"。

感谢我的导师刘晓东老师。刘老师不仅是"经师""禅师"，更是"人师"。在南京师范大学的六年，"刘门学艺"，若是细说起来，够写一本书了。感恩遇见！

这本书稿能够面世，要感谢编辑们的辛劳。从最初张莉、於迪两位编辑的"催稿"，到后面彭艳梅编辑的全文审读，颇费周折。彭艳梅编辑非常严谨，逐字逐段地阅读，找出了多处引文的疏漏之处，深表感谢！感恩遇见！

如今我忐忑地交出这份"思考的痕迹"，敬请各位读者指正。

生活继续，思考继续……